As crianças mais inteligentes do mundo

Amanda Ripley

As crianças mais inteligentes do mundo

e como elas chegaram lá

TRADUÇÃO Renato Marques

TRÊS
ESTRELAS

EDITOR Alcino Leite Neto
EDITOR-ASSISTENTE Bruno Zeni
COORDENAÇÃO DE PRODUÇÃO GRÁFICA Mariana Metidieri
PRODUÇÃO GRÁFICA Iris Polachini
CAPA Thiago Lacaz
IMAGENS DA CAPA Latinstock/A. Chederros/Corbis (foto do alto)
e Latinstock/MM Productions/Corbis (foto de baixo)
INFOGRÁFICOS Editoriadearte.com
PROJETO GRÁFICO DO MIOLO Mayumi Okuyama
EDITORAÇÃO ELETRÔNICA Jussara Fino
PREPARAÇÃO Cacilda Guerra
REVISÃO Isabel Jorge Cury e Roberto Alves

Este livro segue as regras do Acordo Ortográfico da Língua Portuguesa (1990), em vigor desde 1º de janeiro de 2009.

Dados Internacionais de Catalogação na Publicação (CIP)
(Câmara Brasileira do Livro, SP, Brasil)

Ripley, Amanda
    As crianças mais inteligentes do mundo:
    e como elas chegaram lá / Amanda Ripley
    tradução: Renato Marques
    São Paulo: Três Estrelas, 2014.
    Título original: The smartest kids in the world:
    and how they got that way.

    ISBN 978-85-65339-33-9

    1. Educação 2. Educação - História 3. Educação
    de crianças 4. Pedagogia 5. Política educacional I. Título.

14-07689   CDD-370.9

Índices para catálogo sistemático:
1. Educação: História 370.9

TRÊS
ESTRELAS

Al. Barão de Limeira, 401, 6º andar
CEP 01202-900, São Paulo, SP
Tel.: (11) 3224-2186/2187/2197
editora3estrelas@editora3estrelas.com.br
www.editora3estrelas.com.br

Sumário

Para Louise S. Ripley

Personagens principais

ALEMANHA

Thomas Neville Postlethwaite. Cientista britânico. Pioneiro no estudo acerca do que sabem as crianças ao redor do mundo. Mentor de Andreas Schleicher.

Andreas Schleicher. Cientista alemão junto à OCDE (Organização para Cooperação e Desenvolvimento Econômico) que ajudou a criar o teste Pisa (Programme for International Student Assessment [Programa Internacional de Avaliação de Alunos]). O teste é aplicado a estudantes na faixa dos quinze anos de todo o mundo e seu objetivo é medir competências e habilidades e verificar como as escolas de cada país participante estão preparando seus jovens para o século XXI.

ESTADOS UNIDOS

Scott Bethel. Técnico de futebol americano e professor de álgebra I de Kim em Sallisaw, Oklahoma.

Mark Blanchard. Diretor do colégio de ensino médio de Tom em Gettysburg, Pensilvânia.

Charlotte. Mãe de Kim e professora do ensino fundamental em Sallisaw, Oklahoma.

Scott Farmer. Superintendente da diretoria de ensino responsável pela escola de Kim em Sallisaw, Oklahoma.

Deborah Gist. Secretária estadual de Educação de Rhode Island.

Elina. Estudante de intercâmbio finlandesa que aos dezesseis anos saiu de Helsinque para passar um ano em Colon, Michigan.

Ernie Martens. Diretor do colégio de ensino médio de Kim em Sallisaw, Oklahoma.

William Taylor. Professor de matemática de escola pública em Washington, D. C.

COREIA DO SUL

Cha Byoung-chul. Chefe de um pelotão da Secretaria de Educação do distrito de Gangnam, em Seul, incumbido da aplicação do toque de recolher implantado para coibir o excesso de horas de estudo.

Lee Chae-yun. Dona de uma rede de cinco "cursinhos preparatórios" ou academias de reforço privadas (*hagwons*) em Seul.

Eric. Estudante de intercâmbio norte-americano que aos dezoito anos saiu de Minnetonka, Minnesota, para cursar em Busan, Coreia do Sul, o ano letivo de 2010-11.

Jenny. Estudante sul-coreana que tinha vivido nos Estados Unidos e fez amizade com Eric em Busan.

Lee Ju-ho. Ministro da Educação, Ciência e Tecnologia da Coreia do Sul. Economista com doutorado pela Universidade Cornell.

Andrew Kim. Professor de inglês que fez fortuna na Megastudy, uma das maiores redes de *hagwons* da Coreia do Sul.

POLÔNIA

Mirosław Handke. Químico que atuou como ministro da Educação de 1997 a 2000, durante um período de intensas reformas.

Urszula Spałka. Diretora do colégio de ensino médio de Tom em Wrocław.

Tom. Estudante de intercâmbio norte-americano que aos dezessete anos saiu de Gettysburg, Pensilvânia, para cursar em Wrocław o ano letivo de 2010-11.

Paula Marshall. Executiva-chefe da Bama Companies em Oklahoma, na China e na Polônia.

FINLÂNDIA

Kim. Estudante de intercâmbio norte-americana que aos quinze anos saiu de Sallisaw, Oklahoma, para cursar em Pietarsaari o ano letivo de 2010-11.

Tiina Stara. Professora de finlandês de Kim na escola em Pietarsaari.

Susanne. "Mãe anfitriã" ou "mãe de intercâmbio" de Kim durante os seis primeiros meses de sua estada em Pietarsaari.

Heikki Vuorinen. Professor da Escola Tiistilä – onde um terço dos alunos é de imigrantes –, localizada em Espoo, nos arredores de Helsinque.

Prólogo

O mistério

Durante grande parte da minha carreira na *Time* e em outras revistas, esforcei-me para evitar fazer reportagens sobre educação. Quando meus editores me pediam que escrevesse sobre escolas ou testes de avaliação escolar, eu contra-argumentava sugerindo alguma matéria sobre terrorismo, desastres de avião ou uma pandemia de gripe. Geralmente esse truque funcionava.

Eu não dizia com todas as letras, mas os textos que tratavam de educação me pareciam, bem, meio inconsistentes, frouxos. Os artigos tendiam a ser apresentados com títulos em fontes que imitavam palavras escritas com giz na lousa, enfeitadas com garatujas a lápis. Quase sempre transbordavam de boas intenções, mas careciam de evidências concretas. Em sua maioria, as pessoas citadas eram adultos; as crianças e adolescentes apenas apareciam nas fotos, sorrindo e em silêncio.

Até que um dia um editor me pediu que escrevesse sobre uma polêmica figura pública, uma nova liderança das escolas de Washington, D. C. Eu não sabia muita coisa a respeito de Michelle Rhee, a não ser que ela usava sapatos com salto agulha e costumava dizer a palavra "merda" uma porção de vezes em suas entrevistas.[1] Por isso, imaginei que renderia uma boa reportagem, mesmo que isso para mim significasse penetrar no nebuloso reino da educação.

Porém, algo inesperado aconteceu em meio ao nevoeiro. Passei meses conversando com estudantes, pais de alunos e professores, e também com gente que vinha pesquisando de maneira inovadora e criativa o tema da educação. Logo me dei conta de que Rhee era interessante, mas não era o maior mistério da sala.

O verdadeiro mistério era o seguinte: por que alguns estudantes estavam aprendendo tanto – e outros, tão pouco? De repente a educação estava mergulhada em um mar de dados estatísticos; como nunca antes, sabíamos o que estava acontecendo – ou deixando de acontecer – de um bairro para outro, de uma escola para outra. E a coisa não fazia sentido. Por toda parte, aonde quer que eu fosse, via altos e baixos absurdos no nível de conhecimento das crianças; em regiões ricas e pobres, bairros de negros e de brancos, em escolas públicas e particulares. Os dados nacionais revelavam os mesmos picos e depressões, como uma extensa e nauseante montanha-russa. Os mergulhos e guinadas podiam ser explicados em parte pelas costumeiras narrativas sobre dinheiro, questões de raça ou etnia. Mas não inteiramente. Havia mais alguma coisa em jogo.

No decorrer dos anos seguintes, à medida que fui escrevendo mais matérias sobre educação, continuei tropeçando naquele mistério. Na Escola de Educação Fundamental Kimball, em Washington, D. C., vi alunos do quinto ano literalmente implorando aos professores que os deixassem ir até a lousa para resolver um problema de divisão. Os que conseguiam chegar à resposta certa socavam o ar com os punhos cerrados, dando gritos abafados de "É isso aí!". Isso acontecia em um bairro onde praticamente toda semana alguém era assassinado, um lugar com uma taxa de desemprego na casa dos 18%.[2]

Em outros lugares, vi meninos e meninas morrendo de tédio, crianças que erguiam os olhos, curiosos, quando alguma pessoa desconhecida como eu entrava na sala de aula, mentes jovens ávidas de que eu, pelo amor de Deus, propiciasse algum tipo de distração de modo a salvá-las de mais uma hora de vazio e inutilidade.

Por algum tempo, disse a mim mesma que esse tipo de variação era mesmo de esperar de um bairro para outro, de um diretor ou professor para outro. Algumas crianças tinham sorte, pensei, mas a maior parte das diferenças realmente relevantes tinha a ver com dinheiro e privilégios.

Até que um dia topei com o gráfico abaixo, que comparava a evolução educacional em quinze países ricos, e fiquei chocada.

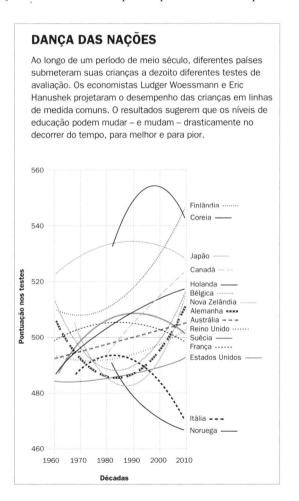

DANÇA DAS NAÇÕES

Ao longo de um período de meio século, diferentes países submeteram suas crianças a dezoito diferentes testes de avaliação. Os economistas Ludger Woessmann e Eric Hanushek projetaram o desempenho das crianças em linhas de medida comuns. O resultados sugerem que os níveis de educação podem mudar – e mudam – drasticamente no decorrer do tempo, para melhor e para pior.

15

Os Estados Unidos mantiveram-se basicamente estáveis ao longo do tempo, mas ao fim e ao cabo essa era a exceção. Vejamos o caso da Finlândia. Como um foguete, o país tinha subido rápida e vertiginosamente dos pontos mais baixos do gráfico para o topo, sem pausa para respirar! E o que estava acontecendo na Noruega, país vizinho da Finlândia, que parecia estar desabando ladeira abaixo na direção do abismo, apesar de praticamente não ter problemas de pobreza infantil? E havia o caso do Canadá, com uma brusca guinada que alçava o país da mediocridade para os píncaros, no mesmo nível do Japão. Se a educação era uma função da cultura, será que a cultura poderia mudar de maneira tão radical – com tanta rapidez?[3]

No mundo todo, o nível de conhecimento e habilidades das crianças aumentava e despencava de maneira misteriosa e auspiciosa, às vezes no intervalo de curtos períodos. O mistério que eu tinha percebido em Washington, D. C. ficava bem mais interessante quando observado do espaço sideral. A ampla maioria dos países *não era* capaz de proporcionar a todas as crianças uma educação nos níveis mais altos, nem mesmo quando se tratava de estudantes em melhor situação financeira. Comparados à maioria dos países, os Estados Unidos eram um exemplo típico, não muito melhor nem muito pior. Todavia, em um pequeno número de países, na verdade um mero punhado de nações ecléticas, alguma coisa incrível estava em curso. Praticamente *todas* as crianças vinham desenvolvendo a capacidade de raciocínio crítico em matemática, ciências e leitura. Não se limitavam apenas a memorizar fatos; passaram a solucionar problemas e a se adaptar. Ou seja: estavam aprendendo a sobreviver na economia moderna.

Como explicar isso? Na média, as crianças norte-americanas viviam em melhor situação financeira[4] do que uma criança típica do Japão, da Nova Zelândia ou da Coreia do Sul, embora soubessem menos matemática do que as japonesas, neozelandesas ou sul-coreanas. Nossos adolescentes mais privilegiados eram filhos de pais com alto grau de instrução e estudavam nas escolas mais ricas do mundo, e, apesar disso, quando comparados a seus pares privilegiados de outros países, ocupavam a 18ª posição no ranking do desempenho em matemática,[5] rendimento bastante inferior ao de crianças ricas da Nova Zelândia, Bélgica, França e Coreia do Sul, entre outros lugares. O desempenho típico de uma criança de Beverly Hills[6] ficava abaixo da média na comparação com todas as crianças do Canadá (não alguma outra terra distante, mas o Canadá!). Vista de longe, essa educação que, de acordo com os padrões dos subúrbios norte-americanos, era formidável agora parecia extremamente mediana.

Inicialmente procurei resistir ao alvoroço dessa jogada de marketing, desse golpe publicitário. Era realmente importante que ocupássemos a posição número 1 do mundo em desempenho escolar? Ou mesmo o número 10 do ranking? Nossos alunos dos anos iniciais do ensino fundamental se saíam bem nas avaliações internacionais, muito obrigado, especialmente em leitura. Os problemas vinham à tona em matemática e ciências, e ficavam mais óbvios quando nossas crianças entravam na adolescência. Era nesse momento que os estudantes norte-americanos amargavam a 26ª posição em um teste de avaliação do raciocínio crítico em matemática, abaixo da média do mundo desenvolvido. Mas e daí? Desde sempre e até onde a memória alcançava, o desempenho dos nossos adolescentes sempre havia ficado na média ou abaixo dela em testes e avaliações internacionais. Até agora isso não tinha sido tão importante para a nossa economia; por que cargas-d'água viria a ter um papel relevante no futuro?

Apesar disso, os Estados Unidos ainda eram um país enorme e diversificado. Ainda tínhamos outras vantagens que sobrepujavam a nossa mediocridade no K-12,* certo? Contávamos com universidades de ponta e renome mundial, e continuávamos investindo mais em pesquisa e desenvolvimento do que qualquer outra nação.[7] Ainda era mais fácil abrir uma empresa ou começar um negócio aqui do que na maioria dos outros países. Exatamente como sempre, os valores do trabalho árduo e da autossuficiência corriam feito eletricidade pelas veias do país.

Entretanto, para onde quer que eu fosse na condição de jornalista, via lembretes de que o mundo tinha mudado.[8] Os 2.300 dias que nossos estudantes passavam na escola antes da formatura ao final do ensino médio mostravam-se mais importantes do que nunca. Em Oklahoma, a executiva-chefe da empresa que produz as tortas de maçã do McDonald's disse-me que tinha dificuldades para encontrar norte-americanos capazes de dar conta de um emprego numa fábrica moderna – durante uma recessão econômica.[9] Os dias de enrolar massa e enfiar tortas dentro de caixas haviam chegado ao fim. Ela precisava de gente capaz de ler, solucionar problemas e relatar o que tinha se passado em seu turno de trabalho, e as escolas de ensino médio e as faculdades comunitárias**

* Nos Estados Unidos, K-12 é a designação para a educação básica ou fundamental e o ensino secundário ou médio como um todo. A abreviação abrange o período que vai do primeiro nível da educação obrigatória, o *Kindergarten* (jardim de infância, educação infantil ou pré-escola, em que ingressam as crianças de cinco ou seis anos de idade) até o 12º e último ano do ensino médio, em que os jovens geralmente têm dezessete ou dezoito anos. [N.T.]

** *Community colleges* são instituições de ensino superior com cursos de dois anos de duração; a maioria delas é patrocinada pelo Estado, e algumas são independentes ou mantidas pela iniciativa privada. [N.T.]

de Oklahoma não vinham conseguindo formar um contingente suficiente dessa mão de obra qualificada.

O diretor da Manpower, empresa de recursos humanos e recrutamento de pessoal com escritórios em 82 países, disse que os cargos mais difíceis de preencher em qualquer lugar do mundo eram os da área de vendas.[10] Antigamente, um bom vendedor precisava ser uma pessoa calejada, dura na queda e boa jogadora de golfe. Ao longo dos anos, contudo, os produtos e os mercados financeiros foram ficando desenfreadamente mais complexos, e as informações passaram a estar ao alcance de todo mundo, inclusive dos clientes. Os relacionamentos interpessoais já não são tudo. Quem quiser ser bem-sucedido como vendedor tem de compreender os produtos cada vez mais sofisticados e personalizados que estão vendendo, conhecê-los a fundo, quase tão bem quanto os engenheiros que os projetaram.

De maneira repentina, a mediocridade escolar e educacional tinha se tornado um legado ainda mais pesado para carregar. Sem um diploma do ensino médio ninguém conseguia arranjar emprego de lixeiro em Nova York; não conseguia nem sequer se alistar na Força Aérea. Entretanto, um quarto dos nossos adolescentes ainda continuava abandonando o ensino médio e nunca mais voltava a estudar.

Não faz muito tempo, nenhum outro país do mundo tinha um *índice* de concluintes do ensino médio maior que o dos Estados Unidos; em 2009, cerca de vinte países já tinham alcançado essa marca.[11] Em uma era na qual o conhecimento se tornou mais importante do que nunca, por que os jovens norte-americanos sabem menos do que deveriam? Que parcela dos problemas dos Estados Unidos poderia ser atribuída a fatores como diversidade, pobreza ou dimensão do país? Os pontos fracos eram principalmente causados por fracassos de diretrizes políticas ou da cultura, dos políticos ou dos pais?

Dizíamos a nós mesmos que pelo menos estávamos formando crianças mais criativas, jovens que até poderiam não ser brilhantes em engenharia elétrica, mas tinham a audácia de se expressar sem medo ou hesitação, de inventar e de redefinir o que fosse possível. Mas havia algum modo de saber se estávamos certos?

OS MÍTICOS ROBÔS NÓRDICOS

Experts em educação e autoridades educacionais suaram a camisa para explicar as diferenças gritantes nos resultados apresentados pelos diferentes países. Visitaram escolas em lugares remotos, em expedições ensaiadas. Interrogaram políticos e diretores de escolas e criaram documentos em PowerPoint para mostrar aos seus conterrâneos. Contudo, as conclusões a que chegaram eram enlouquecedoramente abstratas.

Vejamos por exemplo o caso da Finlândia, cujos estudantes obtiveram o melhor desempenho do mundo. Educadores norte-americanos descreviam a Finlândia como um paraíso cativante, um mar de rosas onde todos os professores eram admirados e todos os alunos eram amados. Insistiam que o país havia alcançado esse estado de graça por causa dos baixíssimos índices de pobreza infantil, ao passo que os Estados Unidos tinham índices elevados. De acordo com essa linha de raciocínio, jamais seríamos capazes de pôr em ordem as nossas escolas enquanto não fôssemos capazes de erradicar a pobreza.

A narrativa sobre a pobreza fazia sentido intuitivo. A taxa de pobreza infantil nos Estados Unidos era de cerca de 20%, uma calamidade nacional. Os estudantes pobres viviam submetidos a um tipo de estresse opressivo e esfalfante que crianças não deveriam ser obrigadas a enfrentar. Na média, aprendiam menos em casa e precisavam de mais auxílio na escola.

Entretanto, a solução para o mistério não era tão simples. Se a pobreza era o principal problema, o que dizer da Noruega?[12] Estado nórdico com política de bem-estar social, com pesada carga tributária, sistema de saúde universal gratuito e recursos naturais abundantes, a Noruega ostentava, como a Finlândia, uma taxa de pobreza infantil inferior a 6%, uma das mais baixas do mundo. Os gastos do governo norueguês com educação eram mais ou menos equivalentes aos investimentos norte-americanos, ou seja, uma fortuna, em comparação com o resto do mundo. Ainda assim, em um teste internacional de avaliação de alfabetização científica aplicado em 2009 o desempenho dos pequenos noruegueses foi tão pouco impressionante quanto o das crianças norte-americanas. Alguma coisa estava faltando na Noruega, e a culpa não era da pobreza.

Enquanto isso, os próprios finlandeses apresentavam explicações vagas para seu sucesso. A educação, disseram-me, sempre tinha sido valorizada no país, era um costume de séculos. Foi essa a explicação. Mas, então, por que na década de 1950 apenas 10% dos adolescentes finlandeses concluíam o ensino médio? Por que havia enormes lacunas entre o que os estudantes das zonas rurais e os das áreas urbanas sabiam e eram capazes de fazer na Finlândia na década de 1960? No passado não tão distante, a paixão dos finlandeses pela educação parecia bastante desigual. O que tinha acontecido?

Na mesma época, o presidente Barack Obama[13] e seu secretário de Educação afirmaram invejar o sistema educacional sul-coreano, louvando aspectos como o tremendo respeito com que os professores são tratados e a participação ativa de pais exigentes. Pelo menos na superfície, a Coreia do Sul parecia não ter nada em comum com a Finlândia. O sistema sul-coreano é movido a rigor e pressão constantes, e os adolescentes do país passam mais tempo estudando do que os norte-americanos passam acordados.

Ao ouvir essa cacofonia, fiquei imaginando como seria a vida de uma criança ou um adolescente nessas místicas terras de notas altas, índice de abandono dos estudos igual a zero e uma enxurrada de diplomas universitários. Será que os estudantes finlandeses eram de fato os robôs nórdicos a respeito dos quais eu vinha lendo? Os estudantes sul-coreanos achavam que estavam mesmo fazendo um bom negócio? E quanto ao papel dos pais? Ninguém dizia uma palavra sobre eles. Os pais não eram ainda mais importantes que os professores?

Decidi passar um ano viajando mundo afora em uma investigação de campo nos países onde vivem as crianças mais inteligentes do planeta. Eu queria ver com os meus próprios olhos esses "robozinhos". O que esses estudantes faziam às dez da manhã de uma terça-feira? O que seus pais diziam quando eles voltavam para casa? Eles eram felizes?

AGENTES DE CAMPO

Para conhecer os robôs nórdicos, eu precisava de algumas fontes de informação do lado de dentro: estudantes que poderiam ver e fazer coisas que eu jamais poderia. Por isso, recrutei uma equipe de jovens especialistas para me ajudar.

Durante o ano letivo de 2010-11, segui os passos de três extraordinários adolescentes norte-americanos que passaram pela experiência de conhecer em primeira mão o cotidiano de países mais inteligentes. Esses adolescentes se ofereceram como voluntários para fazer parte deste estudo quando já estavam de malas prontas para um ano inteiro de aventuras como alunos de intercâmbio, longe da família. Eu os visitei em seus lares temporários no exterior, e mantivemos contato constante.

Esses jovens, Kim, Eric e Tom, serviram como meus guias em suas casas provisórias e cafés favoritos, como agentes de ligação e informantes voluntários em uma terra estranha. Kim viajou de Oklahoma para a Finlândia, Eric saiu de Minnesota com destino à Coreia do Sul e Tom deixou a Pensilvânia rumo à Polônia. Os três partiram de diferentes partes dos Estados Unidos, e cada um viajou por motivos diferentes. Conheci Kim, Eric e Tom por intermédio do AFS Intercultural Programs (antigo American Field Service), da Youth for Understanding e do Rotary Club, entidades que mantêm programas de intercâmbio no mundo todo.

Escolhi esses jovens norte-americanos como meus conselheiros, mas no fim das contas eles se mostraram verdadeiros protagonistas. Eles não representam todos os estudantes norte-americanos, e suas experiências individuais não conseguiriam refletir toda a realidade de seus países anfitriões. Mas, em suas histórias, encontrei a vida que estava faltando na papelada sobre leis e diretrizes educacionais.

Graças a Kim, Eric e Tom, mantive os pés no chão. Eles não queriam conversar sobre políticas de estabilidade de emprego de professores e educadores ou sobre as exigentes "mães tigresas"; sem o peso das inibições psicológicas dos adultos, meus agentes de campo falavam bastante sobre outros jovens, a influência mais poderosa em sua vida adolescente. Passavam o dia inteiro contemplando em toda a extensão o arco de sua nova vida, da cozinha da casa de sua família anfitriã ao bebedouro da escola. Tinham muito a dizer.

Em cada país, meus agentes de campo norte-americanos me apresentaram a outros estudantes, pais e professores, que se tornaram cúmplices desta pesquisa.[14] Na Coreia do Sul, por exemplo, Eric me pôs em contato com sua amiga Jenny, uma adolescente que havia passado metade da infância nos Estados Unidos e a outra metade na Coreia do Sul. Especialista circunstancial em educação, Jenny respondeu pacientemente a perguntas que Eric não saberia responder (entrevistas em vídeo com minhas fontes podem ser encontradas em www.amandaripley.com).

Para contextualizar as conclusões dos meus informantes, fiz um levantamento junto a centenas de outros estudantes de intercâmbio e coletei dados sobre suas próprias experiências nos Estados Unidos e no exterior. Ao contrário de quase todo mundo que profere opiniões sobre a educação em outros países, esses jovens tinham a experiência em primeira mão. Fiz perguntas sobre seus pais, sobre as escolas e a vida nesses lugares. As respostas que obtive modificaram a minha maneira de pensar acerca dos nossos problemas e nossos pontos fortes. Esses jovens sabiam o que caracterizava o melhor e o pior da educação norte-americana, para o bem e para o mal, e não se incomodavam em falar a respeito.

Quando finalmente voltei aos Estados Unidos, eu me sentia mais, e não menos, otimista do que antes. Era óbvio que estávamos desperdiçando uma enormidade de tempo e de dinheiro em coisas que não tinham a menor relevância; mais do que qualquer outra coisa, nossas escolas e famílias pareciam confusas, desprovidas da clareza de propósitos que vi na Finlândia, na Coreia do Sul e na Polônia. Contudo, não vi coisa nenhuma que um dia nossos pais, estudantes e professores não fossem capazes de fazer tão bem ou até melhor.

O que de fato vi foram gerações inteiras de estudantes recebendo o tipo de educação que toda criança e adolescente merecem. Nem sempre da maneira mais graciosa do mundo, mas estavam recebendo. Apesar da política, da burocracia, de contratos sindicais antiquados e de pontos cegos na forma como os pais educam seus filhos – as pragas surpreendentemente universais de todos os sistemas educacionais de qualquer parte do mundo –, é possível oferecer educação de qualidade. E outros países podem ajudar mostrando o caminho.

PARTE I

Outono

O mapa do tesouro

Andreas Schleicher[1] sentou-se em silêncio no fundo da sala, tentando não chamar a atenção. Ele fazia isso de vez em quando: perambulava de uma classe para outra e entrava em aulas de cursos que não tinha a menor intenção de acompanhar. Estávamos em meados da década de 1980 e, pelo menos oficialmente, Schleicher era aluno de física na Universidade Hamburgo, uma das mais prestigiosas instituições de ensino da Alemanha. Nas horas vagas, porém, costumava entrar de fininho em aulas e palestras, da mesma maneira que outras pessoas assistiam à televisão zapeando de canal em canal.

A aula em questão estava sendo ministrada por Thomas Neville Postlethwaite, que se autointitulava "cientista educacional". Schleicher achou curioso esse epíteto. Seu pai era professor de pedagogia na universidade e sempre tinha falado sobre educação como uma espécie de arte mística, como a ioga. "Não é possível mensurar aquilo que é mais importante em educação: as qualidades humanas", seu pai gostava de dizer. Até onde Schleicher sabia, a educação nada tinha de científico, razão pela qual ele preferia física.

Porém, aquele sujeito britânico cujo sobrenome Schleicher não era capaz de pronunciar parecia pensar de outro modo. Postlethwaite era parte de um novo e obscuro grupo de pesquisadores que estavam tentando analisar um tema "suave" de maneira "dura", mais ou menos como um físico estudaria educação, se pudesse.

Schleicher ouviu atentamente o debate sobre estatística e amostragem, seus olhos azul-claros atentos e focados. Ele sabia que o pai não aprovaria aquilo. Mas, em sua mente, começou a imaginar o que aconteceria se alguém de fato pudesse comparar o nível de conhecimento e habilidades de crianças e adolescentes ao redor do mundo, ao mesmo tempo controlando o efeito exercido por aspectos como raça ou pobreza. Ele se viu erguendo a mão a fim de tomar parte do debate. Por experiência própria, ele sabia que as escolas alemãs não eram tão excepcionais como os educadores germânicos pareciam pensar. Quando menino, Schleicher sentira-se entediado a maior parte do tempo e tirara notas medíocres. Na adolescência, entretanto, diversos professores haviam estimulado seu fascínio por ciências e números, e suas notas melhoraram. No ensino médio ele recebera um prêmio nacional de ciências, o que significava que já tinha mais ou menos assegurado um emprego com boa remuneração no setor privado assim que se formasse na universidade. E, até o instante em que decidira entrar na aula de Postlethwaite, era exatamente isso que Schleicher planejava fazer.

Encerrada a aula, o professor pediu que Schleicher esperasse. Ele viu que havia algo de diferente naquele jovem magricela que falava numa voz que mal passava de um sussurro.

"Você gostaria de me ajudar nesta pesquisa?"

Schleicher encarou-o, perplexo. "Eu não sei coisa nenhuma sobre educação."

"Ah, isso não importa", respondeu Postlethwaite, sorrindo.

Depois disso os dois começaram a trabalhar em colaboração, criando por fim o primeiro teste internacional de avaliação de leitura. Era um teste rudimentar, que foi ignorado por membros do *establishment* educacional, inclusive o pai de Schleicher. Mas o jovem físico acreditava nos dados, e os seguiria aonde quer que eles o levassem.

Na primavera de 2000, cerca de 300 mil adolescentes[2] em 43 países sentaram-se por duas horas em um ambiente de sala de aula para fazer um teste educacional diferente de todas as outras provas que já tinham visto. Esse novo e estranho teste se chamava Pisa, sigla que designa Programme for International Student Assessment [Programa Internacional de Avaliação de Alunos]. Ao contrário de uma típica avaliação, que poderia perguntar sobre qual combinação de moedas o estudante precisaria para comprar determinada coisa, o Pisa pedia ao estudante que criasse suas próprias moedas, no caderno de respostas.

O Pisa foi elaborado por uma espécie de *think tank* do mundo desenvolvido, a Organização para Cooperação e Desenvolvimento Econômico (OCDE), e o cientista no centro do experimento era Andreas Schleicher. Já fazia mais de uma década desde o dia em que ele havia entrado por acaso na aula de Postlethwaite. Desde então, tinha trabalhado na elaboração de muitos outros testes, geralmente sem chamar atenção. A experiência o convencera de que o mundo necessitava de um teste ainda mais inteligente, que fosse capaz de medir o tipo de pensamento avançado e habilidades de comunicação de que as pessoas precisavam para prosperar no mundo moderno.

Antes do Pisa existiam outros testes internacionais de aproveitamento escolar[3] – cada qual com seu próprio acrônimo esquecível –, mas que tendiam a avaliar o que os alunos tinham memorizado ou o que os professores haviam enfiado na cabeça deles na sala de aula. Na verdade, geralmente o que esses testes quantificavam era o grau de preparo dos estudantes para mais anos de instrução escolar, e não seu preparo para a vida. Nenhum deles media a capacidade dos adolescentes de pensar de maneira crítica e solucionar novos problemas em matemática, leitura e ciências. A promessa do Pisa era revelar quais países estavam ensinando os jovens a pensar por si mesmos.

Em 4 de dezembro de 2001, os resultados ficaram prontos. A OCDE convocou uma entrevista coletiva no Château de la Muette, a imponente mansão Rothschild que se tornara a sede da entidade em Paris. Diante de um pequeno grupo de jornalistas, Schleicher e sua equipe de consultores, analistas e especialistas tentaram explicar as nuances do Pisa.

"Não estamos procurando respostas para equações ou questões de múltipla escolha", ele disse. "Estamos em busca da capacidade de pensar com criatividade."[4]

Os jornalistas se agitaram, inquietos à espera de um ranking. Por fim ele lhes deu o que queriam. O país número 1 do mundo era... a Finlândia. Houve uma pausa. O próprio Schleicher estava um pouco perplexo com o resultado, mas não deixou transparecer. "Na Finlândia, todo mundo vive bem", disse, "e a origem social tem impacto pequeno."

Finlândia? Talvez houvesse ocorrido algum tipo de erro, murmuraram os experts em educação, inclusive os que viviam na Finlândia.

Os países participantes convocaram suas próprias entrevistas coletivas para detalhar os resultados, e o anúncio finlandês foi realizado a cerca de 2 mil quilômetros de Paris, em Helsinque. A ministra da Educação entrou a passos largos na sala de imprensa, na expectativa de fazer uma declaração protocolar e genérica para a mesma meia dúzia de jornalistas que ela sempre encontrava, mas ficou estarrecida ao dar de cara com uma sala abarrotada de fotógrafos e jornalistas do mundo inteiro. Gaguejando, a ministra pelejou para fazer seu pronunciamento e, ato contínuo, bateu em retirada, de volta para seu gabinete.[5]

Mais tarde, defronte ao prédio do Ministério da Educação do país, com a temperatura abaixo de zero típica de dezembro, equipes de canais de televisão estrangeiros entrevistaram atônitas autoridades educacionais, cujos paletós esvoaçavam na brisa marinha que soprava do golfo da Finlândia. Esses funcionários do alto escalão tinham passado toda a sua carreira buscando os conselhos de outros – de alemães e norte-americanos – sobre como gerir a educação. Ninguém jamais havia se interessado em olhar para eles. Os alemães, por sua vez, estavam devastados. O presidente da comissão de educação no Bundestag definiu os resultados como "uma tragédia para a educação alemã".[6] Os alemães julgavam que seu sistema educacional figurava entre os melhores do mundo, mas o desempenho de seus estudantes tinha ficado abaixo da média do mundo desenvolvido em leitura, matemática e ciências – pior até que o dos alunos norte-americanos (os *norte-americanos*!).

"Os estudantes alemães são burros?", perguntou o semanário *Der Spiegel* em sua capa. "Imbecis!", declarou a revista *The Economist*. Educadores de todos os países, inclusive da Alemanha, tinham ajudado Schleicher e seus colegas a elaborar as questões do teste, portanto não poderiam descartar por completo os resultados. Em vez disso, alguns analistas culparam os professores; outros elegeram os videogames como vilões.[7] O acrônimo Pisa entrou no vernáculo alemão, chegando inclusive a inspirar um programa televisivo no horário nobre, com perguntas sobre conhecimentos gerais, o *Pisa Show*. Especialistas em educação começaram a fazer peregrinações regulares à Finlândia em busca de redenção. Até o pai de Schleicher mudou de ideia, esquadrinhando os resultados e debatendo-os com o filho.

Do outro lado do oceano, os Estados Unidos ficaram em algum lugar acima da Grécia e abaixo do Canadá, performance medíocre que se repetiria em todas as edições posteriores do teste. Os adolescentes norte-americanos saíram-se melhor em leitura, mas isso pouco servia de consolo, uma vez que as habilidades em matemática tendiam a funcionar como um modo mais certeiro de prever rendimentos futuros.

Mesmo em leitura, um abismo de mais de 90 pontos separava os adolescentes mais privilegiados dos Estados Unidos de seus pares menos favorecidos economicamente.[8] Em comparação, apenas 33 pontos separavam os estudantes sul-coreanos mais abastados dos menos favorecidos, e quase todos eles tinham obtido resultados melhores do que seus homólogos norte-americanos.

Rod Paige, o secretário de Educação dos Estados Unidos, lamentou os resultados. "Ficar na média não é bom o bastante para os estudantes norte-americanos", disse.[9] E prometeu que o programa de reforma No Child Left Behind [Nenhuma Criança Será Deixada para Trás], a nova lei de responsabilidade educacional do presidente George W. Bush, melhoraria a posição do país no ranking (o que no fim das contas não se concretizou).

Outros norte-americanos defenderam o sistema, culpando a diversidade de seus estudantes pelo resultado pífio. À sua maneira meticulosa, Schleicher respondeu com dados: os imigrantes não podiam levar a culpa pela deplorável exibição dos Estados Unidos.[10] O país ficaria em posição igual mesmo se fosse ignorada a pontuação obtida pelos imigrantes. Na verdade, em âmbito mundial a parcela de estudantes imigrantes explicava apenas 3% da variação entre os países.

Fatores como a raça e a renda familiar do estudante eram importantes, mas *o quanto* essas coisas eram importantes variava bastante de um país para outro. Pais ricos nem sempre eram o prenúncio de uma pontuação alta, e pais pobres nem sempre pressagiavam uma pontuação baixa. Os estudantes norte-americanos de escolas privadas tendiam a se sair melhor, mas não muito melhor do que os igualmente privilegiados que estudavam em escolas públicas. Em termos estatísticos, as escolas particulares não agregavam muito valor.[11]

Em essência, o Pisa revelou o que deveria ser óbvio, mas não era: que os gastos com educação não tornavam as crianças mais inteligentes. Tudo – *tudo* – dependia do que os professores, pais e alunos *faziam* com esses investimentos. Como em qualquer outra grande organização, desde uma empresa como a GE até os Fuzileiros Navais, a excelência dependia da execução, a coisa mais difícil de fazer direito.

Estudantes de todo o mundo fizeram o Pisa novamente em 2003, 2006, 2009 e 2012. Mais países participaram, e em 2012 o caderno de questões foi apresentado em mais de quarenta idiomas diferentes. A cada edição os resultados demoliam estereótipos: para começo de conversa, nem todos os adolescentes inteligentes estavam na Ásia. Em segundo lugar, os estudantes norte-americanos não detinham o monopólio da criatividade. Era isso que o Pisa exigia, criatividade, e muitos outros países davam conta do recado.

O dinheiro tampouco resultava em melhor aprendizagem.[12] Em termos de investimento de dinheiro público por aluno, os gastos em educação dos países mais inteligentes do mundo eram acentuadamente menores do que o montante de impostos pago pelos contribuintes dos Estados Unidos. O envolvimento dos pais também se revelava mais complexo. Nas superpotências da educação, os pais não estavam necessariamente *mais* envolvidos na formação escolar dos filhos, mas envolviam-se de maneira diferente. E, o que era o fato mais alentador de todos, as crianças inteligentes nem sempre tinham sido tão inteligentes.

O histórico dos resultados dos testes indicava que os estudantes finlandeses não nasciam inteligentes; eles tinham ficado inteligentes, e isso era bastante recente. A mudança, afinal ficou evidente, poderia acontecer no âmbito de uma única geração.

À medida que a OCDE divulgava mais rodadas de dados, Schleicher tornou-se uma celebridade cê-dê-efe. Discursou no Congresso norte-americano e aconselhou primeiros-ministros. "Ninguém entende as questões globais melhor do que ele", declarou Arne Duncan, secretário de Educação dos Estados Unidos. "E ele me diz a verdade – o que eu preciso ouvir, não o que quero escutar."[13] Michael Gove, secretário de Educação do Reino Unido, definiu-o como "o homem mais importante na educação inglesa",[14] embora Schleicher seja alemão e vivesse na França à época.

Em todos os continentes, o Pisa foi alvo de críticas.[15] Alguns disseram que o teste tinha um determinado viés cultural, ou que muita coisa acabava se perdendo na tradução. Outros afirmaram que a amostragem de 5.233 estudantes norte-americanos, de 165 escolas diferentes, era pequena demais e pouco representativa ou distorcida em uma ou em outra direção. Muitos afirmaram que Schleicher e seus colegas deveriam se limitar simplesmente a compilar os resultados dos testes e parar de especular acerca das razões que levavam a notas altas ou baixas.

De modo geral, Schleicher conseguiu esquivar-se de seus críticos. O Pisa não era perfeito, ele admitia, mas era melhor do que qualquer outra opção, e ficava melhor a cada ano. Como um vendedor de Bíblias de porta em porta, ele carregava seus *slides* de PowerPoint de país em país, hipnotizando plateias com gráficos animados que exibiam os resultados do Pisa ao longo do tempo e através dos oceanos. Em seu último *slide*, em uma mensagem que passava incessantemente pela tela, lia-se: "Sem dados, você é apenas mais uma pessoa com opinião... Sem dados, você é mais uma pessoa com opinião...".

Encontrei Schleicher pela primeira vez em abril de 2010 em Washington, pouco depois que as cerejeiras tinham florescido no National Mall, o Passeio Nacional, amplo espaço a céu aberto no centro administrativo da capital. Conversamos no saguão de um edifício de escritórios ao lado do Capitólio, durante o único intervalo de Schleicher num dia marcado por um turbilhão de reuniões. Na ocasião, ele ostentava cabelos grisalhos e um bigode castanho. Mostrou-se gentil e agradável, mas concentrado e objetivo; por isso, fomos direto ao assunto.

Eu disse a ele que estava impressionada com o Pisa, mas cética. Por ocasião da minha pesquisa, nenhum outro país do mundo gastava mais tempo e dinheiro em testes do que os Estados Unidos. Tínhamos gigantescos conjuntos de dados dos quais extraíamos pouca informação valiosa. O Pisa era realmente diferente dos testes de múltipla escolha pelos quais nossos estudantes eram obrigados a passar feito zumbis a cada primavera?

Sem nem sequer se dar ao trabalho de sentar, Schleicher respondeu a todas as minhas perguntas, uma de cada vez, matraqueando calmamente estatísticas e explanações, feito o androide C-3PO de *Guerra nas estrelas* com um ligeiro sotaque alemão.

"O Pisa não é um teste tradicional", ele afirmou. "Na verdade é difícil e desafiador, porque o estudante tem de pensar."

"Nenhum teste é capaz de avaliar tudo", retruquei.

Schleicher concordou com um meneio de cabeça. "O Pisa não está medindo todos os êxitos que contam na vida. Acho que isso realmente é verdade."

Eu me senti vingada. Até o próprio Schleicher admitia que os dados tinham suas limitações. Mas ele seguiu em frente, e me dei conta de que eu o havia interpretado mal.

"De fato, creio que o Pisa precisa evoluir e incorporar uma gama mais ampla de medição. Há muito trabalho em andamento no sentido de avaliar as competências para solução colaborativa de problemas, por exemplo. Estamos trabalhando nisso."

Fiquei com a impressão de que, na mente de Schleicher, não existia quase nada que o Pisa não fosse capaz de medir. Se não agora, então algum dia. Entretanto, ele insistiu, o Pisa era extremamente diferente de todo e qualquer outro teste que eu já havia feito na vida. Trocamos um aperto de mãos e ele voltou para mais uma de sua fieira de reuniões. Enquanto eu saía do prédio, pensei no que ele tinha dito. Schleicher, mais do que ninguém, era um homem a ser tomado ao pé da letra. Se o Pisa era de fato tão diferente de todo e qualquer outro teste que eu já fizera na vida, só havia uma maneira de saber se ele tinha razão.

MINHA NOTA NO PISA

Cheguei cedo, provavelmente a única pessoa na história do mundo a se sentir empolgada com a ideia de responder às questões de um teste padronizado. Os pesquisadores que administravam o Pisa nos Estados Unidos mantinham um escritório na K Street, no centro de Washington, perto da Casa Branca, entalado entre firmas de advocacia e conjuntos de salas de lobistas.

No elevador, ocorreu-me que lá se iam quinze anos desde a última vez em que eu tinha feito uma prova. Aquilo poderia ser constrangedor. Submeti-me a uma rápida sabatina improvisada, uma recapitulação mental por meio de perguntas e respostas. O que era uma função quadrática? Qual era o valor de pi? Nada me veio à mente. As portas do elevador se abriram.

Uma moça simpática que tinha sido incumbida de cuidar de mim levou-me até uma sala. Sobre uma mesa ela colocou um lápis, uma calculadora e um caderno de questões. Leu em voz alta as instruções oficiais, explicando que o objetivo do Pisa era descobrir "o que você está aprendendo e o que é a escola para você". Pelas duas horas seguintes, respondi a 61 questões de matemática, leitura e ciências. Uma vez que certas questões poderiam reaparecer em versões posteriores do teste, o pessoal do Pisa me fez prometer que não revelaria seu conteúdo exato. Posso, contudo, compartilhar exemplos semelhantes de testes anteriores e outros modelos de questões que o próprio Pisa concordou em tornar públicos.[16] Como esta questão de matemática:

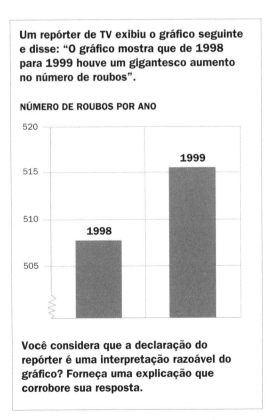

Um repórter de TV exibiu o gráfico seguinte e disse: "O gráfico mostra que de 1998 para 1999 houve um gigantesco aumento no número de roubos".

NÚMERO DE ROUBOS POR ANO

Você considera que a declaração do repórter é uma interpretação razoável do gráfico? Forneça uma explicação que corrobore sua resposta.

Diversas questões como essa pediam a minha opinião, seguida de uma série de linhas em branco para que eu escrevesse a resposta; isso era estranho. Desde quando um teste padronizado se preocupava com a minha opinião?

Outras questões me fizeram lembrar de problemas que eu tinha encontrado já adulta – ter de decifrar as letras miúdas de um contrato de seguro-saúde antes de assinar ou comparar as taxas de administração de contas bancárias cobradas por bancos concorrentes. Parecia mais um teste de habilidades para a vida do que uma avaliação de competências escolares.

Todas as fórmulas matemáticas eram fornecidas, graças a Deus, inclusive o valor de pi. Notei, porém, que eu realmente tinha de *pensar* nas minhas respostas. Quando tentei passar às pressas por uma seção de matemática, tive de voltar atrás e apagar diversas respostas.

Uma das questões de leitura trazia um anúncio de vacinação contra a gripe disponibilizada para os funcionários de uma empresa,[17] o tipo de mensagem insípida que se vê afixada no quadro de avisos de qualquer local de trabalho. O folheto, feito por uma funcionária chamada Fiona, não tinha absolutamente nada de extraordinário – um típico material da área de recursos humanos! O enunciado da questão pedia uma análise do trabalho de Fiona:

> Fiona queria que o estilo de seu folheto informativo fosse simpático e encorajador. Você acha que ela conseguiu? Explique sua resposta com referências detalhadas ao leiaute, estilo de escrita, imagens e outros elementos gráficos.

Para mim, a parte de ciências foi a mais complicada. Recorri mais de uma vez à "adivinhação". Muitas das questões versavam sobre a ciência do dia a dia, coisas que as pessoas podem usar na vida real. O que acontece com os músculos quando alguém se exercita? Que alimentos são ricos em vitamina C?[18] Terminei cerca de vinte minutos antes do tempo limite. Ao contrário de um estudante de verdade, eu mesma fui incumbida de avaliar e atribuir nota ao meu próprio teste. Levei cerca de uma hora, já que cada resposta poderia receber zero, pontuação total ou parcial, dependendo do quanto eu chegava perto das muitas opções listadas na grade de respostas esperadas. Geralmente os testes mais inteligentes precisam ser corrigidos por seres humanos, pelo menos em parte, razão pela qual são caros e raros.

Na questão sobre os roubos, recebia pontuação máxima qualquer versão de uma lista de dez diferentes respostas possíveis, contanto que a resposta fosse basicamente *não* – e incluísse uma crítica ao gráfico distorcido, que não começava em zero, ou que apontasse que o aumento dos roubos era na verdade bastante pequeno em termos percentuais (a propósito, somente um terço dos participantes da Finlândia, Coreia do Sul e Estados Unidos acertou essa questão).

Com relação à questão sobre o folheto de vacinação contra a gripe, não havia uma resposta correta. Sim ou não, a única maneira de receber o número total de pontos era defender sua opinião citando pelo menos uma característica específica do folheto e avaliando-a de maneira detalhada. Não bastava meramente repetir que o estilo era "simpático" e "encorajador"; essas palavras já estavam incluídas no enunciado da questão. "Interessante", "fácil de ler" e "claro" eram respostas consideradas vagas demais. A análise tinha de ser original, e as expectativas eram altas. No mundo todo, somente quatro em cada dez adolescentes acertaram essa questão.

As questões variavam ligeiramente de país para país. Aos estudantes do México, por exemplo, não se pedia que calculassem o diâmetro do lago Erie. Detalhes como esses não eram muito importantes, porque o Pisa não era simplesmente um teste sobre fatos. Era um teste que avaliava a habilidade de fazer algo útil com fatos.

Por fim, anunciei a minha pontuação para a moça que fazia as vezes de minha acompanhante, já que não havia mais ninguém a quem contar. Eu tinha errado apenas uma (uma questão de ciências). "Bom trabalho!", ela exclamou, generosa.[19] Ambas sabíamos que eu tinha 22 anos de experiência de vida a mais que os participantes normais do Pisa, incluindo quatro anos de faculdade.

Assim que saí do prédio, minha sensação de alívio se desfez. Minha nota, constatei, não era um bom sinal para os adolescentes do meu próprio país. O teste não era fácil, mas tampouco era difícil. Em uma das questões que eu tinha acertado, somente 18% dos norte-americanos de quinze anos de idade estavam comigo.

Havia outras questões como essa, a que muitos – ou a maioria – dos jovens finlandeses e sul-coreanos respondiam corretamente, como eu, mas que a maior parte dos meninos e meninas dos Estados Unidos errava.

O Pisa exigia proficiência na solução de problemas e capacidade de comunicação; em outras palavras, as habilidades básicas de que eu precisava para fazer meu trabalho e cuidar da minha família em um mundo sufocado por informações e sujeito a súbitas mudanças econômicas. O que significava para um país o fato de que a maioria de seus jovens não se saía bem nesse teste? Nem todos os nossos adolescentes tinham de ser engenheiros ou advogados, mas todos precisavam saber *pensar*, não é?

Eu ainda não acreditava que o Pisa mensurava tudo, mas agora estava convencida de que o teste avaliava o pensamento crítico.

A Associação Norte-Americana de Professores Universitários tinha definido o pensamento crítico como "a característica distintiva da educação norte-americana – uma educação cujo intuito é criar cidadãos pensantes para uma sociedade livre".[20] Se o pensamento crítico era a característica distintiva, por que não se evidenciava em jovens de quinze anos?

Era difícil escapar da conclusão de que as crianças e os contribuintes norte-americanos estavam desperdiçando tempo e dinheiro. Em 2009, os adolescentes americanos ficaram em 26º lugar no ranking do Pisa em matemática, 17º em ciências e 12º em leitura.[21] A única categoria em que os Estados Unidos ocupavam o segundo lugar no mundo era a de gastos por aluno[22] (o único país que gastava mais era Luxemburgo, cuja população é menor que a da cidade de Nashville, no Tennessee).

Era doloroso pensar nas implicações desse desperdício. Economistas tinham descoberto uma relação quase unívoca entre o desempenho no Pisa e o crescimento econômico nacional a longo prazo.[23] Muitas outras coisas influenciam o crescimento econômico, é claro, mas a capacidade da mão de obra de aprender, pensar e se adaptar é o melhor e insuperável pacote de estímulo econômico. Se os Estados Unidos tivessem a mesma pontuação da Finlândia no Pisa, o PIB cresceria a uma taxa de 1 trilhão ou 2 trilhões de dólares por ano.[24]

No que se referia aos estudantes, a pontuação no Pisa funcionava como uma ferramenta mais eficaz que o histórico escolar para prognosticar quais jovens ingressariam na universidade.[25] Os adolescentes que iam mal no teste de leitura do Pisa tinham muito mais probabilidade de abandonar os estudos no ensino médio. O Pisa não media a memorização; estava medindo os anseios.

Saí do teste com uma sensação de desassossego. O exame e as mil páginas de análise que acompanhavam o Pisa esboçavam uma espécie de mapa do tesouro mundial. Esse mapa poderia me ajudar a organizar e ver com maior clareza quais países estavam ensinando todas as suas crianças a pensar, e quais não estavam.

Os países mais bem-sucedidos ou aqueles que apresentavam melhora pareciam se encaixar em três categorias básicas: 1) o modelo utópico da Finlândia, um sistema alicerçado na crença de que os alunos logravam uma forma de pensar mais elaborada, ou um pensamento de ordem superior, sem competição excessiva ou a intromissão dos pais; 2) o modelo "panela de pressão" da Coreia do Sul, país onde os jovens estudam de maneira tão compulsiva que o governo teve de instituir um toque de recolher para coibir o excesso de horas de estudo; e 3) o modelo em mutação da Polônia, país em ascensão cujo índice de pobreza infantil é equivalente ao dos Estados Unidos, mas onde recentemente houve ganhos acentuados no nível de conhecimento dos estudantes.

Ainda assim, o Pisa não era capaz de me dizer de que modo esses países ficaram tão inteligentes, ou como as crianças viviam neles o seu dia a dia, em comparação com o que se passava nos Estados Unidos. As oportunidades de vida dos estudantes dependiam de alguma coisa que ia além do que qualquer teste tinha condições de medir. As meninas e meninos sul-coreanos eram motivados a *aprender*, ou simplesmente tinham êxito? Havia uma diferença. A personalidade dos adolescentes finlandeses era tão desenvolvida quanto suas habilidades em matemática? Eu tinha em mãos os dados, mas precisava da vida.

Parti então para a Finlândia, a Coreia do Sul e a Polônia, a fim de ver o que o resto do mundo poderia aprender com as crianças e os adolescentes desses países. Investiguei também outros lugares com pontuação altíssima no Pisa, como Xangai (na China) e Cingapura. Mas decidi concentrar a minha atenção acima de tudo em países democráticos, onde as mudanças não poderiam ser implementadas por decreto. Eu quis ir aonde pais, crianças e professores tinham de tolerar os caprichos da política e lidar com o penoso caminho dos acordos e concessões, e mesmo assim obtinham sucesso. Isso era uma coisa mágica – e era preciso ver para crer.

Indo embora

A cidadezinha de Sallisaw, no estado de Oklahoma, era famosa por uma coisa sobre a qual os moradores locais não costumavam conversar com frequência. No romance *As vinhas da ira* (1939), de John Steinbeck, por causa do Dust Bowl,* uma família fictícia – os Joad –, deixa para trás as terras que ocupa e parte em busca de uma vida melhor, durante a Grande Depressão. Foi de Sallisaw que os Joad fugiram.

"O velho [rio] Hudson transbordante foi chiando e gemendo até chegar à estrada principal em Sallisaw e deu uma guinada para o oeste", escreveu Steinbeck, "e o sol cegava."

No início de 2008, quando Kim tinha doze anos, Sallisaw estava à beira da segunda pior depressão da história dos Estados Unidos. Mas isso não era óbvio, pelo menos não à primeira vista. A rodovia interestadual I-40 margeava a cidade, ligando Oklahoma ao Arkansas. Uma rede de motéis de beira de estrada havia sido

---

* O Dust Bowl (taça de pó) foi um fenômeno climático ocorrido nos Estados Unidos na década de 1930 que durou quase dez anos. Nesse desastre ambiental, algumas regiões das Grandes Planícies ou Planícies Altas, espremidas entre o rio Mississippi e as montanhas Rochosas, experimentaram uma forte seca agravada por grandes nuvens de pó e areia, tão espessas que esconderam o sol durante vários dias (as "brisas negras" ou "vento negro"), tornando a terra improdutiva e inviabilizando o sistema de arrendamento, o que acabou por depauperar as famílias de pequenos agricultores. [N.T.]

inaugurada a fim de oferecer pouso e comida para os caminhoneiros que iam e vinham. Em um descampado deserto a menos de dois quilômetros da casa de Kim, o supermercado Walmart abrira uma megaloja.

Estrada abaixo, um cassino administrado por indígenas reunia uma multidão considerável na hora do almoço. Velhos usando chapéus de caubói arriscavam a sorte em máquinas caça-níqueis na escuridão refrigerada do local. Aposentados afluíam, atraídos pelo almoço especial a 3,50 dólares. Na parede do banheiro, haviam instalado um contêiner vermelho para os apostadores diabéticos jogarem as agulhas para insulina já utilizadas.

Apesar desse comércio modesto, Sallisaw ainda era uma cidadezinha rural, cuja população mal chegava a 9 mil habitantes. O banco que Pretty Boy Floyd tinha assaltado durante a Grande Depressão era agora um terreno baldio.[1] A estação de trem, onde seu corpo havia chegado dentro de um caixão de pinho depois que ele foi morto a tiros, tornara-se uma pequena biblioteca pública.

Como Kim, quase todo mundo em Sallisaw parecia branco, mas a identidade das pessoas variava dependendo de qual formulário elas estavam preenchendo. Metade das crianças tinha seu cartão de indígena, identificando-as como descendentes sanguíneos legítimos de índios americanos. Mesmo quem tivesse apenas 1/512 avos de sangue indígena podia obter o cartão, que vinha com certos benefícios, como material escolar gratuito ou acesso ao banco de alimentos cherokee. Cerca de um quarto dos estudantes da diretoria de ensino de Sallisaw era oficialmente classificado como pobre,[2] de modo que os benefícios indígenas eram tanto uma questão de descendência e herança como também de sustento.

As escolas de Sallisaw eram consideradas apenas razoáveis – nem as melhores nem as piores. Porém, muita coisa dependia da posição e do ponto de vista de quem fazia essa avaliação. No teste estadual,[3] Kim e a maioria de seus colegas de classe saíam-se bem, mas esse teste era notoriamente fácil.[4] Em um outro exame, mais sério e aplicado em âmbito nacional,[5] apenas um em cada quatro alunos do oitavo ano do Estado de Oklahoma tinha um desempenho competente em matemática (era provável que os estudantes de Sallisaw alcançassem um resultado mais ou menos igual, embora não seja possível saber ao certo, uma vez que um reduzido número deles fazia o teste naquele local).

Quanto mais distante a posição do observador, pior se tornava o cenário. Se Oklahoma fosse um país, ficaria na 81ª posição do mundo em matemática, o mesmo nível de Croácia e Turquia.[6]

Kim nascera e fora criada em Sallisaw. Todo inverno, ela e o avô participavam do rodeio de Natal, guiando velhos tratores pelo centro velho da cidade. Kim gostava do ronco lento do Modelo H, o estrépito das bandas marciais atrás dela, e do jeito como as crianças soltavam gritos agudos quando ela jogava doces e balas para as mãozinhas estendidas.

Entretanto, como muitas crianças de doze anos, Kim sentia que talvez seu lugar não fosse ali. Ela tentou se destacar em Sallisaw de todas as maneiras que eram possíveis na cidade. Uma vez que não era lá muito boa nos esportes tradicionais, começou a treinar para ser animadora de torcida ainda na pré-escola. Sorrindo e com as costas empertigadas, fazia poses para as fotos usando seu uniforme amarelo-narciso. Mas, no terceiro ano do ensino fundamental, como ainda não conseguia fazer certa coreografia, desistiu.

Depois disso, começou a sonhar em tocar na banda marcial da escola. Parecia a coisa certa a fazer: uma rota de acesso para o estádio de futebol americano, o centro da cultura da cidade, sem os sorrisos forçados e os saltos-mortais. Ela optou pela flauta e começou a praticar todo dia, até o maxilar doer. Depois de dois anos, contudo, as notas ainda saíam frouxas e ofegantes, e o líder da banda colocou-a no fundo.

Mais natural para Kim era a curiosidade acerca do mundo. Ela levava a sério os estudos e se sentia preocupada com as injustiças cometidas em lugares distantes. No segundo ano do ensino fundamental, assistiu na televisão a um noticiário sobre cientistas que estavam usando ratos para detectar bombas. Um ano se passara desde o Onze de Setembro, e o país tinha acabado de nomear seu primeiro secretário de Segurança Nacional. A jornalista explicou que os cientistas instalavam eletrodos na cabeça dos ratos para fazer com que fossem para a esquerda ou para a direita ou aonde quer que os humanos não ousavam ir, transformando-os em detectores de explosivos movidos a controle remoto.

Kim sentiu uma ferroada na consciência. Ela não nutria a menor afeição particular por ratos e entendia que a vida de um rato era menos valiosa que a de um ser humano. Mas parecia errado infiltrar-se no cérebro de outra criatura, qualquer que fosse. Era horripilante, talvez até imoral. Kim pensou em suas tartarugas de estimação e imaginou como seria se o governo decidisse tomar posse do cérebro delas também. Onde isso ia parar? Certamente devia haver uma maneira melhor de fazer um animal se movimentar para a direita ou para a esquerda. Quem sabe oferecendo-lhe uma guloseima?

Então Kim fez algo fora do comum para uma criança — aliás, verdade seja dita, até para um adulto. Arregaçou as mangas e pôs mãos à obra para corrigir um problema distante que pouco tinha a ver com ela. Naquela tarde, a menina sentou-se junto à máquina automática de salgadinhos de sua escola e escreveu uma carta endereçada ao presidente George W. Bush, detalhando sua preocupação acerca do experimento com os ratos. Ela fez questão de usar um tom respeitoso e polido, floreando as letras numa caprichada caligrafia em seu caderno espiral.

Quando duas de suas amiguinhas passaram por ali, Kim contou-lhes a história dos ratos. Perguntou se elas também queriam assinar a carta. Talvez pudessem iniciar um abaixo-assinado, recolher assinaturas na escola inteira.

Depois de se entreolharem de olhos arregalados e de encarar Kim por alguns segundos, as duas soltaram um gritinho estridente: "Ecaaaaaaa! Que nojo, Kim! Quem é que liga pra *ratos*?".

A gargalhada das duas meninas ecoou pelo corredor iluminado por lâmpadas fluorescentes. Depois disso elas inventaram uma canção sobre Kim e sua campanha. Na verdade, mais parecia um jingle; a letra não era lá muito inspirada: "Salvem os ratos! Salvem os ratos!". Mas o bordão pegou.

Kim sentiu que existia um abismo entre ela e suas amigas. Não teria se incomodado se as outras meninas achassem que os ratos-robôs eram uma boa ideia; o que a deixou chateada foi o fato de que elas aparentemente não davam a mínima. Por que as pessoas não se importavam? Em momentos como aquele, Kim tinha a sensação de que todos os seus amigos falavam outra língua, um idioma que ela era capaz de imitar, mas que na verdade nunca entendia.

Kim parou de falar sobre os ratos e, quando percorria o corredor, fingia que não estava escutando o bordão "salvem-os-ratos". Mesmo assim, enviou a carta à Casa Branca.

Um dia, quando Kim estava no sétimo ano do ensino fundamental, sua professora de inglês pediu para conversar com ela no corredor. "Você foi convidada para ir à cidade de Oklahoma e fazer o SAT.* É uma honra", disse.

Kim ficou confusa; ela tinha apenas doze anos. Encarou a professora com seus olhos castanho-escuros à espera de mais informações. A professora explicou que as notas de Kim no teste padronizado a haviam qualificado, juntamente com outros estudantes, para algo chamado Busca de Talentos do Sétimo Ano da Universidade Duke. As notas não contariam, mas poderia ser uma experiência interessante.

No carro, voltando da escola para casa, Kim entregou à mãe o panfleto e anunciou: "Eu quero ir à cidade de Oklahoma para fazer o SAT". Olhando por cima de seus óculos pequenos com armação de metal, a mãe fitou as informações e depois olhou de relance para a menina. De Sallisaw até a capital do estado era uma viagem de três horas de carro. Mas fazia um bom tempo que ela não via Kim falar de modo tão enfático a respeito de alguma coisa.

Charlotte, a mãe de Kim, professora de uma escola de ensino fundamental local, era uma mulher baixinha, com cabelos curtos

---

* O SAT (Scholastic Aptitude Test/Scholastic Assessment Test, ou teste de aptidão acadêmica) é um exame educacional padronizado nos Estados Unidos, aplicado a estudantes do ensino médio, que serve de critério para a admissão nas universidades norte-americanas; é parecido com o Exame Nacional do Ensino Médio (Enem) brasileiro, embora as universidades não se baseiem somente nas notas dos alunos para aprová-los. Com o objetivo de avaliar o pensamento crítico do candidato, a prova tem questões objetivas e discursivas de matemática e de interpretação de textos, além de uma redação. [N.T.]

e encaracolados, a indisfarçável fala arrastada de Oklahoma e uma risada fácil. Morria de amores pela filha, e todo santo dia a levava e buscava na escola, para que a menina não tivesse de pegar ônibus. No pequeno rancho da família, enchia as paredes com um conjunto de fotografias emolduradas mostrando Kim em visita à Assembleia Legislativa de Oklahoma e em seu uniforme de animadora de torcida.

Nos últimos tempos, Charlotte andava preocupada com as atitudes da filha. Quando não estava trancada sozinha no quarto lendo, Kim não parava de reclamar da escola e de Sallisaw. Charlotte tinha várias teorias para explicar esse comportamento. Para começo de conversa, ela e o marido viviam às turras, brigavam demais. Tratava-se de uma antiga e recorrente divisão na família, mas, à medida que Kim foi ficando mais velha, a menina começou a tomar partido, defendendo a mãe contra o pai e argumentando que Charlotte deveria pedir o divórcio.

Outra teoria sobre a insatisfação de Kim era a própria *middle school*, a fase intermediária entre os anos finais do ensino fundamental e o ensino médio ou *high school*.* No sexto ano, Kim tinha voltado para casa com sua primeira nota C. Ela alegara que estava com receio de pedir ajuda porque o professor ficava furioso com alunos que não entendiam a matéria. Charlotte queixou-se com o diretor da escola, mas nada aconteceu. Por fim ela obrigou Kim a pedir ajuda ao professor, e a menina passou a chegar mais cedo na

---

* Embora haja outras variações regionais, geralmente a *middle school* abrange os sexto, sétimo e oitavo anos do ensino fundamental; depois vem a *high school*, o ensino secundário ou médio, dividido em *junior high school* (ou *junior high*), que vai do sétimo ao nono ano, e a *senior high school* (*senior high*), do nono ou décimo ao 12º ano. [N.T.]

escola para uma série de tensas e pouco amistosas aulas de reforço sob a tutela dele. No final do ano, Kim concluiu que era péssima em matemática e jurou que evitaria os números sempre que possível. Como mãe, Charlotte imaginou que Kim estava apenas passando por uma fase complicada. Afinal, ela já era quase uma adolescente. Tinha o direito de bater as portas com estrondo e tocar Avril Lavigne no volume máximo. Mas, como professora, Charlotte sabia também que a *middle school* era uma espécie de limbo para as crianças, os anos em que os jovens norte-americanos começavam a ficar para trás – e quando se tornava óbvio que alguns deles acabariam abandonando de vez a escola.

Essa Kim, a que queria enfrentar três horas de estrada para fazer o SAT, fez Charlotte se lembrar da antiga Kim, a que tinha planos. No carro a caminho de casa, Charlotte foi calculando mentalmente os gastos de uma viagem à cidade de Oklahoma. Provavelmente precisariam pernoitar em um hotel para chegar a tempo no teste, sem contar o combustível e a comida. Quando entrou com o carro na garagem, ela já tinha se decidido: "Tudo bem. Vamos lá ver como você se sai".

Semanas depois, em uma escola de ensino médio praticamente vazia na cidade de Oklahoma, Kim sentou-se com um pequeno grupo de estudantes para fazer o SAT. Caprichou na redação, torcendo com o dedo indicador as mechas de sua longa cabeleira castanha. Kim sempre tinha gostado de escrever, e as pessoas lhe diziam que ela era boa nisso.

Porém, quando Kim chegou às questões de matemática, os problemas traziam letras onde deveria haver números. Será que eram erros na impressão da prova? Ela olhou ao redor; ninguém mais parecia confuso, de modo que ela se concentrou nos problemas com enunciado verbal e chutou o resto. No fim da prova, tinha enrolado tanto suas mechas que seu cabelo havia se transformado em um ninho de nós. Estava com uma terrível dor de cabeça, como se seu cérebro tivesse sido cozido em fogo baixo durante horas a fio. Ela engoliu quatro aspirinas e dormiu no carro no trajeto de volta para casa.

Um mês depois, a professora de Kim entregou-lhe um envelope com suas notas do SAT.[7] Quando sua mãe foi buscá-la na escola, as duas ficaram sentadas dentro do carro encarando o papel, tentando decifrar o que os números significavam.

"Olha só isto aqui: diz que em leitura crítica você se saiu melhor do que 40% dos alunos do último ano do ensino médio de Oklahoma que pretendem ir para a faculdade!", disse Charlotte.

"O quê?", duvidou Kim, agarrando o papel. "Isso não pode estar certo."

Kim leu e releu as palavras. Como ela poderia ter se saído melhor do que *qualquer* aluno com um pé na faculdade, quanto mais 40% deles? O que aqueles garotos e garotas tinham feito nos últimos cinco anos?

"Uau, neste momento eu estou muito decepcionada com o meu estado."

"Ah, Kim", disse sua mãe, virando os olhos, ligando o carro e engatando a primeira marcha.

No caminho para casa Kim teve uma segunda reação. Era a primeira vez que ela vencia alguma coisa. Não era um troféu de melhor animadora de torcida, mas mesmo assim era uma vitória. Ela examinou mais uma vez as notas, depois virou-se para a janela de modo que a mãe não visse seu sorriso.

Na primavera daquele ano, Kim e seus pais foram de carro a Tulsa para participar de um jantar em homenagem aos estudantes com melhor desempenho no SAT. A menina usou o vestido de verão com flores amarelas que tinha comprado para a apresentação da banda da escola. O *Sequoyah County Times* publicou uma pequena matéria, juntamente com uma foto de Kim segurando sua medalha de prata. Em geral o jornal trazia reportagens sobre jogadores de basquete e futebol americano de Sallisaw, as celebridades locais; ela achou estranho ver seu nome estampado no mesmo tipo de letra.

Ao voltar para casa, Kim guardou a medalha dentro da gaveta da escrivaninha. Deixá-la exposta lhe causava nervosismo. E se fosse a última coisa que ela ganharia na vida? Melhor esquecer o episódio todo até prestar o SAT para valer no ensino médio.

Todavia, algumas semanas depois Kim recebeu pelo correio uma brochura enviada pela Universidade Duke a respeito do programa de verão para estudantes talentosos. Sua pontuação no SAT havia chamado a atenção da diretoria da instituição; ficou claro que a história ainda não tinha chegado ao fim. Ela foi convidada a estudar Shakespeare e psicologia em Durham, Carolina do Norte.

Ao ler o panfleto, Kim ficou desnorteada, como se tivesse acabado de chegar a um planeta desconhecido. O programa de estudos era descrito como "intenso e exigente", o equivalente a um ano inteiro do ensino médio em apenas três semanas. Como isso era possível? O campus de Duke parecia um lugar fora do comum: o tipo de local onde era aceitável interessar-se por Shakespeare e psicologia.

Ela foi correndo contar a novidade para a mãe; sua mente zumbia com a ideia de conhecer pessoas de sua idade atraídas por conversas sérias. "Essa é a minha chance de ser normal. A gente vai poder trocar ideias sobre as coisas – discutir assuntos de verdade!"

Kim nunca tinha sido boa em bater papo, tagarelar sobre trivialidades; a seu ver, conversa fiada era algo embaraçoso e falso. Talvez aquela faculdade fosse um lugar onde ela poderia ser ela mesma, onde poderia ir para a esquerda ou para a direita à vontade, livre para fazer todo tipo de pergunta que lhe desse na veneta.

O programa custava caro; além disso, Charlotte não estava com a menor pressa de deixar a filha caçula passar o verão longe de casa, e disse "não".

"PELO MENOS ELES ESTÃO TENTANDO"

Fazia um bom tempo que Oklahoma, como o restante dos Estados Unidos, vinha tentando melhorar a situação de suas escolas. Entre 1969 e 2007, o estado mais do que duplicou a verba gasta por aluno.[8] Ao longo dos anos o governo de Oklahoma contratou milhares de novos professores-auxiliares,[9] concedeu aumentos salariais aos professores – o que era urgentemente necessário – e reduziu a proporção estudante/professor.[10] Em 2011, mais da metade do orçamento estadual era destinado à educação,[11] mas a maior parte dos estudantes de Oklahoma ainda não era capaz de demonstrar competência em matemática.

A fim de motivarem alunos e escolas a alcançar melhores resultados, os legisladores de Oklahoma decidiram criar um incentivo. No final da década de 1980, aprovaram uma lei tornando obrigatório que os estudantes do último ano do ensino médio fossem aprovados em um teste para receber o diploma. Esse tipo de exame de conclusão de curso era padrão nos países que figuravam no topo do ranking do Pisa.[12] Dava a alunos e professores uma missão clara, e fazia com que o diploma significasse alguma coisa.

Alguns anos depois, contudo, os legisladores decidiram cancelar a aplicação do teste. Era uma questão de compaixão, pelo menos foi o que os políticos alegaram. Os membros da Assembleia Legislativa estavam preocupados diante da perspectiva de que muitos estudantes seriam reprovados. Ia pegar mal. Esses jovens teriam frequentado quatro anos do ensino médio sem obter um diploma. Isso não parecia certo. Os pais também não gostariam nem um pouco. Assim, o teste foi deixado de lado, e os estudantes ganharam a chance de fracassar um pouco mais tarde, no mundo real, se o seu conhecimento de matemática não fosse suficiente para que cursassem disciplinas na faculdade (a fim de obter créditos) ou se eles não conseguissem arranjar um emprego que pagasse mais que o salário mínimo.

Depois disso o governador de Oklahoma tentou uma estratégia mais generosa e suave. Assinou uma ordem executiva por meio da qual os estudantes tinham de passar por uma série de testes de letramento, a partir do oitavo ano do ensino fundamental. Isso significava que os alunos dispunham de quatro anos para refazer os testes caso fossem reprovados. Contudo, pouco antes que a nova determinação entrasse em vigor, o Poder Legislativo vetou essa exigência também. Os legisladores alegaram temer uma enxurrada de processos judiciais movidos por pais furiosos.

A história do estado pode ser interpretada como um cabo de guerra em câmera lenta entre esperanças e receios, como se ninguém conseguisse chegar a um consenso acerca do que as crianças de Oklahoma eram ou não capazes de fazer – uma falta de confiança que sem dúvida respingava nos estudantes. "Crianças e adolescentes possuem um excelente detector para captar o que os adultos levam a sério e o que realmente conta",[13] observou um relatório do sindicato dos professores redigido em 1997. "Se eles perceberem que não conta, então não farão o trabalho árduo."

Em 2005, Oklahoma tentou mais uma vez, aprovando então uma lei de acordo com a qual os estudantes, para obter o diploma, teriam de demonstrar domínio de inglês, álgebra, geometria, biologia e história dos Estados Unidos. O estado tinha sete anos para introduzir gradualmente a nova exigência, de maneira suave e amigável. Os alunos que fossem reprovados poderiam refazer os testes até três vezes no intervalo de um ano, ou fazer testes alternados, como o SAT. Poderiam inclusive optar por elaborar projetos especiais, demonstrando sua competência em qualquer uma das matérias em que não tivessem sido aprovados.

Em 2011, quando o teste de conclusão do ensino médio para a obtenção do diploma estava finalmente em via de entrar em vigor, jornais locais alertaram para o fato de que milhares de estudantes poderiam simplesmente não se formar. Um funcionário do alto escalão da Associação dos Conselhos Escolares de Oklahoma previu que os resultados seriam "devastadores". Um superintendente de ensino relatou ao *Tulsa World* que as classes de formandos corriam o risco de entrar para a história como "a geração perdida".[14] Um deputado estadual republicano apresentou um projeto de lei para adiar o teste por mais dois anos.

Quando visitei pela primeira vez a cidade natal de Kim, o novo e jovem superintendente de ensino de Sallisaw guiou-me por um passeio pela escola de ensino médio, um edifício de tijolo aparente e um único pavimento; passamos pelos armários alaranjados e amarelos ao longo dos corredores de blocos de alvenaria. A última escola de ensino médio da cidade tinha sido construída por trabalhadores da WPA durante a Depressão.* Esse novo colégio,

---

* WPA: Works Progress Administration, ou Administração do Progresso de Obras (de 1939 em diante, renomeado Work Projects Administration, ou Administração de Projetos de Obras), programa estatal de criação de empregos do governo Franklin Roosevelt, presidente dos Estados Unidos de 1933 a 1945. [N.T.]

inaugurado em 1987, era parecido com muitas escolas norte-americanas: impessoal, pouco imaginativo mas arrumadinho, com blocos de cor e luz. A quadra de basquete era a joia do local. O desenho da mascote do time da escola, os Black Diamonds [Diamantes Negros], reluzindo no piso de madeira nobre, remontava à década de 1920, quando a mineração de carvão era uma das principais atividades econômicas.

Scott Farmer tinha acabado de ser nomeado superintendente de ensino da cidade, o primeiro em vinte anos. Era um homem de cabelo castanho curto e rosto de menino. O estado de Oklahoma tinha 530 superintendentes como ele, cada qual com seu próprio feudo.[15] Em Oklahoma o número de superintendentes era quase igual ao de membros do Congresso Nacional. Essa tradição de hipercontrole em nível local, intrinsecamente fadado à ineficiência, fornecia uma pista dos motivos pelos quais os Estados Unidos gastavam em educação mais do que qualquer outro país do mundo.

Farmer ganhava um salário anual de cerca de 100 mil dólares, o que fazia dele um dos cidadãos mais bem pagos de Sallisaw.[16] Ele contava também com um superintendente-assistente, além de oito supervisores com nível de diretor e um conselho escolar. Era uma estrutura e tanto para um distrito que abrangia apenas quatro escolas. Mas estava longe de ser algo fora dos padrões.[17] Na verdade, comparada ao restante do estado, Sallisaw era uma das diretorias de ensino mais eficientes de Oklahoma.

Quando pedi a Farmer que descrevesse o maior desafio da Sallisaw High School, ele discorreu sobretudo sobre o envolvimento dos pais, lamentando o baixíssimo número deles que compareceram às reuniões com os professores. "Eu simplesmente não estou convencido de que os pais deixaram de se preocupar", ele disse, balançando a cabeça, "mas é algo em que precisamos trabalhar – lembrá-los da importância da aprendizagem para toda a vida."

Eu já tinha ouvido esse argumento nas escolas norte-americanas, não apenas em Oklahoma. Parecia senso comum o fato de que os pais tinham desaparecido das nossas escolas. Até os próprios pais constatavam essa ausência. Em uma pesquisa sobre maneiras de melhorar a educação, a maioria dos norte-americanos adultos citou o maior envolvimento dos pais.[18] Contudo, a realidade era mais complexa. Fosse lá o que os pais norte-americanos estivessem fazendo de errado, a verdade é que vinham dando as caras nas escolas dos filhos com frequência maior do que costumavam fazer vinte anos antes.[19] Em 2007, nove em cada dez pais de alunos afirmaram ter participado de pelo menos uma reunião com os professores ou de algum tipo de reunião escolar naquele ano letivo.[20] Alguns tinham sido convocados à escola por causa de reuniões disciplinares – encontros desagradáveis com diretores-assistentes e alunos amuados. Mas, fosse por motivos positivos ou negativos, os pais norte-americanos não eram tão negligentes ou indiferentes quanto a maioria de nós parecia pensar.

Então, o que explicava a desconexão? Talvez a coisa dependesse de como se definia *envolvimento*. Quando falei com Ernie Martens, diretor da Sallisaw High School na década passada, ele não tinha queixa nenhuma a fazer sobre o envolvimento dos pais. Sim, claro que no caso dos pais de alunos do ensino médio o índice de comparecimento às reuniões com os professores não era tão alto quando comparado à participação dos pais de alunos das séries mais baixas, mas tudo bem, ele disse. Estudantes do ensino médio não precisavam desse tipo de afago e proteção constantes. De resto, cerca de três quartos dos pais de Sallisaw envolviam-se de alguma outra maneira, geralmente com o clube de apoio ao time de futebol americano, o clube de incentivo ao time de basquete ou com a divisão local da Future Farmers of America [Futuros Agricultores dos Estados Unidos]. Somente um em cada quatro pais era o que Martens definiria como desinteressado ou não envolvido. A bem da verdade, o diretor Martens disse que o maior problema de todos não tinha nada a ver com o envolvimento dos pais. Seu maior problema, afirmou, eram as expectativas; em sua opinião elas eram altas demais. Os políticos e os pretensos reformistas esperavam demais dos estudantes. "Boa parte dos nossos alunos vem de famílias disfuncionais", ele disse. "Somos a única coisa normal que eles têm na vida." Era muito bonito falar de altas expectativas em discursos políticos, mas Martens vivia no mundo real, em uma parte do país onde poucos pais liam para os filhos, e outros jamais faziam isso. No mundo dele, algumas mães achavam que o café da manhã era um saquinho de batatas fritas, e alguns pais escondiam metanfetamina na churrasqueira do quintal.

Em Sallisaw, praticamente um em cada quatro estudantes não conseguia terminar o ensino médio em quatro anos.[21] Martens e Farmer tinham narrativas diferentes sobre os motivos desse fracasso, mas ambos estavam olhando na mesma direção. Nenhum dos dois via a educação em si como o problema fundamental, tampouco como a principal solução. Ambos apontavam para forças externas: pais negligentes, males sociais e expectativas governamentais desvinculadas da realidade. Esse também era um refrão repetido por todos os educadores dos Estados Unidos. Fosse qual fosse o problema, ele parecia estar em grande medida fora de controle.

E os educadores estavam certos, é evidente. Diante deles estendia-se, fora de seu alcance, uma longa lista de fatores sinistros e desanimadores, da quantidade de tempo que os estudantes dormiam ao número de horas que passavam diante da televisão. O estresse a que muitos deles eram submetidos na vida familiar sobrecarregava seu corpo e mente, produzindo estragos que a escola não era capaz de consertar.

O único problema com essa narrativa estava no fato de que ela era formadora de hábitos. Uma vez que a pessoa começa a localizar a fonte de seus problemas fora de sua própria jurisdição, é difícil parar, mesmo quando a narrativa está errada.

Por exemplo: Sallisaw estava repleta de bons alunos também. Além dos destituídos e dos desistentes, a Sallisaw High School tinha suas histórias de sucesso, como toda cidade. Cerca de metade dos estudantes que se formavam em Sallisaw matriculava-se em faculdades públicas e universidades de Oklahoma. Outros iam estudar em faculdades fora do estado ou procuravam emprego.

O que acontecia com os alunos que eram histórias de sucesso depois que se formavam na escola e iam embora? Suas respectivas faculdades testavam as habilidades básicas desses estudantes e constatavam que elas deixavam a desejar. Mais da *metade* desses estudantes era imediatamente inscrita em aulas extras de reforço e cursos de nivelamento[22] em faculdades públicas de Oklahoma. Isso significava que alguns dos melhores alunos de Sallisaw estavam pagando uma boa soma em dinheiro para cursar o ensino superior, geralmente na forma de empréstimos e de financiamento estudantil, mas não estavam realizando créditos na universidade.

Esses rapazes e moças haviam passado a vida inteira sendo instruídos a obter um diploma de ensino médio a fim de ir para a faculdade; esse era o sonho. Mas, quando chegavam lá, ficavam empacados em um limbo, matriculando-se em cursos de nivelamento e fazendo de novo aulas de recuperação de álgebra e inglês, como se jamais tivessem saído do ensino médio. Não era difícil entender por quê: à medida que suas dívidas se avolumavam, muitos desistiam de vez da faculdade. Um em cada dois universitários de Oklahoma não conseguia se formar em seis anos.[23]

Perguntei ao diretor Martens sobre o fato de todos os ex-alunos de Sallisaw estarem refazendo aulas de matemática ou inglês. "Isso na verdade não me incomoda", disse ele, "porque pelo menos eles estão tentando." O objetivo principal era que seus alunos fossem para a faculdade. O sucesso ou insucesso de seus ex-alunos lá estava fora de seu controle, ou pelo menos era o que parecia.

O fato de que esses jovens tinham passado quatro anos na escola dirigida por Martens preparando-se para ir para a faculdade – e que haviam recebido um diploma que supostamente significava que estavam prontos para isso – não parecia relevante.

"GENTE RICA FAZ ISSO. NÓS NÃO FAZEMOS ISSO"

Era o fim de semana de 4 de Julho, dia da Independência norte-americana, um ano depois que Kim havia prestado o SAT. Ela e a mãe tinham ido visitar as meias-irmãs mais velhas de Kim no Texas. Estava quente demais para fazer qualquer coisa ambiciosa, por isso elas ficaram dentro de casa, perto do ar-condicionado, jogando palavras cruzadas e brincando com o cachorro. Quando sua mãe saiu para o quintal para fumar um cigarro, Kim confidenciou a Kate que queria ir embora de Sallisaw.

"Eu queria viver em algum lugar em que as pessoas tivessem curiosidade."

Kate ouviu e fez que sim com a cabeça. Ela era uma mulher de ação. Trabalhava como vendedora em uma loja, mas nos dias de folga gostava de saltar de paraquedas e explorar cavernas. Na opinião dela, Kim deveria pensar grande.

"Por que você não se torna uma aluna de intercâmbio?"

"Quer dizer: ir para outro país?" Veio à mente de Kim um jovem de cabelo desarrumado e sandálias de couro, percorrendo a Europa com uma mochila nas costas.

"Por que não?"

Kim soltou uma gargalhada. "Gente rica faz isso. Nós não fazemos."

Apenas quando voltou para casa em Sallisaw é que Kim pensou de novo no assunto. Se Kate achava que ela poderia ir para outro país, talvez não fosse uma ideia totalmente absurda. Ela pesquisou no Google sobre "programas de intercâmbio" e passou uma hora clicando a esmo em países, imaginando-se em cada um deles.

Kim descobriu que, todo ano, cerca de 1 mil a 2 mil estudantes de ensino médio norte-americanos iam para o exterior.[24] E ficou sabendo do AFS, um dos maiores programas de intercâmbio do mundo, lendo o blog que uma menina norte-americana havia criado na Suécia. Kim gostou da história do AFS. A organização tinha começado como o American Field Service [Serviço Americano de Campo], um comboio de ambulâncias criado por voluntários para ajudar a transportar soldados feridos para locais seguros nas duas grandes guerras mundiais. Depois da libertação dos campos de concentração, ao final da Segunda Guerra, os motoristas de ambulância estavam cansados da carnificina. Decidiram reinventar o grupo, dedicando-se a construir laços de confiança entre os países por meio de intercâmbios culturais.

Quanto mais Kim lia, menos ridícula lhe parecia a ideia. Ela decidiu trazer o assunto à baila com a mãe. Mas, dessa vez, resolveu tentar uma nova estratégia.

"Eu vou me inscrever num programa de intercâmbio", Kim anunciou certa noite, mantendo o tom de voz firme e livre de hesitação. "Quero passar um ano no Egito."

Charlotte tirou os olhos da xícara de chá. "Que empolgante", ela disse, tentando agir como se o que acabara de ouvir não fosse uma ideia absolutamente insana. Kim nunca tinha saído do país, Charlotte tampouco.

A resposta óbvia era "não", exatamente como quando Kim tinha pedido para participar do acampamento de verão na Universidade Duke. Mas dessa vez Charlotte tentou uma nova tática. A mãe e o pai de Kim haviam se divorciado não fazia muito tempo. Era uma tragédia anunciada, mas que tardara a acontecer, e Kim disse que estava aliviada com a separação. Contudo, Charlotte estava tentando lidar muito cuidadosamente com a filha. Por isso, se Kim quisesse se rebelar, prometendo ir embora para bem longe, ela não a impediria; iria simplesmente esgotar a paciência da menina, vencê-la pelo cansaço.

"O Egito me parece um pouco perigoso", argumentou Charlotte com o tom de voz mais sensato de que era capaz. "Por que você não escolhe outro país e me escreve um pequeno texto sobre os motivos pelos quais quer ir pra lá?"

"Tudo bem, farei isso", concordou Kim, com um meio sorriso. Depois a menina se levantou e foi para o quarto de visitas da casa, onde ficava o computador.

Charlotte sentiu uma pontada de inquietação. O que ela tinha acabado de fazer? "E, Kim", disse para a filha, "nenhum lugar onde haja areia!"

Diante da tela do computador, Kim contemplou as opções que lhe restavam. Ela não queria ir para a França nem para a Itália. Queria ser original, de modo que começou a ler sobre lugares dos quais nada sabia, países obscuros com línguas que ela jamais tinha ouvido e comidas que nunca havia experimentado.

Um dia, leu sobre a Finlândia – país com castelos de neve, noites brancas – em que não escurece e as noites ficam como os dias – e café forte. Leu que os finlandeses gostavam de heavy metal e tinham um senso de humor mordaz. Leu que todo ano o país sediava um evento chamado Campeonato Mundial de Air Guitar, cheio de gente tocando guitarras imaginárias. Isso parecia promissor – um lugar que não se levava muito a sério. E foi então que Kim leu que a Finlândia tinha as crianças mais inteligentes do mundo. Isso estava certo? Os adolescentes finlandeses faziam menos dever de casa que os norte-americanos,[25] mas figuravam no topo do ranking dos testes de avaliação internacional. O que era bizarro, já que até bem pouco tempo antes a Finlândia era essencialmente uma nação agrícola e de exploração madeireira, com a maioria da população iletrada.

Nada sobre a Finlândia fazia muito sentido. Sim, era um país pequeno cheio de gente branca, mas nem mesmo os menores estados norte-americanos, com população majoritariamente branca, tinham condições de competir com a Finlândia em termos de resultados educacionais. Nem mesmo o minúsculo estado de New Hampshire,[26] cuja porcentagem de brancos era de 96% e que tinha a maior renda média e um dos mais baixos índices de pobreza infantil da nação. Por que New Hampshire não tinha conseguido fazer o que a Finlândia fizera? Na Finlândia, pelo visto toda criança e todo adolescente recebiam uma educação decente, independentemente da quantia de dinheiro que seus pais ganhavam. Em todos os sentidos, parecia um mundo virado de ponta-cabeça, fora dos eixos.

Kim tinha encontrado seu destino. Se a Finlândia era o país mais inteligente do mundo, então era para lá que ela queria ir.

A menina redigiu uma redação para a mãe, conforme o combinado, enfatizando o ângulo da educação. Afinal de contas, sua mãe era professora, portanto acharia difícil refutar esse argumento.

Kim acrescentou breves comentários sobre a população finlandesa (pouco mais de 5 milhões de habitantes), a religião no país (de maioria luterana) e a comida (peixe, pão preto de centeio e uma porção de frutas silvestres com nomes místicos como amora-branca-silvestre ou amora ártica, airela vermelha, arando ácido e framboesa ártica). Numa manhã de outono, Kim entregou a redação. Charlotte pegou o texto e prometeu que ia ler. Depois mãe e filha entraram no carro e rumaram para a Sallisaw High School, onde Kim agora era caloura do primeiro ano do ensino médio. Charlotte estacionou junto ao mastro com a bandeira americana hasteada e ficou observando a filha entrar a passos lentos no prédio alaranjado de tijolo aparente.

Como em muitos lugares dos Estados Unidos, o currículo de Oklahoma não era rigoroso pelos padrões internacionais. Em termos de grau de exigência, a proposta curricular estadual de ciências estava entre as mais fáceis do país,[27] uma das que menos demandavam esforço intelectual, especialmente no nível do ensino médio. A palavra *evolução* não aparecia sequer uma única vez no documento de 31 páginas, por exemplo. Kim estava cursando biologia naquele ano. Na manhã daquele dia ela passou a aula inteira copiando no caderno uma série de termos e definições; a menina não sabia ao certo por quê. Talvez copiar informações de uma folha de papel para outra a ajudaria a memorizar a informação, talvez não. De qualquer forma, o tempo demorou a passar.

A disciplina favorita de Kim era de inglês, matéria que Oklahoma e outros estados encaravam com maior seriedade. Ela estava lendo

A última grande lição, de Mitch Albom, e estava adorando. As melhores aulas eram aquelas em que a professora arrastava as carteiras para formar um círculo e todo mundo trocava ideias sobre o livro. A disciplina mais temida por Kim era, de longe, matemática. Depois do sofrimento do sexto ano, a menina tinha concluído que a matéria não era para ela; queria apenas cumprir tabela, fazer o essencial e tirar a nota mínima suficiente para se formar.

Naquele dia, quando Kim entrou na aula de álgebra, o professor estava batendo papo com os atletas da classe dela. Eles tinham muitas figurinhas para trocar, já que o professor também era técnico de futebol americano e ex-astro do time da escola. Era um sujeito legal, mas Kim achava que era, como quase todo mundo em Sallisaw, excessivamente preocupado com futebol americano.

A menina olhou pela janela e fitou a bandeira dos Estados Unidos tremulando na brisa. Ficou se perguntando se os professores finlandeses seriam diferentes. Ela tinha lido que, na Finlândia, ser professor era uma profissão de prestígio, o equivalente a ser um médico nos Estados Unidos. Isso era difícil de imaginar. Ela bem que gostaria que sua mãe fosse tratada como médica na escola de ensino fundamental onde lecionava.

Kim sabia que na Finlândia não havia futebol americano; será que então os finlandeses eram obcecados por hóquei no gelo? Será que passavam tanto tempo da aula acessando o site da ESPN?

Naquela tarde, quando Charlotte foi buscá-la na escola, Kim sentou-se no banco do passageiro do Hyundai Sonata e tentou se segurar para não perguntar se a mãe já tinha lido seu texto sobre a Finlândia.

"Como foi seu dia?", quis saber Charlotte.

"Morri de tédio", respondeu Kim, olhando fixamente para a frente.

Charlotte deixou para lá e fez de conta que não tinha ouvido a resposta da filha. Lera a redação, e tinha um ultimato para Kim.

"Se você cuidar da papelada toda e juntar o dinheiro, então você pode ir pra Finlândia."

Kim virou-se para a mãe. "Custa 10 mil dólares."

"Eu sei."

SONHOS DE CARNE-SECA

Kim postou as fotografias de sua flauta no site de comércio eletrônico eBay, e fixou o preço em 85 dólares. Passava da meia-noite de um dia de semana de meados de outubro de 2009, e sua mãe já tinha ido dormir fazia um bom tempo. Kim já havia feito isso antes, quando colocara à venda seus velhos vestidos do começo do ensino fundamental; na ocasião, não tinha recebido nem uma oferta sequer. Uma derrota humilhante. Dessa vez ela tentou não criar expectativas. Passou alguns minutos encarando a tela, sem piscar; então obrigou-se a ir para a cama.

Dois dias depois, Kim acessou sua conta no eBay. Seus olhos se arregalaram. Haviam chegado lances do mundo inteiro, incluindo uma oferta de cem dólares, a mais alta de todas, de um comprador dos Emirados Árabes. A flauta de Kim estava sendo cobiçada. Ela soltou um gritinho agudo e se levantou de um salto da cadeira, improvisando uma dancinha no tapete. A distância que sua flauta percorreria mundo afora era maior do que qualquer viagem que Kim já tinha feito. Ela começou a procurar uma caixa. Para falar a verdade, não via a hora de se livrar do instrumento.

No outono daquele ano, Kim dedicou todo o seu tempo livre à tarefa de juntar dinheiro para a temporada finlandesa. A parte racional de seu cérebro achava que ela jamais conseguiria levantar 10 mil dólares, mas o restante da menina estava suficientemente ansioso para tentar conseguir a quantia. Ela comprou uma caixa de petiscos de carne-seca e saiu vendendo de porta em porta. Lucro total: quatrocentos dólares. Nada mau.

Kim passou a noite em claro fazendo doces de flocos de arroz e no dia seguinte vendeu as guloseimas numa mesinha montada na frente do supermercado Marvin's. Lucro: cem dólares. Nesse ritmo, teria de vender uma fornada de doces a cada três dias se quisesse embarcar rumo à Finlândia.

Kim tentou a sorte na internet, que, todo mundo sabia, era o melhor lugar para se encontrar dinheiro fácil nos Estados Unidos do século XXI. Criou um blog, pedindo a pessoas desconhecidas que patrocinassem sua jornada. "Entendo que neste momento a nossa economia vai mal das pernas, mas aceito de bom grado até a menor quantia em dinheiro", escreveu. "Espero que você possa abrir mão de alguns dólares por uma garota com um sonho maluco." A fim de mostrar às pessoas onde ficava Sallisaw, ela incluiu um mapa do corredor da rodovia Interestadual I-40.

Para a surpresa de Kim, começaram a pingar pequenas doações. Eram todas de parentes, que provavelmente estavam com pena da menina, mas em todo caso ela aceitou o dinheiro.

Entretanto, Kim ainda não tinha ousado conversar com o seu avô sobre Finlândia; tinha certeza de que ele acharia que a ideia não passava de mais um de seus planos meio *hippies*, como daquela vez em que ela, em segredo, havia se tornado vegetariana por três meses. De que maneira ela poderia contar ao avô que queria passar um ano inteiro na Europa? *Europa.* Naquele momento, ele insistia em se referir ao presidente Obama como "o presidente da Kim".

Kim era muito ligada ao avô, que havia se aposentado como inspetor de perfuração de poços de uma petrolífera. Os dois passavam horas juntos, e nem um nem outro falavam muito. Ele era um homem interiorano e antiquado, sem o menor desejo de deixar a área rural de Oklahoma. Ela temia que ele jamais fosse capaz de entender por que cargas-d'água alguém teria vontade de se mudar para a Finlândia.

Nesse ínterim, ao redor de Kim a economia de Oklahoma estava desmoronando. Alegando haver um declínio do mercado imobiliário, a Therma-Tru, fabricante de portas e janelas, anunciou o plano de encerrar as atividades de suas instalações nos arredores da cidade, o que acarretaria a eliminação de 220 postos de trabalho.[28] A pista de corridas de cavalo chamada Blue Ribbon Downs, uma das maiores atrações de Sallisaw, também fechou as portas.[29] A taxa de desemprego bateu na casa dos 10%. Por um breve período, a penitenciária do condado ficou sem dinheiro.

Até as boas notícias vinham acompanhadas de uma dose de apreensão: a Bama Companies, fornecedora das tortas de maçã do McDonald's baseada em Oklahoma, estava se expandindo. A empresa já tinha quatro fábricas no estado. Naquele ano, abriu mais uma – mas em Guangzhou, na China.

Para Kim, essas manchetes eram como sinais de fumaça, alertas para que ela fosse embora enquanto podia. Ela encaminhou sua inscrição para o AFS e fez exame de tuberculose. Começou a estudar finlandês por conta própria, e assistia a vídeos de bandas finlandesas no YouTube, impressionada com o fato de haver no mundo uma língua capaz de usar seis sílabas apenas para dar a ideia da palavra *rosado* [pink]. Kim comprou um caranguejo ermitão e pôs nele o nome Tarja, em homenagem à primeira mulher eleita presidente na história da Finlândia.

O dinheiro não era o único problema de Kim. O AFS não estava conseguindo encontrar ninguém na área de Sallisaw para fazer uma entrevista em domicílio; aparentemente, Kim vivia muito longe da civilização. Charlotte estava disposta a ir de carro até Tulsa, mas o AFS insistia que o entrevistador precisava ir até sua casa, ver Kim em seu "habitat", sua sala de estar nativa. A menina esperou e ficou preocupada.

A fim de se distrair, Kim publicava posts no blog e tentava se explicar para o mundo. Às vezes ela conseguia, encontrando o tom preciso entre a autoconsciência e a sinceridade. "Basicamente eu sou uma contradição ambulante. Por exemplo, por fora pareço sarcástica e fria, mas na verdade sou uma manteiga derretida", escreveu. "Fico um pouco triste toda vez que alguém mata uma aranha... [Mas] acho que esquilos são seres diabólicos (já correram atrás de mim duas vezes e me morderam duas vezes – em três ocasiões diferentes, aliás)."

Em novembro, ela finalmente criou coragem e se sentou com os avós para contar sobre o plano; a avó a interrompeu: "Você está falando da sua viagem pra Finlândia?".

Kim ficou chocada: eles já sabiam fazia semanas. A avó de Kim tinha uma conta no Facebook e entrava nela todo dia. *Todo dia!* Para alívio de Kim, eles não tinham objeções a fazer. Seu avô perguntou-lhe se ela sabia qual era a capital da Finlândia. *Helsinque.* Depois disso ele não falou muito mais a respeito, e Kim também não perguntou. Então ela se lembrou de que, quando moço, seu avô tinha viajado para inspecionar poços de petróleo em sete países. Ele devia saber que o mundo era um lugar grande que valia a pena ver.

Pouco depois do Dia de Ação de Graças, Kim recebeu uma bolsa de estudos no valor de 3 mil dólares. Ela não sabia de onde viria o restante do dinheiro, mas notou que seus avós começaram a falar em "quando" Kim iria para a Finlândia, e não "se" [ela iria].

Em dezembro, ela e a mãe foram ao Walmart tirar as fotos para o passaporte. Kim não queria dar chance ao azar, mas estava impaciente para que sua vida começasse. Num segundo lance de sorte, ganhou uma bolsa de estudos de 2 mil dólares destinada a alguém que fosse do estado vizinho de Arkansas. Os representantes do AFS decidiram que Sallisaw ficava suficientemente perto.

Por fim, o AFS encontrou alguém para entrevistá-la. Demorou três meses, e a mulher teve de dirigir por horas a fio para chegar a Sallisaw. Kim e a mãe arrumaram o banheiro, acenderam velas aromáticas e esperaram, nervosas. Quando a entrevistadora chegou, Kim começou a divagar e disparou um discurso incoerente. Surpreendeu a si mesma falando mal de sua cidade, e sabia que tinha cometido um erro. A mulher fitou-a com uma expressão preocupada.

"Você fala como se quisesse fugir daqui."

Kim tentou tranquilizá-la; tudo bem, sim, talvez ela de fato sentisse um pouco de vontade de escapar dali, mas também queria explorar o mundo, ver como era a vida em outro lugar – como *a vida dela* seria em algum outro lugar.

A carta chegou pouco depois. Apesar da entrevista torturante, Kim tinha conseguido. Ela era oficialmente uma futura aluna de intercâmbio.

Finalmente, poucos meses antes da data marcada para a partida, Kim recebeu uma última doação – de seus avós. Ela até tentou recusar, mas a avó preencheu o cheque, virou as costas e saiu andando.

Com isso, Kim tinha 10 mil dólares.

Uma coisa levou a outra, e logo tudo tornou-se factível e palpável. Naquele verão, Kim estava sentada na poltrona do avô quando o telefone tocou. Ela reconheceu o código do país e deu um pulo da poltrona. Arrancou o aparelho dentário da boca e saiu correndo para o quintal a fim de obter um sinal melhor.

"Alô?"

"Alô, aqui quem fala é a Susanne, da Finlândia." A voz de sua mãe anfitriã parecia distante. Ela falava um inglês excelente, apenas com um ligeiro corte de sílabas no final das palavras, típico dos nórdicos. "Nós mal podemos esperar pra conhecer você!"

Kim andou em círculos, pisando com os pés descalços nas pedras quentes do quintal. Susanne era jornalista e mãe solteira de duas gêmeas de cinco anos. Elas moravam num apartamento em Pietarsaari, cidadezinha na costa oeste da Finlândia. Kim se mudaria de uma cidade pequena para outra, trocaria uma mãe solteira por outra. Susanne instruiu a menina a levar suas roupas mais quentes.

A panela de pressão

Nada parecia real até que ele viu o cartaz. Era rosa-choque com letras azuis, e ele o avistou através das portas de correr à sua frente enquanto empurrava o carrinho de bagagem na direção no saguão de desembarque do Aeroporto Internacional Gimhae, em Busan.[1] "Bem-vindo à Coreia do Sul, Eric!", estava escrito no cartaz, com letras gordinhas, do mesmo tipo que garçonetes bem-educadas usam para escrever *Obrigado!* no rodapé das contas dos restaurantes. O menino que segurava o cartaz devia ser o irmão anfitrião de Eric, de pé ao lado de sua mãe e seu pai de intercâmbio. São meus novos *omma* e *appa*, ele pensou. Ou talvez fosse *appa* e *omma*.

Eric diminuiu o passo e a ficha foi caindo, seu corpo miúdo finalmente começou a absorver as implicações de sua decisão. Ele tinha passado todos os dezoito anos de sua vida no estado de Minnesota, em Minnetonka, um subúrbio de Minneapolis salpicado de abastadas famílias brancas. Isso ficara para trás agora. Ele tinha optado por viver durante um ano em Busan, na Coreia do Sul, com pessoas totalmente desconhecidas. Eric passou os dedos pela espessa franja castanha caída na testa e que estava ficando mais frisada a cada segundo. A umidade havia envolvido o rapaz feito um cobertor de lã desde o momento em que ele colocou os pés fora do avião. As portas de vidro abriram-se e se fecharam e se abriram de novo. Então ele respirou fundo e passou por elas, empurrando seu carrinho.

Antes mesmo de deixar para trás os Estados Unidos, Eric já estava, em muitos aspectos, vivendo em um país diferente daquele em que Kim vivia em Oklahoma. Minnesota era um dos pouquíssimos estados que, se fosse um país, figuraria entre as vinte nações mais competentes do mundo em termos de resultados educacionais. Seu desempenho não era tão bom a ponto de colocá-lo ombro a ombro ao lado dos campeões Finlândia e Coreia do Sul, mas em matemática os adolescentes do estado eram tão bons quanto os jovens australianos e alemães. Eric tinha estudado em uma escola de ensino médio especialmente forte. Volta e meia a revista *Newsweek* incluía a Minnetonka High School entre os melhores colégios do país. O lugar tinha quatro ginásios de esportes e um rinque de hóquei no gelo, e parecia mais uma pequena faculdade do que uma escola de ensino médio.

Eric tinha optado por fazer parte do International Baccalaureate Diploma Programme [Programa do Diploma do Bacharelado Internacional], o IB, um intenso programa internacional de estudos incorporado ao ensino médio que credenciava sua escola a encaminhar alunos para os exames da International Baccalaureate Organization (IBO) [Organização do Bacharelado Internacional], cujo diploma é reconhecido por diversas universidades do mundo. Ele tinha aulas com vários professores lendários em Minnetonka. A sra. Duncan, sua professora de história, realizava todo ano um julgamento de Napoleão; os alunos tomavam partido, pesquisavam seus argumentos pró e contra, e depois apresentavam o caso trajando togas tradicionais diante de um júri formado por ex-alunos.

Eric estava saindo de um dos estados mais inteligentes do país para um dos países mais inteligentes do mundo.

Eric já tinha treinado como agir quando conhecesse pessoalmente sua família anfitriã. Seguindo o protocolo sul-coreano, fez uma profunda reverência, dobrando o corpo numa atitude de gratidão e respeito. E também abriu um largo sorriso, como um típico menino do Meio-Oeste. Sua família sul-coreana inclinou o corpo em resposta – em uma reverência não tão profunda, mas ficou claro que estavam contentes com o esforço do rapaz.

E então Eric congelou. Não tinha pensado no que fazer depois da reverência. Deveria abraçá-los? Exagerado demais. Apertar a mão deles? Formal e impessoal demais. Em vez disso, tentou apresentar-se em coreano. Foi um erro; seus lábios não cooperaram. Os sons saíram guinchando de sua boca como os gorjeios de um periquito tendo espasmos. O software de ensino de línguas Rosetta Stone não o tinha levado muito longe.

"Não se preocupe", disse em inglês sua mãe sul-coreana, interrompendo-o com um sorriso. "Nós vamos ensinar você a fazer isso."

Depois, seu irmão sul-coreano abraçou-o e começou a tagarelar, feliz da vida por poder praticar seu inglês trôpego e entrecortado com um norte-americano de verdade, e todos caminharam juntos para o estacionamento. Eric colocou suas pesadas malas no porta-malas do Daewoo e rumou para o seu novo lar.

A princípio, o carro seguiu através de um comprido túnel que não acabava nunca, sem nada revelar da nova cidade de Eric. Mas, de repente, o Daewoo saiu ao ar livre. Eric olhou pela janela traseira e viu atrás de si uma magnífica montanha íngreme e coberta de vegetação. O carro tinha passado por dentro da rocha e agora surgia no coração de Busan, uma cidade pulsante cuja população era quase dez vezes maior que a de Minneapolis.

Para Eric, Busan (pronuncia-se PU-san) parecia uma cidade empilhada em outra cidade, um caleidoscópio de lojas e cores.

Ele torceu o pescoço de tanto olhar pela janela e reconheceu o que parecia ser uma farmácia, construída sobre uma delegacia de polícia, empoleirada sobre uma loja Dunkin' Donuts, com seu letreiro verde, amarelo e rosa projetado sobre a rua. Os guindastes fatiavam a linha do horizonte como moinhos de vento, cada um assinalando um edifício muito alto em construção.

"Isto é sensacional!", Eric exclamou em inglês, quando o carro entrou na Diamond Bridge, uma ponte pênsil que cortava o mar e cuja extensão equivalia a oitenta campos de futebol americano. No banco da frente, sua mãe anfitriã sorriu.

De um lado da ponte, Eric viu o oceano Pacífico, esparramando-se horizonte afora, calmo e lustroso. Já era noite, e os refletores brancos da ponte despejavam luz sobre a vasta extensão de água embaixo. Do outro lado da ponte, o rapaz viu a cidade por completo. Era como assistir à televisão no modo tela dividida. Arranha-céus iluminados por neon enfileiravam-se feito peças de dominó à beira-mar, como se os deuses tivessem jogado diretamente numa praia uma metrópole em crescimento vertiginoso.

A família anfitriã de Eric vivia num apartamento no sétimo andar de um luxuoso complexo de arranha-céus chamado Lotte Castle. Eric tinha seu próprio banheiro, um raro conforto nas abarrotadas cidades da Coreia do Sul.

Poucos dias depois de chegar, Eric, acompanhado de sua mãe de intercâmbio, foi a pé tomar o ônibus número 80. A essa altura ele já tinha se livrado dos efeitos do *jet lag* e estava ansioso para visitar Namsan, a escola de ensino médio que frequentaria durante o próximo ano. Eric já havia lido que os estudantes sul-coreanos, assim como os finlandeses, ocupavam o topo do ranking dos testes educacionais internacionais. Sabia também que a Coreia do Sul tinha um dos mais altos índices de concluintes do ensino médio do mundo, bem maior que o dos Estados Unidos, embora não fosse uma nação tão menos rica.

Ao entrar no ônibus, Eric sentiu-se nervoso de uma maneira estranha, como um antropólogo numa expedição de campo. Ele já tinha se formado no ensino médio em Minnesota, de modo que não estava preocupado em passar de ano ou integralizar créditos. Essa temporada na Coreia do Sul seria uma pausa, um descanso, pelo menos era o que ele pensava.

Nos últimos anos muita coisa tinha acontecido em sua vida. Ele havia suado a camisa para conseguir acompanhar as aulas do programa International Baccalaureate, obrigando-se a ficar acordado até mais tarde e estudar com mais afinco. Também tinha, aos dezesseis anos, assumido sua homossexualidade. Seus pais foram solidários e o apoiaram, e agora ele se sentia tranquilo para falar abertamente sobre isso. Não planejava trazer o assunto à baila com muita frequência na Coreia do Sul, país bastante conservador, mas tampouco pretendia mentir para ninguém sobre o fato de ser gay.

Sua esperança era que, na condição de forasteiro, ficasse isento das piores restrições culturais do país. Ele estava ali pela experiência, determinado a manter a mente aberta para o que encontrasse, fosse o que fosse. No ano seguinte iria para a faculdade, e era difícil dizer quando viveria de novo esse tipo de aventura.

O ônibus parou no topo de uma longa colina, defronte a uma frágil arcada metálica. Eric e sua mãe anfitriã desceram e atravessaram um campo de terra, onde um grupo de estudantes jogava futebol, levantando uma nuvem de poeira no ar úmido da manhã. Atrás do campo, no alto de uma ladeira, apareceu a escola Namsan. Era um imenso edifício horizontal de tijolos vermelhos e quatro pavimentos que se alongava sem fim pelo terreno, em certos pontos dobrando-se em ângulo como que para se encaixar entre todos os arranha-céus ao redor. Por dentro, um único corredor se estendia por toda a extensão de cada andar. Tudo parecia bastante apertado e muito vertical, comparado à escola de Eric em sua terra natal. Nada estava exatamente sujo, mas era evidente que o lugar já havia tido dias melhores. As paredes estavam lascadas e as lousas e quadros brancos, desgastados pelo uso. As cortinas estavam intencionalmente presas para deixar entrar ar fresco – não para tornar o ambiente mais bonito. Naquela escola, estava claro que a função vinha antes da forma e da estética.

Eric e sua mãe anfitriã encontraram uma intercambista canadense que também tinha acabado de chegar. O corredor estava em silêncio e, através das portas abertas, Eric viu os estudantes sentados atrás de fileiras de carteiras.

O alvoroço começou de repente, sem aviso. Primeiro uma menina e depois outra e em pouco tempo dezenas de garotas estavam gritando em uníssono. Eric ficou paralisado. O que tinha acontecido? Ele havia feito algo errado, acionado algum alarme invisível?

A gritaria era o tipo de alarido que ele tinha ouvido em velhos filmes dos Beatles no *Ed Sullivan show*. Um ruído agudo e contínuo, que deu início a uma reação em cadeia. Alunos de outras classes saíram ao corredor para investigar.

Grupos de meninas aproximaram-se, grasnando e gritando, e foi então que Eric se deu conta de que aquela histeria toda era por causa dele e da menina canadense. "Oi!", berrou um dos meninos, num inglês com forte sotaque. "Tudo bem?" Eric sorriu, sobrancelhas erguidas, sem saber ao certo se deveria se sentir lisonjeado ou apavorado. Outro estendeu o braço no ar para cumprimentá-lo com um "toca aqui", e Eric cautelosamente bateu com a mão aberta na mão aberta do garoto. "Somos *rock stars*", ele sussurrou para a menina canadense.

Os adultos conduziram os dois para uma breve reunião com o diretor. Não ficaram muito tempo na escola; para os estudantes de intercâmbio as aulas começariam na semana seguinte. Pouco depois, Eric e a garota canadense saíram a fim de pegar o ônibus de volta para casa.

Ao descerem a escadaria antes de atravessar o campo de terra, ouviram gritos atrás deles. Eric virou-se e viu meninas e meninos pendurados nas janelas de cinco ou seis salas de aula, acenando. Estavam sorrindo, lá no alto. Ele sorriu e retribuiu os acenos. Por mais estranha que tivesse sido a experiência, foi uma boa sensação ter sido recebido de forma tão calorosa.

Minutos depois, antes de dobrar a esquina para pegar o ônibus, Eric virou-se para olhar de relance mais uma vez. Os estudantes ainda estavam lá, empoleirados nas janelas da escola com os braços pendurados para fora – como se quisessem se afastar da escola, o mais longe possível do prédio, mas sem cair.

Ao observar aqueles estudantes, a sensação de gratidão foi lentamente desaparecendo. Em seu lugar, Eric sentiu algo um tanto quanto agourento.

"VOCÊ JÁ ATIROU EM ALGUÉM?"

Eric esperava que o uniforme o ajudasse a se misturar. Na manhã de seu primeiro dia de aula na escola sul-coreana, ele vestiu a calça azul-marinho e a camisa de colarinho branco obrigatórias para todos os estudantes da Namsan. Sua conselheira de intercâmbio do Rotary Club lhe havia providenciado a roupa. Também tinha explicado que Eric entraria em uma classe com adolescentes dois anos mais novos que ele. Os alunos mais velhos estavam ocupados demais para falar com um intercambista. Tinham de estudar para o exame de acesso à faculdade. Essa prova era tão importante, exigente e desgastante que ir para a escola com eles seria como ter aulas numa cela de confinamento solitário. Eric meneou a cabeça para indicar que compreendia do que ela falava; em Minnetonka o SAT era igualmente importante.

Quando entrou na classe para assistir à sua primeira aula, de sociologia, Eric tentou chamar a atenção o mínimo possível, a fim de reduzir a gritaria. No fundo da sala, tirou seus tênis, colocou-os num canto e calçou chinelos, como os outros estudantes faziam. Notou que muitos alunos usavam meias coloridas com dizeres que ele não conseguiu entender – ou desenhos do Batman. A escola proibia o uso de maquiagem, brincos, cabelos compridos ou tingidos, por isso as meias pareciam ser a principal forma de livre expressão.

Eric encontrou um lugar vazio perto da primeira fila e aguardou o início da aula. Olhando ao redor, percebeu que a classe era muito parecida com o que devia ter sido uma sala de aula de Minnesota trinta anos antes. Havia carteiras de madeira e metal alinhadas em fileiras e uma lousa gasta na frente.

Em sua escola de ensino médio em Minnetonka, em todas as salas de aula havia uma lousa digital – um quadro branco eletrônico e interativo que em geral custava alguns milhares de dólares –, e os professores tinham controles remotos sem fio para distribuir entre os alunos quando queriam fazer uma votação ou pesquisa instantânea. Entretanto, a obsessão sul-coreana por aparelhos eletrônicos, por sua vez, parecia não se estender àquela sala de aula, que era utilitária e espartana.

À medida que foram enchendo a sala, os outros estudantes amontoaram-se ao redor de Eric. Para os padrões dele, era uma classe numerosa, abarrotada com mais de trinta alunos, o que, porém, era normal nas escolas sul-coreanas.

"Você já andou a cavalo?"

"Você já encontrou o Brad Pitt?"

"Você tem uma fazenda?"

"Você já atirou em alguém?"

Eric lembrava-se de ter lido em algum lugar que os sul-coreanos eram conhecidos como os italianos da Ásia, mais emotivos e tagarelas que os japoneses ou os chineses. Agora que a gritaria tinha diminuído, ele achou charmosa a curiosidade dos colegas. E sempre tinha gostado de conversar.

"Sim, já andei a cavalo", respondeu. "E nunca conheci pessoalmente nenhuma celebridade. Não tenho uma fazenda e nunca atirei em ninguém."

A professora entrou na sala e ficou parada na frente da turma. Era alta, comparada à maioria das mulheres sul-coreanas, e usava óculos. Numa das mãos segurava um delicado microfone, e na outra uma varinha com um sapo de pelúcia acoplado à ponta. Parecia um coçador de costas, algo que se poderia comprar em uma loja de presentes do shopping. Eric parou de falar e se endireitou na carteira, pensando com seus botões para que serviria aquele sapo.

Estranhamente, ninguém mais pareceu reagir. Seus colegas continuaram batendo papo, enquanto a professora ficou parada, esperando. Foi uma cena dolorosa de assistir. Por fim a professora bateu com a vareta na mesa para chamar a atenção de todo mundo, e lentamente os alunos foram se sentando em seus lugares. Enquanto ela falava, no fundo da sala alguns ainda conversavam. Eric já tinha visto comportamento pior nos Estados Unidos, mas, por alguma razão, esperava que os estudantes sul-coreanos fossem mais respeitosos.

Minutos depois, ele olhou de relance para trás. E olhou de novo, perplexo. De olhos arregalados, viu que um terço dos alunos sentados nas fileiras atrás dele estava dormindo. Não apenas cochilando, mas dormindo profundamente, na maior desfaçatez, com a cabeça sobre a carteira. Uma menina estava com a cabeça pousada em um travesseiro especial sobre seu antebraço. Era uma soneca programada.

Mas como era possível? Eric tinha lido uma porção de coisas sobre os sul-coreanos aplicados e diligentes que trucidavam os norte-americanos em matemática, leitura e ciências. Não havia lido coisa alguma sobre alunos dormindo descaradamente no meio da aula. Como se quisesse compensar a sonolência de seus colegas, ele empertigou-se ainda mais na carteira e esperou para ver o que aconteceria a seguir.

Firme e inabalável, a professora seguiu explicando a matéria.

No final da aula os alunos acordaram. Tinham um intervalo de dez minutos e aproveitavam ao máximo cada segundo. As meninas sentaram-se em cima das carteiras ou sobre latas de lixo viradas de boca para baixo, papeando ou digitando mensagens de texto no celular. Alguns dos garotos começaram a tamborilar as carteiras com seus lápis. Todos se mostravam estranhamente à vontade, como se estivessem na sala de estar de casa.

A aula seguinte foi de ciências. Mais uma vez, um terço da turma dormiu. Era quase farsesco. Como os estudantes sul-coreanos conseguiam tirar as notas mais altas nos testes internacionais se passavam tanto tempo dormindo em plena aula?

Logo Eric descobriu a finalidade do coçador de costas que a professora empunhava. Era a versão sul-coreana de um despertador, um toque de aviso. Certos professores davam leves pancadinhas com ele na cabeça dos alunos que adormeciam ou conversavam durante a aula. Os alunos o chamavam de "vareta do amor".[2]

Na hora do almoço, Eric seguiu os colegas até o refeitório e imitou tudo que eles faziam, enchendo sua bandeja com *kimchi*, uma espécie de repolho fermentado e condimentado que constava em todas as refeições na Coreia do Sul, juntamente com um macarrão transparente e o que parecia ser um cozido de carne com legumes. Ficou aliviado ao avistar a canadense e se sentou com ela para comer. Era uma delícia poder saborear uma refeição de verdade feita na hora, e não a comida pré-cozida e requentada que era servida na escola em Minnetonka.

Por um momento, sentado naquele refeitório aconchegante enrolando o macarrão com seus *hashis*, Eric sentiu que tinha tomado a decisão certa quando resolveu ir para a Coreia do Sul. Àquela altura os colegas com quem ele havia se formado estavam começando a cursar a faculdade. Tinham comprado lençóis e edredons tamanho extragrande na Bed, Bath & Beyond e conhecido seus colegas de dormitório; estavam frequentando palestras e cursos para os calouros e indo a festas nas repúblicas. Eric tinha deliberadamente optado por sair desse esquema, escapar dessa rotina. Havia passado treze anos na escola, boa parte do tempo resignadamente entediado. Como um sem-número de garotos e garotas ao redor do mundo, vivia encarando o relógio, rabiscando as margens do caderno, perguntando-se se a escola se resumia apenas àquilo.

Nos últimos dois anos do ensino médio, o programa International Baccalaurate tinha sido um desafio, que o instigara de uma maneira sem precedentes. E havia servido como um lembrete de qual era a sensação de realmente aprender – pensar de verdade e descobrir as coisas pelo prazer de descobrir, não porque era obrigação.

Assim, depois de ter sido aceito pela Universidade DePaul em Chicago, Eric tinha optado por adiar seu ingresso no ensino superior. Quis viver na Ásia – descobrir um mundo totalmente diferente do qual ele nada entendesse – e mergulhar durante algum tempo no desconhecido. Depois, poderia voltar e decorar um quarto de dormitório na faculdade e deixar que sua vida pós-ensino médio começasse.

Os estudantes sul-coreanos engoliram a comida e saíram correndo para aproveitar o pouco tempo livre que lhes restava. Alguns garotos foram jogar bola na terra, algumas meninas sentaram-se nos degraus, encurvadas sobre seus smartphones, acessando o CyWorld, que era como um Facebook com mais controles de privacidade. Eric foi um dos últimos a terminar sua refeição e deixar o refeitório.

Num dos intervalos entre uma aula e outra, Eric perguntou a um colega de classe sobre a prova da qual ele tinha ouvido falar – o exame que os alunos do último ano do ensino médio prestavam antes de se formar. "É como o SAT nos Estados Unidos", disse o menino. Exceto pelo fato de que a nota que o aluno tirava determinava o resto de sua vida.

"Na Coreia do Sul, a educação que você recebeu pode ser reduzida a um número", explicou o garoto. "Se o seu número for bom, você tem um bom futuro."

A nota mais alta garantia uma vaga numa das três mais prestigiosas universidades do país e, com isso, o aluno estava destinado a ter um bom emprego, uma bela casa e uma vida inteira de tranquilidade. Seria uma pessoa respeitada por todo mundo. Era alguém que tinha sido escolhido por Deus, como definiu um outro estudante, meio a sério e meio em tom de brincadeira.

No entanto, havia um problema: somente 2% dos concluintes do ensino médio conseguiam entrar em uma dessas três universidades de ponta.[3] Portanto, o exame era um gargalo, uma passagem muito estreita que sufocava as ambições de milhões de jovens e seus pais. Os colegas de classe de Eric falavam com pavor dessa espécie de vestibular. Passariam os dois anos seguintes estudando, fazendo planos e rezando para se saírem bem no exame. Nenhum deles parecia aguardar com prazer e esperança o dia da prova.

Minnesota realizava seu próprio exame de conclusão de curso. Eric tinha feito a parte de matemática da prova quando ainda estava no primeiro ano do ensino médio, mas ela era tão fácil que a possibilidade de ser reprovado lhe parecia inimaginável. Os estudantes que ficavam abaixo da nota de corte eram automaticamente inscritos em uma aula especial e podiam fazer de novo o teste, repetidas vezes, até passar. O teste sul-coreano, ao contrário, era oferecido uma única vez por ano, e a banca de elaboração criava um exame propositalmente muito difícil. Os alunos que se saíssem mal poderiam fazer novamente a prova, mas tinham de esperar mais um ano inteiro.

Na aula seguinte de Eric, o professor escreveu na lousa as notas dos alunos, usando os números da cédula de identidade em vez dos nomes. Mas todos sabiam o número da identidade uns dos outros. Foi a primeira de muitas ocasiões em que Eric viu as notas de seus colegas de classe serem divulgadas publicamente. Uma menina pousou a cabeça entre as mãos, e outra limitou-se a balançar a cabeça.

Na maioria dos testes da escola era feita uma pontuação em curva, de modo que apenas 4% dos alunos conseguiam chegar ao topo da classificação, independentemente do grau de afinco com que estudavam. E assim seguia a hierarquia, até chegar à nona e pior nota possível, que os 4% piores da classe tiravam, todas as vezes.

Na sala de Eric todo mundo sabia quais eram as notas e a classificação de todo mundo, não apenas naquele teste, mas em tudo. Os 28 mais bem classificados de cada série de notas eram os heróis, e também os mártires. Por serem os estudantes que mais tinham a perder, eram os que estudavam com mais afinco.

Eric saiu mais cedo da escola, às 14h10. Como estudante de intercâmbio, estava dispensado e não precisava sentir na pele a força máxima da escola sul-coreana já no primeiro dia. Ele perguntou a um colega o que aconteceria depois que fosse embora.

"A gente vai ter mais aulas."

Eric encarou-o, estupefato.

"Até que horas?"

"As aulas terminam às 16h10."

E o colega continuou: depois da aula, os alunos limpavam a escola, esfregavam o chão, passavam pano úmido na lousa, recolhiam o lixo e lavavam as lixeiras. Os que recebiam pontos negativos – por mau comportamento ou por deixarem o cabelo crescer demais – tinham de usar um avental vermelho e lavar os banheiros. O trabalho, inclusive do tipo desagradável, era o centro da cultura escolar sul-coreana, e ninguém estava livre dele.

Às 16h30, todos os alunos voltavam para as aulas preparatórias, antecipando o exame de ingresso à universidade. Depois jantavam no refeitório da escola.

Após o jantar era hora do *yaja*, um período de duas horas de estudos frouxamente supervisionados pelos professores. A maior parte dos alunos usava esse tempo para revisar suas anotações ou para assistir on-line a aulas preparatórias para a temida prova, enquanto os professores zanzavam pelos corredores e confiscavam eventuais iPods, que eram proibidos.

Por volta das 21 horas, os colegas de classe de Eric finalmente iam embora de Namsan.

Mas isso não queria dizer que o dia de aula tinha chegado ao fim. A maioria dos alunos seguia diretamente para escolas privadas de aulas de reforço, chamadas *hagwons*. Era nesses "cursinhos preparatórios" que eles aprendiam de verdade, contou o menino. Lá, assistiam a mais aulas até as 23 horas, o limite máximo para o funcionamento das *hagwons* estabelecido pelo toque de recolher da cidade. Depois – enfim – iam para casa e dormiam por algumas horas antes de se apresentarem de novo na escola às oito da manhã no dia seguinte.

Eric ouviu o relato sobre essa metódica e épica rotina com uma sensação de horror cada vez maior. Como adolescentes conseguiam viver sem fazer outra coisa – literalmente nada – a não ser estudar? De repente, entendeu o que havia visto na classe naquela manhã. Os colegas tinham se comportado como se vivessem na sala de aula porque *de fato viviam mesmo*. Eles passavam mais de doze horas por dia na escola, todos os dias úteis da semana – e o número de dias letivos na Coreia do Sul somava quase dois meses a mais que o do calendário escolar de Minnesota. Seus colegas de classe sul-coreanos dormiam na sala de aula por uma única razão primordial: estavam exaustos.

De repente, Eric sentiu uma vontade violenta de ir embora mais cedo.

Às 14h15, ele e a intercambista canadense estavam atravessando o campo de terra, afastando-se de Namsan – *sete horas* antes do horário de saída de seus colegas. Enquanto os sul-coreanos "ralavam", os estudantes de intercâmbio entraram numa loja de conveniência. Eric reparou que havia um sorvete feito com pasta de feijão-vermelho modelada no formato de peixe. Comprou o picolé, esperando que tivesse sabor de peixe. Não tinha! O gosto era de baunilha. Por volta das 14h30, pegou o ônibus de volta para casa.

Deitado na cama do apartamento de sua família anfitriã, Eric pensou mais um pouco no que o menino lhe havia dito. Em linhas gerais, os estudantes sul-coreanos iam para a escola *duas vezes* – todos os dias úteis da semana. Ele tinha encontrado uma possível explicação para o alto desempenho da Coreia do Sul no Pisa, e ela era deprimente. Os jovens aprendiam muito, mas para tanto gastavam uma quantidade de tempo absurda. Tinham aulas de matemática na escola – e aulas de matemática nas *hagwons*. Ele estava perplexo com a ineficiência da coisa toda. Na Coreia do Sul, *a escola nunca parava*. Olhando pela janela, Eric recalibrou suas ideias. Antes de sair dos Estados Unidos, pensava que as escolas americanas submetiam os estudantes a uma carga excessiva de testes padronizados e colocavam pressão demais sobre alunos e professores. Todos pareciam viver reclamando das provas e dos adolescentes sobrecarregados de atividades. Agora, pensando em toda a retórica acerca dos "testes de alto risco, em que há muita coisa em jogo", e dos "exames com importantes consequências" e dos "alunos estressados", Eric quase gargalhou.

Os testes de avaliação norte-americanos não tinham consequências significativas para os estudantes.[4] Na verdade, os riscos não poderiam ser mais baixos, especialmente no caso dos testes padronizados. As consequências, se e quando havia alguma, estendiam-se sobretudo aos adultos que trabalhavam nas escolas; seu estabelecimento de ensino poderia, por exemplo, ser enquadrado pelo governo federal na categoria "escola necessitada de melhoria no desempenho", e, em determinados lugares, uma pequena parcela de professores com notas muito ruins acabava perdendo o emprego.[5] Mas para a maior parte das crianças e adolescentes os testes padronizados eram algo frequente, pouco sofisticado e completamente irrelevante para sua vida.

Mesmo as provas aplicadas rotineiramente na sala de aula não tinham nos Estados Unidos o mesmo significado que na Coreia do

Sul. Quando um aluno americano se saía mal em um exame, havia sempre uma desculpa: "O teste foi injusto". Ou "Tudo bem! Nem todo mundo pode ser bom em matemática". Na Coreia do Sul, a lição era mais clara: "Você não se empenhou o suficiente, e vai ter de se esforçar ao máximo da próxima vez".

Eric começou a perceber que "pressão" era um termo relativo, e o mesmo valia para provas e testes. Pelo que ele tinha visto até ali, Namsan parecia um lugar projetado para transmitir, por meio de salas de aula austeras e uma hierarquia brutal, a seguinte mensagem: o futuro dos alunos dependia não de suas boas médias, sua autoestima ou seu status no Facebook, mas do quanto eles sabiam tirar proveito de seus esforços e davam duro para dominar o rigoroso conteúdo acadêmico.

Eric se perguntou: é esse o preço que o estudante tem de pagar para chegar ao topo do ranking dos testes internacionais? Se era, ele não estava tão certo de que queria ser o número 1.

A COMPETIÇÃO DAS CRIANÇAS DE FERRO

Encontrei-me com o ministro da Educação sul-coreano, Lee Ju-ho, em seu gabinete em Seul. Ele tinha um topete juvenil e seu rosto estampava uma expressão permanente de suave alegria, traços que mascaravam habilmente a ambição que havia impulsionado sua carreira até ali.

Lee era um produto da panela de pressão sul-coreana. Ele tinha estudado numa escola secundária de elite e na Universidade Nacional de Seul, uma das três mais prestigiosas do país. Depois fez doutorado em economia na Universidade Cornell, nos Estados Unidos. Teve ascensão meteórica na hierarquia sul-coreana, primeiro como professor, depois na vida política. Mas, quando foi nomeado ministro da Educação, assumiu a pasta com o objetivo de desmantelar a panela de pressão, pedaço por pedaço.

Tomamos chá sentados a uma comprida mesa, acompanhados de sua equipe de assessores e consultores, nenhum dos quais abriu a boca. Quando perguntei a Lee Ju-ho se concordava com a entusiasmada retórica do presidente Obama acerca do sistema educacional sul-coreano, ele abriu um sorriso cansado. Era uma pergunta que o ministro estava habituado a ouvir, e que geralmente era feita por jornalistas sul-coreanos incapazes de compreender do que o presidente dos Estados Unidos – ou quem quer que fosse – gostava no sistema sul-coreano.

"Vocês, americanos, veem o lado bom do sistema educacional da Coreia do Sul", disse o ministro.[6] "Mas os próprios sul-coreanos não estão felizes com ele."

Em muitos sentidos, a Coreia do Sul era uma manifestação extrema de uma antiquíssima tradição asiática. Famílias chinesas vinham contratando tutores para dar "aulas preparatórias" a seus filhos desde o século VII. As provas para o ingresso no funcionalismo público existiam desde antes da invenção da imprensa. Na Coreia do século X, os moços ambiciosos tinham de ser aprovados em uma avaliação para trabalhar no governo.[7] Na prática, os "testes de alto risco" eram acessíveis somente aos filhos da elite, que tinham condições de pagar pela antiga versão dos "cursinhos".

Apesar da visão estereotipada dos norte-americanos de que os asiáticos eram excelentes em matemática e ciências, historicamente os coreanos não eram tão inteligentes. Confúcio pode até ter incutido nos coreanos a valorização do estudo contínuo e minucioso, mas o país não tinha a tradição de sobressair em matemática. Na verdade, até recentemente – a década de 1950 – a vasta maioria de seus cidadãos era formada por analfabetos. Quando o país começou a reconstruir suas escolas após a Guerra da Coreia, o idioma coreano nem sequer dispunha das palavras para expressar os modernos conceitos de matemática e ciências. Novas palavras tiveram de ser cunhadas antes que os livros didáticos e livros-texto pudessem ser publicados.[8] Em 1960, a Coreia do Sul tinha uma proporção estudantes/professor de 59:1.[9] Somente um terço dos alunos sul-coreanos avançava até os anos finais do ensino fundamental.[10] A pobreza vaticinava o fracasso acadêmico. Se o Pisa existisse naquela época, os Estados Unidos teriam esmagado a Coreia do Sul em todos os quesitos.

Ao longo dos cinquenta anos seguintes a Coreia do Sul tornou-se o que Lee definiu como "uma potência de talento". O país não tinha recursos naturais, por isso cultivou seu povo, transformando a educação em moeda corrente. Esse período de crescimento econômico frenético criou uma espécie de loteria para os pais: se seus filhos entrassem nas melhores escolas de ensino fundamental, o que os colocaria no rumo das melhores escolas de ensino médio, o que por sua vez lhes daria uma chance de conseguir uma vaga nas universidades de primeira linha, então era líquido e certo que arranjariam empregos prestigiosos e bem remunerados, elevando a condição de vida de toda a família.

Essa competição obedecia a regras explícitas: o aluno que obtinha uma pontuação acima de certo número no exame vestibular garantia automaticamente o acesso a uma universidade de elite. Depois disso, estava para sempre fadado a ganhar um salário maior que o das outras pessoas, ainda que fizesse o mesmo trabalho. O sistema era tão previsível quanto brutal. Transmitia aos estudantes a mensagem muito clara acerca do que realmente era importante: o ingresso na universidade era baseado nas habilidades do candidato, medidas pela prova. Ponto final. Ninguém era aceito por ser bom em esportes[11] ou porque seus pais tinham tido sucesso. Era, de certa maneira, um sistema mais meritocrático do que muitas faculdades norte-americanas jamais tinham sido.

Sem essa obsessão pela educação, a Coreia do Sul não teria se tornado a potência econômica que era em 2011 (desde 1962, o PIB cresceu cerca de 40.000%,[12] o que faz do país a 13ª maior economia do planeta). A educação agiu como uma vacina antipobreza,[13] tornando a origem social e a história familiar fatores cada vez menos relevantes no que dizia respeito às oportunidades de vida do estudante ao longo do tempo.

Porém, não havia vagas suficientes na universidade nem empregos cobiçados para todo mundo, de modo que a loteria se converteu numa espécie de competição da Criança de Ferro, que descontentava e amargurava tanto pais como filhos, embora todos a perpetuassem. Era uma meritocracia extrema para as crianças, que acabou se endurecendo a ponto de se transformar em um sistema de castas para os adultos. Mesmo quando foram abertas mais universidades, o povo continuou alucinado pelas três instituições de elite. Era um alerta para o resto do mundo. A competição havia se tornado um fim em si mesma, não a aprendizagem que supostamente ela deveria motivar.

O país tinha criado um monstro, disse-me Lee. O sistema se tornara excessivamente competitivo, levando a uma nada saudável preocupação com as notas no exame vestibular e a uma dependência dos "cursinhos preparatórios" ou academias de reforço privadas. Mesmo durante as férias de verão, as bibliotecas ficavam tão lotadas que os estudantes tinham de comprar ingresso para arranjar um espaço. Muitos pagavam o equivalente a quatro dólares para alugar uma saleta ou um nicho com ar-condicionado em uma das inúmeras bibliotecas dedicadas ao estudo individual – e que visavam ao lucro – existentes na cidade.

As altíssimas notas da Coreia do Sul no Pisa eram essencialmente decorrentes dos incansáveis esforços dos estudantes, acreditava Lee, não das escolas do país. Os adolescentes e suas famílias impulsionavam os resultados. Em outras palavras, a motivação explicava as notas da Coreia do Sul no Pisa, mais que o currículo escolar.

Os contribuintes sul-coreanos gastavam por estudante o equivalente à metade do valor em impostos dos norte-americanos investido em educação, mas as famílias sul-coreanas compensavam a diferença tirando dinheiro do próprio bolso. Além das mensalidades das *hagwons*, tinham de pagar também pelas escolas públicas, uma vez que o subsídio do governo não custeava todas as despesas. A escola de Eric não estava entre os colégios públicos de elite de Busan, mas mesmo assim custava cerca de 1.500 dólares por ano.

No papel, as escolas de ensino médio de Eric em Minnesota e na Coreia do Sul tinham algo em comum. Tanto a escola Minnetonka quanto a Namsan ostentavam índices de evasão escolar inferiores a 1%,[14] e ambas pagavam aos professores salários altos.[15] Contudo, enquanto os alunos de Minnetonka se apresentavam em musicais, os de Namsan estudavam, e depois estudavam mais ainda. O problema não estava no fato de que os estudantes sul-coreanos não aprendiam o suficiente ou não se esforçavam o bastante; a questão era que não estavam trabalhando com inteligência.

A cultura da Criança de Ferro era contagiosa; para filhos e pais era difícil resistir à pressão de estudar sem parar. Mas, enquanto isso, eles se queixavam de que a obsessão por rankings e notas estava esmagando seu espírito, privando-os não apenas de sono, mas da própria sanidade.

Numa manhã de domingo daquele ano letivo, um adolescente chamado Ji esfaqueou a mãe no pescoço em sua casa em Seul.[16] E fez isso para impedi-la de comparecer a uma reunião de pais e professores na escola, aterrorizado com a perspectiva de que ela descobrisse que ele tinha mentido sobre suas notas na última prova. Depois disso, Ji manteve seu crime em segredo por oito meses. Todo dia, ele ia e voltava da escola como se nada tivesse mudado. Disse aos vizinhos que a mãe tinha ido embora da cidade. Para conter o odor do corpo em decomposição, selou a porta do quarto dela com cola e fita isolante. Continuou convidando os amigos para comer lámen. Por fim, seu pai – que havia se separado da mãe e vivia em outra casa – descobriu o cadáver, e Ji foi preso por assassinato.

Essa história mobilizou o país, como era de esperar, mas por motivos específicos e reveladores. Na mente de muitos sul-coreanos, o crime de Ji não era uma tragédia isolada; era reflexo de uma cultura enlouquecida pelos estudos, que estava fazendo meninos e meninas perderem a razão.

De acordo com suas notas, Ji figurava no seleto 1% dos mais bem qualificados alunos de ensino médio do país, mas, em termos absolutos, ainda ficava apenas entre os 4 mil melhores. Ji alegou que sua mãe insistia que ele fosse o número 1 a todo custo. Nas ocasiões anteriores em que suas notas a haviam decepcionado, ela tinha espancado o garoto e lhe negara comida.

Como reação ao episódio, muitos sul-coreanos manifestaram mais solidariedade pelo filho do que pela mãe assassinada. Comentaristas projetaram no crime de Ji suas próprias lembranças dos tempos de ensino médio. Alguns foram mais longe e acusaram a mãe de incitar o próprio matricídio.[17] Um editorial do jornal *Korea Times* descreveu a vítima como "uma das exigentes e agressivas 'mães tigresas', que jamais estão satisfeitas com o desempenho escolar dos filhos, por mais altas que sejam suas notas".[18] Ji confessou de imediato, chorando enquanto descrevia para a polícia o quanto sua mãe havia assombrado seus sonhos depois que ele a matara. No julgamento, o promotor público pediu uma pena de quinze anos de prisão. O juiz, citando circunstâncias atenuantes, condenou o menino a três anos e meio de cárcere.

Enquanto isso, os políticos sul-coreanos prometeram mais uma vez lidar de outra maneira com a febre da educação do país, como o fenômeno foi chamado. Sob o mandato de Lee, o ministério tinha contratado e treinado quinhentos funcionários graduados, incumbidos de ajudar as universidades sul-coreanas a selecionar candidatos da mesma maneira que as universidades norte-americanas faziam, ou seja, com base em outros critérios além das notas no exame vestibular.

Entretanto, quase do dia para a noite novas *hagwons* brotaram para ajudar os estudantes a encontrar seu rumo em meio ao novo esquema alternativo de ingresso à universidade. Centenas de adolescentes foram acusados de mentir sobre sua cidade natal a fim de garantir as vagas preferenciais destinadas a filhos das famílias rurais mais carentes.[19] Uma mãe chegou a simular um divórcio de modo a se beneficiar das vagas reservadas para filhos de pais separados. A febre continuava, com força total.

Os líderes do país estavam preocupados, temendo que, a menos que a rígida hierarquia começasse a fomentar mais inovação, o crescimento econômico acabaria sendo paralisado e as taxas de fertilidade continuariam a cair, enquanto as famílias sentiam o fardo e a pressão de pagar pelo estudo dos filhos nas *hagwons*.

A fim de melhorar retroativamente as escolas públicas, de modo que os pais sentissem menos necessidade das *hagwons*, Lee tentou aperfeiçoar o ensino. A Coreia do Sul já contava com professores de educação infantil e fundamental com sólida formação acadêmica[20] em comparação com os educadores dos Estados Unidos e a maioria dos países. Esses professores sul-coreanos eram egressos de uma dúzia de universidades em que entravam apenas os 5% melhores candidatos,[21] e todos tinham uma excelente formação. Em um teste de avaliação de matemática aplicado em seis países, os sul-coreanos que se preparavam para trabalhar como professores do sexto, sétimo e oitavo anos do ensino fundamental ficaram em primeiro lugar,[22] derrotando de maneira acachapante os futuros professores norte-americanos.

Contudo, os professores sul-coreanos do ensino médio não eram tão brilhantes. Durante uma escassez de educadores ocorrida décadas antes, o governo da Coreia do Sul cometera um erro fatal,[23] permitindo que um número excessivo de faculdades formasse professores para o ensino secundário. Essas 350 faculdades tinham níveis de exigência inferiores aos dos programas de formação de professores da educação infantil e fundamental. Como as mais de mil faculdades de formação de professores existentes nos Estados Unidos, em pouco tempo os programas sul-coreanos produziram e colocaram no mercado muito mais futuros professores do que o país precisava. A formação de professores era uma indústria lucrativa para as faculdades, mas devido aos padrões nivelados por baixo a profissão tornou-se menos prestigiosa e menos eficaz. Pois, na frase famosa de um gestor educacional sul-coreano, "a qualidade de um sistema educacional não pode exceder a qualidade de seus professores".[24]

A fim de elevar o nível da profissão, Lee lançou um novo sistema de avaliação de professores, de modo a propiciar aos docentes opiniões e críticas úteis e fazer com que eles assumissem a responsabilidade pelos resultados. Nesse novo sistema, os professores eram avaliados em parte por seus próprios alunos e pelos pais – que preenchiam questionários on-line –, bem como por outros professores, método que visava aproximar-se da "avaliação 360 graus" (também conhecida como avaliação de múltiplas fontes), empregada por muitas empresas (diferentemente do modelo usado em muitas diretorias de ensino dos Estados Unidos, o instrumento sul-coreano de avaliação dos professores não incluía o aumento das notas dos estudantes nos testes; os funcionários do ministério com quem conversei pareciam interessados em usar esses dados, mas não sabiam como atribuir responsabilidade, uma vez que muitos estudantes tinham múltiplos professores, incluindo os professores particulares das *hagwons*, que lhes ensinavam as mesmas matérias).

Sob as novas regras da Coreia do Sul, os professores que obtinham a pontuação mais baixa deveriam ser encaminhados para cursos de treinamento e reciclagem. Porém, da mesma forma que nos distritos norte-americanos onde os reformistas tentaram impor estratégias semelhantes, os professores e seus sindicatos revidaram, qualificando as avaliações como aviltantes e injustas. Medidas e iniciativas maravilhosas no papel tornaram-se, na prática, tóxicas. Como forma de protesto, alguns professores sul-coreanos deram a todos os seus pares as melhores avaliações possíveis. Em 2011, menos de 1% dos professores sul-coreanos foram encaminhados para reciclagem,[25] e alguns simplesmente se recusaram a ir.[26]

Depois de seu primeiro ano no cargo de ministro, uma das maiores conquistas de Lee foi a diminuição dos gastos com as *hagwons*. Os números caíram apenas 3,5%,[27] mas ele considerou uma grande vitória.

Ouvindo Lee, percebi que o resto do mundo poderia aprender, em igual medida, com o que funcionava na Coreia do Sul e também com o que não funcionava. Em primeiro lugar, os países podiam mudar. Isso era auspicioso. A Coreia do Sul tinha aumentado suas expectativas acerca do que os estudantes eram capazes de fazer apesar da pobreza e do analfabetismo epidêmicos. Não esperou para combater a pobreza antes de melhorar drasticamente seu sistema educacional, incluindo as faculdades de formação de professores. Essa fé na educação e nas pessoas tinha catapultado a Coreia do Sul para o mundo desenvolvido.

Em segundo lugar, o rigor era um aspecto importante. Os sul-coreanos compreenderam que era fundamental dominar o difícil conteúdo acadêmico. Não cortaram caminho nem recorreram a atalhos, especialmente em matemática. Partiram do pressuposto de que o desempenho era em larga medida um produto do trabalho árduo – e não um talento dado por Deus. Graças a essa postura, todos os estudantes se esforçaram mais e estudaram com mais afinco, e isso era mais valioso para um país do que reservas de ouro e petróleo.

Como Eric tinha notado em seu primeiro dia, as escolas sul-coreanas existiam para um único propósito: para que seus alunos se tornassem capazes de dominar o complexo material acadêmico. Era uma diferença óbvia. As escolas dos Estados Unidos, por sua vez, serviam para muitas coisas, uma delas a aprendizagem. Por causa dessa falta de foco, era fácil perder de vista os aspectos mais importantes.

Por exemplo: nossas escolas gastavam somas relativamente vultosas de dinheiro em esportes e tecnologia, em vez de investir, digamos, nos salários dos professores. Quando 202 alunos de intercâmbio de quinze países responderam ao meu questionário de pesquisa, a maioria esmagadora admitiu que tinha visto mais tecnologia nas escolas norte-americanas. Mesmo os estudantes de países com alto desempenho escolar afirmaram ter visto mais aparatos tecnológicos nas salas de aula dos Estados Unidos do que em sua terra natal. Sete em cada dez adolescentes norte-americanos que haviam passado um período estudando no exterior disseram a mesma coisa. Os norte-americanos tinham salas de aula decoradas com lousas digitais interativas (ou *smart boards*), projetores de última geração e montanhas de iPads.[28] Contudo, havia poucas provas concretas de que essas compras beneficiavam quem quer que fosse, a não ser os próprios vendedores de produtos eletrônicos.

Em terceiro lugar, e esse era o problema mais imediato de Lee: em lugares com níveis extremos de empenho estudantil, vencer a competição poderia acabar tornando-se um objetivo em si mesmo. As famílias poderiam perder de vista o propósito da aprendizagem e se fixar obsessivamente em rankings e notas. Em algumas áreas de alto poder aquisitivo dos Estados Unidos, jovens sentiam na pele uma versão dessa compulsão, estudando dia e noite no intuito de assegurar uma vaga nas universidades da Ivy League* e para se mostrarem perfeitos no papel, talvez apenas mais tarde parando para pensar nas razões disso. Essa obsessão permaneceu relativamente moderada no país, conforme demonstram o desempenho persistentemente pífio em matemática mesmo dos estudantes norte-americanos mais abastados e o fato de que somente 15% dos adolescentes faziam aulas extraclasse ou cursos extracurriculares após o horário normal da escola (índice abaixo da média do

---

* Ivy League ou "as oito antigas": grupo de elite de oito universidades privadas do nordeste dos Estados Unidos que primam pelos feitos acadêmicos e estão entre as de maior prestígio científico do mundo: Harvard, Yale, Princeton, Brown, Columbia, Cornell, Dartmouth e Pensilvânia. [N.T.]

mundo desenvolvido).[29] Contudo, um pequeno número de estudantes (em sua maioria ásio-americanos) vivia sua própria versão ocidentalizada da competição da Criança de Ferro.

Por fim ficou claro que a verdadeira inovação na Coreia do Sul não estava acontecendo no governo nem nas escolas públicas. Estava acontecendo no sistema educacional sul-coreano – o negócio multimilionário do complexo de "cursinhos preparatórios" ou academias de reforço privadas que Lee estava tentando enfraquecer. Eu me dei conta de que, se quisesse ver como funcionava um sistema educacional verdadeiramente de livre mercado, teria de ficar acordada até mais tarde.

Pessoalmente, Lee considerava que a Finlândia tinha um modelo bem melhor do que o do seu próprio país.[30] Afinal, o padrão de gastos dos finlandeses por aluno era menor, e apenas um em cada dez frequentava aulas e cursos depois da escola.[31] Na Coreia do Sul, sete em cada dez estudantes se dedicavam a atividades extraclasse. Ambos os países figuravam no topo do mundo nos resultados do Pisa, mas, sob qualquer ângulo, os educandos finlandeses saíam ganhando. Havia mais de uma maneira de se tornar uma superpotência, Lee alertou: ter o cuidado de pegar o caminho que parece o mais difícil, mas que é o mais certeiro e seguro.

CLAUSTROFÓBICO NA COREIA DO SUL

Depois de visitar o ministro em Seul, fui de trem-bala até Busan, a próspera cidade à beira-mar no litoral sul do país. Eric se ofereceu para ser meu guia. Ele apareceu no saguão do meu hotel usando seus óculos escuros com armação branca e uma bolsa a tiracolo, ávido por agradar.

"Você topa comer comida coreana ou já está enjoada? Já experimentou a pizza coreana? É uma loucura! Ou a gente pode ir de sushi mesmo."

Eric adorava a Coreia do Sul. Quando estávamos caminhando em meio à algazarra do comércio local, ele apontou para uma barraca que vendia meias com o rosto de Barack Obama estampado e me fez experimentar seu iogurte favorito. Fizemos uma parada especial numa loja de presentes para que ele me mostrasse os infames "travesseiros de soneca" – demonstrando como os punhos do dorminhoco se encaixavam dentro do travesseiro para um conforto sem esforço.

"Eu me adapto muito bem aos lugares", contou Eric. Ele tinha aperfeiçoado diligentemente seu domínio do coreano e agora sabia se virar com desenvoltura nos restaurantes e em conversas casuais. Pediu pizza de batata-doce para nós dois. A essa altura, já tinha passado uma noite num templo budista no alto das montanhas; havia aprendido *tae kown do*; numa noite de aflição num mercado de peixes, chegara até a se obrigar a comer um minipolvo vivo, todo agarrado e enrolado em seus *hashis*.

Eric gostava da estranheza da Coreia do Sul e da simpatia dos sul-coreanos. Na verdade, o único problema era a escola. Ele tinha tentado manter a mente aberta, mas temia aqueles dias de Namsan, em que ficava sentado durante seis horas com estudantes por demais estressados – ou exaustos –, com quem conversava no máximo cinco minutos entre as aulas, e depois pegava o ônibus e voltava sozinho para casa.

Não que Eric não conseguisse lidar com a solidão. Na verdade, ele tinha muita experiência com o isolamento. Nos Estados Unidos, passara anos no armário, escondendo sua homossexualidade. Sabia o que era ser um adolescente solitário.

Mas Eric tinha constatado que, na Coreia do Sul, a pressão para se adequar e se submeter ao sistema ia muito além da sexualidade. Os adolescentes viviam em todos os tipos de armário, às vezes literalmente, trancafiados dentro de recintos fechados e sem ar, estudando para o vestibular. "Os estudantes com quem conversei desprezam o sistema", ele me disse, balançando a cabeça. "Eles simplesmente o detestam."

Eric admirava uma parte do sistema sul-coreano – as altas expectativas que todo mundo nutria com relação ao que as crianças eram capazes de fazer. Tinha curiosidade em relação às *hagwons*, onde seus colegas de classe diziam aprender tanto. Porém, Eric estava descobrindo que o topo do mundo podia ser um lugar solitário, e a questão importante não era apenas saber quais estudantes viviam lá, mas tudo aquilo de difícil e desagradável por que eles tinham passado para chegar lá.

Um problema de matemática

A 8 mil quilômetros da Coreia do Sul, na Polônia, a professora de Tom lhe fez uma pergunta. Era seu primeiro dia de aula no país. Ele tinha se sentado em silêncio no fundo da sala, tentando passar despercebido. Mas agora a professora o fitava, à espera. Então ele repetiu a única frase que sabia de cor: "*Nie mówię po polsku*". Eu não falo polonês. Depois sorriu, o estudante de intercâmbio ignorante e pateta. Até ali essa tática havia funcionado.

Tom completaria dezoito anos em duas semanas. Tinha uma perpétua barba por fazer e olhos pretos, o rosto de rapaz pairando precariamente por cima de um corpo de menino. Quando sorria, mostrando as covinhas que herdara da mãe, parecia pelo menos três anos mais novo. De maneira geral, os professores norte-americanos sempre tinham aceitado as desculpas de Tom.

Mas aquela professora insistiu, repetindo a pergunta em inglês. "Você poderia por favor resolver o problema?" Ela estendeu um pedaço de giz e, com um gesto, convocou-o para a frente da sala. A aula era de matemática, e a professora tinha acabado de escrever na lousa um problema de função polinomial.

Tom levantou-se, o coração na boca, e caminhou a passos lentos até a lousa. Os outros 22 estudantes poloneses ficaram de olho no forasteiro norte-americano, tentando adivinhar o que aconteceria.

A história da Polônia, uma sinfonia de sofrimento e redenção, vai aparecer mais tarde neste livro. Por ora, basta dizer que Tom se viu em um país melancólico, com um passado complicado, exatamente a razão pela qual ele quis viver lá.

Nos Estados Unidos, Tom tinha morado em Gettysburg, no estado de Pensilvânia, local onde ocorreu a mais sangrenta batalha da Guerra Civil do país. Cerca de 51 mil homens morreram ou foram feridos nas colinas da sua cidade natal. Todo ano, milhares de turistas espalhavam-se pelos campos de batalha agora vazios e silenciosos, em busca de relíquias, de fantasmas ou de algum tipo de sensação duradoura.

Contudo, desde o século XIX Gettysburg havia se tornado muito menos interessante, na opinião de Tom. Era um vilarejo rural a duas horas e um mundo inteiro de distância de Washington. Quando menino, ele não tinha o menor interesse por soldadinhos de brinquedo da União ou dos Confederados, como os que eram vendidos aos montes na lojinhas de suvenires. Em vez disso preferia brincar com soldadinhos da Segunda Guerra Mundial.

Já na adolescência, Tom tocava violoncelo, ouvia Sonic Youth e assistia a filmes de Woody Allen. Ocupava-se com coisas às margens da cultura do ensino médio, que girava em torno de esportes e da Future Farmers of America. Em agosto, o time de futebol Gettysburg Warriors [Guerreiros de Gettysburg] costumava organizar um churrasco do tipo coma-tudo-que-você-aguentar em que se assava um porco inteiro, evento que marcava o pontapé inicial da temporada. O café local fechava antes do pôr do sol.

Desde muito cedo, Tom tinha aprendido que o mundo fora de sua casa podia ser um lugar complicado. Seu pai era advogado especializado em casos de família, intermediando divórcios e travando ferrenhas batalhas legais pela custódia dos filhos de casais separados. Sua mãe era a chefe da defensoria pública da cidade. Trabalhava num escritório em um porão sem janelas, representando os residentes menos populares de Gettysburg, incluindo um jovem que corria o risco de ser condenado à pena de morte por ter matado o patrulheiro de uma reserva ambiental.

Para escapar da rotina estressante de seus respectivos empregos, os pais de Tom liam. Liam da mesma maneira que outras famílias iam pescar ou viam televisão, juntos mas separados. Nas noites de sexta-feira, levavam Tom e seus dois irmãos mais velhos à livraria Barnes & Noble, onde cada um zanzava à vontade para escolher suas próprias aventuras; nos sábados chuvosos, a família toda ficava em casa lendo, às vezes cada um num cômodo diferente. O único ruído que se ouvia era o tamborilar da chuva.

Os dois irmãos mais velhos de Tom liam devagar, mas ele lia com voracidade, como se procurasse uma metáfora que jamais conseguia encontrar. No verão, sua mãe o via no quintal, lendo durante horas a fio. Houve um inverno em que não leu outra coisa a não ser Tchekhov. Leu O pianista, de Władyslaw Szpilman – duas vezes.

Em seu último ano do ensino médio, Tom tinha decidido trocar Gettysburg por um de seus romances do Velho Mundo.

Queria ir para o Leste Europeu porque achou que seria romântico viver em um lugar onde as pessoas conhecessem nomes como Dostoiévski e Nabokov. Nunca tinha viajado muito, mas acreditava na promessa de um lugar distante, que fosse capaz de corroborar o tipo de história fantasiosa e extraordinária que ele havia lido e idealizara em sua cabeça. Imaginou a si mesmo aprendendo a tocar Chopin na terra de Chopin.

E lá estava ele, finalmente, na Polônia. Tudo vinha saindo mais ou menos de acordo com seu plano. O fato era o seguinte: naquele dia, quando Tom caminhou até a frente da sala de aula, estava carregando um fardo norte-americano que ninguém era capaz de ver. Apesar de sua camiseta da banda Yo La Tengo e de seu inverno regado a Tchekhov, Tom era, pelo menos em um aspecto, um típico adolescente norte-americano.

Tom não era bom em matemática. Ele tinha começado a perder o rumo nos anos iniciais do ensino fundamental, como tantas crianças americanas; um dia, não conseguiu entender a matéria ensinada numa aula, depois "boiou" em outra, e perdeu o fio da meada em mais outra. Ficou envergonhado demais para pedir ajuda. Não queria admitir que não era tão inteligente quanto as outras crianças. Até que, no oitavo ano, tirou zero numa prova de introdução à álgebra. Nas outras matérias, uma nota ruim poderia ser recuperada mais tarde. Mas, em matemática, cada conteúdo dependia do que fora ensinado anteriormente. Por mais que ele se esforçasse, não conseguia acompanhar o ritmo, tirar o atraso. A sensação era que estava ficando cada vez mais burro, e isso era humilhante. No ano seguinte, tirou F em matemática.

Mais do que qualquer outra matéria, a matemática desconcertava os adolescentes norte-americanos e escapava, esquiva, de suas mãos.[1] Quando as pessoas falavam sobre as notas medíocres dos Estados Unidos nos testes de avaliação internacionais, na verdade não estavam falando de leitura. Os jovens americanos figuravam em 12º lugar em leitura no Pisa, o que era um desempenho respeitável, acima da média do mundo desenvolvido. Ainda havia um enorme abismo entre os adolescentes mais abastados e os de baixa renda, mas a média geral era razoável.

Em matemática, a nota média colocava os Estados Unidos em 26º no mundo, abaixo da Finlândia (terceiro), Coreia do Sul (segundo) e Polônia (19º). Os americanos iam muito mal em ciências também, mas em matemática os resultados eram, estatisticamente falando, os mais agourentos. Os resultados em matemática eram capazes de indicar o futuro das crianças.[2] Os adolescentes que dominavam o conteúdo das aulas de matemática de alto nível tinham chances muito maiores de se formar na faculdade, mesmo quando eram deixados de lado fatores como raça e renda. E também ganhavam mais dinheiro depois da faculdade.

Por que a matemática era tão importante? Algumas razões eram de ordem prática: um número cada vez maior de empregos exigia familiaridade com probabilidade, estatística e geometria. A outra razão estava no fato de que a matemática não era apenas matemática. A matemática é a linguagem da lógica. É uma maneira disciplinada e organizada de pensar. Há uma resposta correta; há regras que devem ser seguidas. Mais do que qualquer outra disciplina ou matéria, a matemática é orientada pelo rigor. Dominar a linguagem da lógica ajuda a incutir na mente juvenil hábitos superiores: a capacidade de raciocinar, por exemplo, para descobrir padrões e fazer deduções pertinentes. Esse tipo de habilidade tem valor crescente em um mundo no qual a informação é barata e caótica.

A deficiência norte-americana em matemática atingia até as crianças americanas das classes privilegiadas, que eram *mais* privilegiadas do que a maioria das crianças e adolescentes abastados dos outros países, inclusive a Polônia. Nossos meninos e meninas mais ricos frequentavam algumas das escolas mais ricas e *high-tech* do mundo. Entretanto, esses estudantes – inclusive os que estavam em escolas particulares – ainda ficavam em 18º lugar em matemática em comparação com as crianças mais ricas de outros países.[3] Seu desempenho estava abaixo do dos estudantes mais abastados da Eslovênia e da Hungria e empatava com os das famílias mais privilegiadas de Portugal.

O rendimento dos nossos alunos mais pobres era ainda pior, em termos relativos: a 27ª posição no mundo, na comparação com a performance de seus pares mais pobres de outros países desenvolvidos, bem abaixo dos resultados dos menos privilegiados da Estônia, Finlândia, Coreia do Sul, Canadá e Polônia, entre outras nações. Por que as nossos estudantes não estavam aprendendo essa linguagem universal da lógica?

Enquanto viajava pelo mundo durante a pesquisa para a elaboração deste livro, deparei o tempo todo com esse enigma. Vezes sem conta, os dados revelavam uma alarmante deficiência em matemática nos Estados Unidos. Assim como a desnutrição, essa carência começava quando as crianças eram pequenas, e cobrava um preço cada vez mais alto. Estudos tinham demonstrado que os alunos norte-americanos do terceiro ano estavam fazendo provas e testes com questões de matemática que exigiam respostas mais simples do que as questões apresentadas às crianças da mesma idade de lugares como Hong Kong.[4] Quando nossos jovens se formavam no ensino médio, menos da metade deles estavam preparados para enfrentar a matemática ensinada no primeiro ano da faculdade.[5] Se o nosso desempenho internacional era o mistério, então na matemática estavam as principais pistas.

Naquela manhã na cidade polonesa de Wrocław,* Tom pegou o giz. Todos os velhos sentimentos de incompetência voltaram num turbilhão. Ele começou a escrever. Era capaz de resolver aquilo; o problema não era tão difícil assim, e Tom era mais velho que a maioria dos outros alunos da classe.

Nesse exato instante, o giz se partiu em dois. Ele deixou o pedaço quebrado cair e continuou escrevendo. Mas alguma coisa estava

---

* Também referida como Breslávia, Breslau ou Vratislávia. [N.T.]

errada; ele devia ter pulado alguma etapa. Fosse lá o que ele estivesse fazendo na lousa, não estava dando certo, e ele sabia disso. Mesmo assim, continuou escrevendo. Atrás dele, um dos estudantes poloneses soltou uma risadinha. As mãos de Tom ficaram úmidas de suor. Por fim, a professora perguntou: "Alguém mais quer tentar?". Arrastando os pés, Tom voltou para sua carteira. A professora não o chamou mais.

À medida que o semestre foi avançando, Tom percebeu diferenças entre sua turma de matemática na Polônia e sua turma de matemática na Pensilvânia. Nos Estados Unidos, Tom e seus colegas de classe usavam calculadoras. Na classe polonesa, calculadoras não eram permitidas. Tom podia ver que na Polônia os alunos faziam mentalmente uma boa parte dos cálculos. Eles tinham aprendido truques que se tornaram automáticos, de modo que o cérebro ficava livre para fazer o trabalho mais pesado. Era a diferença entre ser e não ser fluente numa linguagem.

Depois da primeira prova, a professora anunciou as notas na frente da classe, para todo mundo ouvir. Na condição de novo estudante de intercâmbio, Tom não precisara fazer a prova. Porém, ouvindo o anúncio das notas, sentiu-se tremendamente desconfortável. Como Eric na Coreia do Sul, ele não era capaz de imaginar aquela comunicação pública da avaliação em sua sala de aula nos Estados Unidos.

Tampouco poderia imaginar que todo mundo fosse tão mal. Na Polônia, a nota mais baixa era sempre 1, e a mais alta, 5. Depois de cada prova, ele esperava para ver se alguém tiraria um 5. Ninguém jamais conseguiu. E nenhum aluno parecia ficar surpreso ou abalado. Todos punham a mochila nas costas e seguiam para a aula seguinte. Tom tentou imaginar o que aconteceria se ninguém tirasse um A em Gettysburg. Os alunos desistiriam ou se empenhariam ainda mais?

Ao que parecia, os adolescentes poloneses estavam acostumados ao fracasso. A lógica fazia sentido. Se o trabalho era árduo, o fracasso rotineiro era a única maneira de aprender. Como disse certa vez Winston Churchill, "sucesso é ir de fracasso em fracasso sem perder o entusiasmo".[6]

Tom também tinha fracassado em matemática, quando cursava o oitavo ano do ensino fundamental na Pensilvânia. Mas ele não havia sentido esse fracasso na pele como uma experiência normal ou aceitável. Vivenciara o malogro como um trauma pessoal. Nas escolas norte-americanas o fracasso era desmoralizante e devia ser evitado a todo custo. As crianças e os adolescentes norte-americanos não tinham condições de lidar com o fracasso rotineiro, ou pelo menos era o que os adultos pensavam.

Como tantos jovens, a lição que Tom aprendera com seu fracasso era a seguinte: ele não era bom em matemática, e deveria ficar longe dela sempre que possível. Nos tempos do ensino médio, ainda não sabia o papel fundamental que a matemática tinha para a filosofia e a música, duas áreas que ele amava. Não sabia que a matemática poderia ser cosmicamente bela, e que era algo que ele seria capaz de dominar com trabalho árduo, tempo e persistência, da mesma maneira como havia se tornado um grande conhecedor de Tchekhov.

O PAÍS MINNESOTA

Dos três estudantes norte-americanos que acompanhei, Eric era o único que não desprezava a matemática. Coincidência ou não, Minnesota, onde Eric nascera, era um dos dois únicos estados norte-americanos que chegavam perto de um desempenho de primeiro nível mundial em matemática.[7] De modo geral, no ranking mundial de proficiência em matemática a posição de Minnesota ficava abaixo da de apenas uma dúzia de outros países (entre eles Canadá, Coreia do Sul e Finlândia); nos Estados Unidos, somente Massachusetts era melhor.

Quando chegou à Coreia do Sul, Eric tinha uma sólida bagagem de conhecimentos em matemática; as razões para isso eram inúmeras. Uma delas talvez fosse o fato de que ele havia escolhido uma boa hora para nascer. Tivesse nascido antes, talvez as coisas acabassem sendo diferentes.

Em 1995, os alunos do quarto ano em Minnesota ficaram abaixo da média dos Estados Unidos em um teste internacional de avaliação em matemática. Apesar de ser um estado predominantemente branco e de classe média, Minnesota não estava indo bem na matéria. Entretanto, dois anos mais tarde, quando Eric entrou na pré-escola, o estado já tinha padrões de exigência mais inteligentes e modernos e mais bem direcionados. Quando ele completou onze anos, Minnesota atualizou mais uma vez esses padrões de exigência, de olho nos paradigmas internacionais. Quando começou a cursar o ensino médio, seus pares estavam obtendo notas muito acima da média dos Estados Unidos e de boa parte do mundo. Em 2007, os alunos do ensino fundamental tiveram um desempenho formidável em um importante teste internacional, alcançando notas mais ou menos do mesmo nível daquele das crianças japonesas.

O que Minnesota estava fazendo que os outros estados do país não estavam? A resposta nada tinha de mística. Minnesota tinha dado início a um sistema educacional relativamente forte. Depois as autoridades responsáveis pela educação estadual fizeram algumas mudanças pragmáticas, ajustes norteados pelo bom senso e implementados por gente que acreditava que a matemática era realmente importante – e que todos os alunos eram capazes de aprendê-la.

Em primeiro lugar, os dirigentes educacionais chegaram a um consenso acerca do estabelecimento de um conjunto de critérios e especificações claros, objetivos e direcionados. Essa mudança foi radical. Com ela, Minnesota superou o problema mais flagrante do fragmentado sistema educacional dos Estados Unidos. Até então, os professores de Minnesota – como de resto os professores de todo o país – vinham pelejando, às voltas com desencontros na orientação acerca do que ensinar. Muitos educadores tinham de se desdobrar para dar conta, ao mesmo tempo, das normas e critérios das diretorias de ensino estaduais e locais, que frequentemente eram conflitantes entre si. Assim, a cada primavera eles precisavam preparar os alunos para os testes padronizados, que muitas vezes não tinham a menor conexão com os vários critérios e currículos. Enredados nessa intrincada teia de instruções e especificações entrecruzadas, restava aos educadores escolher quais ignorar e a quais obedecer.

O propósito da educação norte-americana estava bagunçado, em todos os sentidos. Quanto mais longe eu ia, mais óbvia ficava essa verdade. Não havia melhor metáfora para essa confusão de objetivos do que os livros didáticos e livros-texto usados nas escolas do país.

Os professores norte-americanos lecionavam com livros didáticos e livros-texto que eram escritos para agradar a milhares de diretorias de ensino ao mesmo tempo, conforme documentou em detalhes o pesquisador em educação William Schmidt.[8] Isso significava que os livros didáticos tendiam a ser extensos demais – cobrindo (e repetindo) tópicos em excesso com pouca profundidade. Em âmbito internacional, um livro-texto de matemática do oitavo ano tinha em média 225 páginas; nos Estados Unidos, os livros didáticos de matemática, em média 800 páginas. O que equivalia a 300 páginas a mais que os treze volumes completos dos *Elementos*, de Euclides. A tradição norte-americana de controle local era um pesadelo para os professores. A eles cabia decidir e escolher da melhor maneira que podiam entre normas e critérios conflitantes, repetindo conteúdos inúmeras vezes sob a orientação de livros didáticos prolixos e repetitivos. Todo ano, no outono, alguns dos alunos que chegavam para o início do ano letivo haviam estudado números primos, outros não. Era difícil prever.

O resultado final era que os estudantes americanos acabavam aprendendo sobre, digamos, frações, todo ano, do primeiro ao oitavo do ensino fundamental, ao passo que seus pares nos países mais inteligentes estudavam frações do terceiro ao sexto ano. Na maioria dos estados norte-americanos as crianças aprendiam números decimais ao longo de seis anos, até ficarem quase catatônicas de tanto tédio, enquanto as crianças das superpotências educacionais lidavam com números decimais por três anos e depois seguiam em frente. Isso significava que todo o tempo que as crianças norte-americanas desperdiçavam estudando – de novo e de novo – frações e números decimais não podia ser usado para aprender outras coisas.

Também significava que diferentes aulas de álgebra no âmbito de uma mesma escola ou diretoria de ensino tratavam de conteúdos absurdamente diferentes, dependendo da amostragem do livro didático empregada por determinado professor. Os livros de geometria eram particularmente arbitrários; em geral, dois livros norte-americanos de geometria nada tinham em comum entre si.

Isso explicava em parte a montanha-russa de dados que vinham à tona nas escolas pelo país, as grandes e inexplicadas diferenças no que os alunos sabiam.

Em Minnesota, um conjunto claro e coerente de parâmetros, que se concentrava em alguns poucos tópicos importantes por ano – em vez de dezenas deles –, tinha ajudado a consertar esse estrago. Ao mesmo tempo, os alunos dos anos iniciais e finais do ensino fundamental de todo o estado passaram a dedicar sessenta minutos por dia[9] a aulas e atividades de matemática, ao passo que em 1995 esse tempo era de trinta minutos. Outra coisa havia acontecido também. Os novos parâmetros não apenas regulavam o ensino de um número menor de tópicos com maior profundidade; entrava em cena um material mais complexo e estimulante. Eric podia até se sentir entediado às vezes, mas nem de longe tão enfastiado quanto teria ficado na maior parte dos outros lugares do país. Seu estado tinha intencionalmente modelado sua educação de matemática nas melhores práticas usadas pelas superpotências mundiais em educação, e foi bem-sucedido.

No ano em que Eric estava na Coreia do Sul, o restante dos Estados Unidos contemplou a ideia de fazer o que Minnesota tinha feito. Desafiando uma longa história de critérios incoerentes e localismo irracional, 45 estados concordaram em adotar novos e mais rigorosos padrões com relação ao nível de conhecimento dos educandos em matemática e leitura. Conhecido como Parâmetros do Núcleo Comum (Common Core Standards), esse conjunto de normas estabelecia como modelo e exemplo os princípios das superpotências mundiais em educação. Os alunos não teriam mais de chafurdar em frações durante oito anos; eles se livrariam do assunto em cinco anos, começando dois anos mais tarde, mas estudando o conteúdo com maior grau de profundidade.

Entretanto, críticos atacaram os Parâmetros do Núcleo Comum alegando tratar-se de uma violação da autoridade local; outros apontaram para o fato de que, se os professores não tivessem a formação ou as habilidades em matemática para colocar em prática os parâmetros, tudo não passaria de palavras vazias. Ironicamente, os dirigentes educacionais de Minnesota recusaram-se a adotar os parâmetros, preferindo continuar com os que o estado já tinha posto em vigor. Texas, Virgínia e um punhado de outros estados fizeram o mesmo.

Restava saber se o país daria esse passo óbvio rumo a uma escola com nível de excelência mundial ou se reverteria o curso e andaria para trás mais uma vez.

De maneira interessante, a única aula de que Eric gostava de verdade na Coreia do Sul era a de matemática. Ele percebeu isso no primeiro dia na escola. Havia alguma coisa muito diferente no modo como a matemática era ensinada na Coreia do Sul. Alguma coisa que nem Minnesota tinha imaginado ainda.

A aula era supostamente de geometria. Uma vez que já havia estudado geometria e se formara no ensino médio, Eric entendia boa parte do conteúdo. Notou, contudo, que os alunos estavam aprendendo geometria de uma maneira totalmente diferente de como ele tinha aprendido.

O professor entremeava na aula trigonometria e cálculo e, enquanto seguia o fio da meada, ia estabelecendo relações entre as disciplinas, como se a geometria fosse apenas um sistema solar em meio a um universo mais vasto da matemática.[10] Juntas, as diferentes disciplinas poderiam resolver os problemas no mundo real, onde a matemática não era compartimentada em categorias. A geometria era o estudo das formas, afinal, e o cálculo era o estudo da mudança. Para descobrir como as formas se comportam quando mudam – para criar um jogo de videogame, por exemplo –, a pessoa precisa dos dois.

Eric teve a sensação de que estava despertando. Nunca tinha imaginado que a geometria pudesse ser tão interessante. Embora sempre tivesse se saído bem em matemática em Minnesota, às vezes achava a matéria uma chatice. No terceiro ano do ensino fundamental, a professora alertara a mãe de Eric de que o menino estava tendo problemas com adições com dois dígitos e tinha ido terrivelmente mal numa prova. A mãe dele ficara surpresa; Eric fazia adições com dois dígitos em casa havia anos. Ao ver a prova, ela reparou que o menino deixara muitas questões em branco. Então ela havia afastado o papel a um braço de distância e visto que as questões que ele tinha respondido formavam uma figura. Era o contorno da letra E. Eric estava tão entediado com matemática que começara a desenhar na prova as iniciais do próprio nome.

Na Coreia do Sul, a matemática fluía facilmente. Quando o professor fazia perguntas, os alunos respondiam como se a matemática fosse uma linguagem que eles sabiam de cor. Assim como na aula de Tom na Polônia, calculadoras não eram permitidas nas aulas sul-coreanas, de modo que os estudantes tinham aprendido truques mentais para manipular rapidamente os números.

Eric ficou impressionado ao ver o equivalente a alunos do segundo ano do ensino médio compreendendo as referências a cálculo. Aqueles jovens, que não faziam parte de nenhuma espécie de classe avançada, estavam estudando matemática em um nível muito superior ao dos típicos alunos do segundo ano do ensino médio nos Estados Unidos. Se Minnesota havia descoberto que os estudantes poderiam corresponder a expectativas mais altas em matemática, a Coreia do Sul provara que o teto era ainda mais em cima.

De maneira geral, o restante dos Estados Unidos continuava subestimando o que os estudantes eram capazes de fazer, e eles próprios sabiam disso. Quando Kim, Eric e Tom eram pequenos, quatro em cada dez alunos do quarto ano do ensino fundamental diziam que o conteúdo de matemática era fácil demais.[11] Quando chegavam ao oitavo ano, sete em cada dez estudavam em escolas que nem sequer ofereciam cursos de álgebra com o tipo de conteúdo ensinado na maioria dos outros países.[12] Era mais do que lógico que os estudantes norte-americanos ficassem para trás na comparação com seus pares dos países de crianças inteligentes; basicamente eles estavam recebendo aulas de reforço em matemática, precisassem ou não delas.

Na comparação com os países pelo mundo afora, o típico aluno norte-americano do oitavo ano do ensino fundamental estudava conteúdos de matemática do sexto ou sétimo anos. Pelo mesmo padrão de medida, nos países de desempenho mais alto os alunos do oitavo ano estudavam conteúdos do nono ano.

Por que as crianças norte-americanas eram subestimadas de forma tão persistente em matemática?

Nos anos finais do ensino fundamental, Kim e Tom tinham concluído que a matemática era algo em que a pessoa é boa ou não é, e eles não eram. Interessante notar que esse *não* era o tipo de coisa que a maior parte dos norte-americanos dizia acerca da leitura. A maioria partia do pressuposto de que, se uma pessoa não era boa em leitura, ela poderia melhorar por meio do trabalho árduo e do bom ensino. Mas nos Estados Unidos a matemática era, por alguma razão, considerada uma habilidade inata, como ter juntas extremamente flexíveis.

A verdade era que os norte-americanos adultos não gostavam de matemática e tampouco julgavam que ela era algo fundamental para as oportunidades de vida dos crianças. Em 2009, a maior parte dos pais norte-americanos pesquisados achava mais importante que seus filhos terminassem o ensino médio com uma sólida bagagem em leitura e escrita do que com fortes habilidades em matemática e ciências. Era quase como se a matemática fosse opcional, como o desenho.[13] Metade desses pais considerava que as ciências e a matemática que os filhos estavam aprendendo na escola eram razoáveis, e estavam certos, com base em um padrão de outro tempo.

Entretanto, com base em padrões da modernidade, todos os empregos decentes exigiam alguma fluência em matemática e ciências. Empreiteiros e fornecedores precisavam saber calcular a inflação nas estimativas de custos. Técnicos de raio X usavam geometria. Na vida real a matemática não era opcional, e já fazia um bom tempo.

Era um fato amplamente aceito que crianças pequenas são capazes de aprender línguas estrangeiras com facilidade. Aos dois e três anos de idade, seu cérebro absorve e integra uma segunda ou terceira língua em um ritmo que as crianças de dez anos não conseguem nem de longe igualar. Por que não tínhamos nos dado conta de que elas poderiam fazer a mesma coisa com a linguagem da matemática?

Nos Estados Unidos, os programas de educação da primeira infância estimulavam a leitura, educação artística e o comportamento – habilidades importantes. Contudo, brincar com números ainda era considerado tabu, um tema que era melhor deixar para mais tarde, apesar da óbvia e duradoura deficiência do país em matemática.

Por tempo demais o que crianças e adolescentes norte-americanos aprendiam era uma questão de acaso. O problema com o acaso está no fato de que matemática produz uma hierarquia de conhecimento. Se estudantes como Tom e Kim perdessem um degrau do andaime, acabariam torcendo o pé e escorregando, e provavelmente jamais conseguiriam firmar o pé no degrau de cima.

O primeiro curso de álgebra de uma criança tinha impacto permanente, influenciando se o aluno seria capaz de encarar cálculo no ensino médio ou se desistiria de vez da matemática.

PARTE II

Inverno

Uma norte-
-americana em
Utopia

No final de novembro, o trajeto de Kim até a escola tinha se tornado uma odisseia gélida e sombria. Nessa manhã em particular, os termômetros marcavam -15° C e ventava muito. O sol só apareceria lá pelas nove horas, já na metade da primeira aula. Enquanto Kim caminhava, com o estalido dos seus passos ecoando no silêncio glacial, a menina pensava com seus botões como era possível Pietarsaari ter se tornado um lugar habitado. Empoleirada no litoral sul da Finlândia, a cidade ficava a 482 quilômetros de Helsinque. Como alguém conseguia suportar aquele inverno e achar que era uma boa ideia permanecer lá para enfrentar outro? Pietarsaari tinha cerca de 20 mil habitantes, mas, a não ser por um ou outro carro, ao longo da maior parte do caminho Kim não viu nem sinal de outro ser humano além dela.

Mais à frente ela avistou as luzes da Lukio, a escola de ensino médio de Pietarsaari. Do lado de fora, parecia até mais deprimente que seu colégio em Oklahoma, fato que ainda surpreendia Kim mesmo depois de três meses morando na Finlândia. Ambas as escolas ficavam em edifícios baixos de tijolinhos aparentes, mas a versão finlandesa era uma estrutura feita de tijolos branco-sujos que com o passar do tempo ganharam uma tonalidade cinzenta e lúgubre. Um enorme relógio do lado de fora tinha parado de funcionar havia muito tempo. Na imaginação de Kim, não era esse o aspecto das escolas finlandesas.

Kim entrou no prédio, em meio a grupos de meninos risonhos e meninas bonitas que passavam por ela, ignorando-a por completo. A entrada da escola era pequena e banal, sem nada de mais. Como na Sallisaw High School, havia uma galeria de troféus em exposição, mas ali eles pareciam um mero apêndice, empoeirados e sem graça. O mais recente já tinha dez anos de idade. Será que fazia uma década inteira que nenhuma equipe esportiva da escola ganhava um troféu? Kim seguiu em frente, tentando não trombar em ninguém.

Sentou-se na sala de aula de finlandês, sorrindo timidamente para as meninas ao seu lado. A professora parecia ainda mais animada que o habitual, e disse alguma coisa em finlandês que Kim não conseguiu entender. Depois começou a distribuir para todos os alunos exemplares de um livro grosso. Kim reconheceu a capa. Era *Os sete irmãos*, um clássico da literatura do país publicado em 1870.

Até Kim sabia alguma coisa a respeito de *Os sete irmãos*. Quando o livro foi escrito, os finlandeses eram tidos como uma classe inferior em seu próprio país. Tinham enfrentado cinco séculos de dominação sueca, depois russa. E então veio a lume *Os sete irmãos*, a primeira obra literária importante escrita em língua finlandesa. A história de sete rapazes arruaceiros e rudes, incultos, que muitas vezes descambam em atos de delinquência e que no fim aprendem sozinhos a ler, tornou-se uma metáfora para a própria Finlândia, país que somente em 1917 declarou sua independência.

Kim sentiu um nó no estômago. Sabia que ela, que ainda mal conseguia compreender o finlandês moderno, não era capaz de ler *Os sete irmãos*, escrito em finlandês arcaico. O que faria? Respirou fundo e tentou estampar no rosto uma expressão de tranquila curiosidade, como se o tempo todo estivesse mesmo esperando aquilo.

Nesse momento a professora postou-se ao lado de Kim. Tiina Stara – assim se chamava – era uma mulher sorridente, esguia e bonita, de longos cabelos castanhos. Ela inclinou-se sobre a carteira de Kim. Nas mãos segurava um livro diferente, bem maior e mais fino, com uma capa colorida e brilhante.

"Este aqui é para você", ela disse baixinho, em inglês.

Kim examinou a capa. Em vez de sete irmãos, tinha uma ilustração mostrando sete cachorrinhos, todos vestindo antigos trajes tradicionais, uivando em uníssono. Kim traduziu mentalmente o título – *Sete irmãos cachorros* – e riu. Era um livro infantil.

"É escrito em finlandês, mas finlandês simples", Stara explicou. A professora parecia nervosa, como se estivesse com medo de ter magoado os sentimentos de Kim. "Espero que você não ache que isto é coisa de criança. Mas é que eu adoraria que você conseguisse conhecer bem essa história, porque ela é muito importante para nós aqui na Finlândia. E o enredo é o mesmo, por isso você vai poder acompanhar e participar das nossas conversas."

Kim pegou o livro e, com os olhos cheios de gratidão, disse: "*Kiitos*". Muito obrigada.

Durante seus três meses de Finlândia, Kim tinha compilado um pequeno catálogo das diferenças entre a escola de lá e a de Oklahoma. As mais óbvias eram as coisas que faltavam. Não havia lousas digitais interativas na sala de aula finlandesa. Não havia inspetor de alunos no corredor. Com o tempo, porém, ela começara a perceber distinções mais importantes – do tipo que um adulto não notaria.

Vejamos, por exemplo, o "menino chapado", apelido pelo qual Kim se referia mentalmente a um de seus colegas de classe. Nesse dia o tal "maconheiro" entrou na classe com cara de ressaca, olhos vidrados, como de costume. Tinha cabelo loiro e curto, olhos azuis impassíveis e o nariz sempre um tom mais vermelho que o restante de sua pele. Não falava muito dentro da sala da aula, mas quando estava com seus amigos, fumando cigarros do lado de fora, era mais expansivo.

Kim tinha visto uma porção de estudantes como ele em Sallisaw. Por alguma razão, não esperava encontrar garotos e garotas "chapados" na Finlândia. Mas ali estava ele. Todo país tinha sua cota de adolescentes "chapados", no fim isso ficou claro. Essa era a lição número 1. Mas havia apenas uma grande diferença, pelo que Kim pôde perceber, e essa era a lição número 2. O menino "chapado" finlandês era um aluno exemplar. Não faltava às aulas e prestava bastante atenção. Fazia anotações. Quando a professora Stara passava redações como dever de casa, o que acontecia com frequência, ele as fazia, como todos os demais.

Na experiência de Kim, em Oklahoma os alunos "chapados" não estudavam muito nem faziam dever de casa. Não davam a mínima. Em Pietarsaari, todos os alunos também reclamavam da escola e elegiam os professores de quem gostavam e não gostavam. Entretanto, quase todos eles pareciam acreditar, em algum nível, na ideia de educação.

Às vezes Kim se pegava olhando fixamente para esse menino e os amigos dele. Não pareciam se encaixar em nenhuma das categorias que ela tinha usado para organizar o mundo. Era difícil de explicar, mas lá aparentemente havia alguma coisa no ar. Fosse o que fosse, fazia com que todo mundo encarasse com mais seriedade a aprendizagem,[1] mesmo os adolescentes que não aceitavam ou não se submetiam a outras imposições dos adultos.

Kim reparou também que alguns dos professores pareciam mais comprometidos com a escola e mais empenhados com a educação. Stara, a professora de finlandês, tinha plena consciência de que provavelmente era ridículo que Kim frequentasse aulas de finlandês para alunos do ensino médio, uma vez que seu domínio do idioma era rudimentar. Além disso a educadora tinha uma porção de outros alunos com que se preocupar, eles próprios com uma variada gama de níveis de conhecimento da língua. Ainda assim, Stara havia dedicado seu tempo e se dado ao trabalho de encontrar uma alternativa para Kim – uma maneira de incluí-la, apesar de tudo. O livro infantil era uma solução criativa. Kim abriu o livrinho e começou a ler sobre os sete irmãos cachorros.

UM CONTO DE DOIS PROFESSORES

Assim como o professor de matemática de Kim em Oklahoma, Stara era uma educadora veterana, que já beirava duas décadas de profissão. Ambos tinham emprego protegido por sindicatos poderosos, e nenhum deles poderia ser demitido facilmente. Esse era o padrão que se mantinha na maior parte dos países desenvolvidos: sindicatos fortes e professores que raramente perdiam o emprego.[2]

As semelhanças paravam por aí. Desde o momento em que tinha decidido estudar educação na faculdade, Stara ingressara em uma carreira que era completamente diferente da trajetória do professor de Kim em Oklahoma. Para se tornar professora na Finlândia, ela tivera primeiro de ser aceita em uma das únicas oito prestigiosas universidades de formação de educadores. Havia se saído bem no exame de admissão e seu histórico escolar era recheado de boas notas, mas sabia que mesmo assim tinha poucas chances e estava lutando contra as dificuldades.[3]

Stara queria dar aulas de finlandês, de modo que se candidatara a uma vaga no departamento dessa língua na Universidade de Jyväskylä. Além de enviar suas notas no exame de conclusão de curso, ela tivera de ler quatro livros selecionados pela universidade, depois se submeter a uma avaliação especial de literatura finlandesa. E então fora preciso esperar: somente 20% dos candidatos eram aceitos.[4]

Naquela época, todas as faculdades de formação de professores da Finlândia tinham padrões igualmente altos, o que fazia delas instituições tão seletivas quanto as universidades norte-americanas de Georgetown ou da Califórnia em Berkeley.[5] Hoje os programas de educação finlandeses são ainda mais rigorosos, no mesmo nível do Massachusetts Institute of Technology (MIT). Era difícil exagerar as implicações em cascata acarretadas por esse único fato. Nos Estados Unidos, somente um em cada vinte programas de formação de educadores estava vinculado a alguma instituição seletiva.[6] Um número bem maior nem sequer tinha algum padrão de admissão de candidatos. Em outras palavras, no que dizia respeito a educar nossas crianças, convidávamos qualquer pessoa para tentar a sorte – pouco importava a precariedade de sua formação. A ironia era reveladora, um pouco como recrutar instrutores de voo que jamais tinham conseguido pousar um avião, e depois se perguntar por que motivo era tão grande o número de desastres aéreos.

Depois de passarem anos a fio acumulando dívidas com crédito educativo, os futuros professores norte-americanos geralmente tinham de ser aprovados em testes padronizados para conseguir um emprego no magistério. Mas esses testes estavam longe de ser difíceis ou relevantes para o exercício efetivo da profissão. A essa altura o estrago já estava feito: de maneira geral, todo mundo partia do pressuposto de que as pessoas que se formavam ou se especializavam em educação não eram os estudantes mais inteligentes da classe, e como resultado a profissão era pouco respeitada.

Na Finlândia, *todas* as faculdades de educação eram seletivas. Lá, entrar em um programa de formação de professores era algo prestigioso, o equivalente a, nos Estados Unidos, conseguir uma vaga numa escola de medicina. O rigor começava já no início, na hora de ingressar na carreira – que é o momento certo –, e não após anos exercendo a profissão, com complexos sistemas de avaliação criados com o intuito de extirpar os piores profissionais e destinados a desmoralizar todos os demais.

Um anúncio do sindicato dos professores do final da década de 1980 começava alardeando de maneira empolgante: "Um professor finlandês recebeu o mais alto nível de educação do mundo".[7] Uma declaração como essa jamais poderia ter sido feita nos Estados Unidos, ou na maioria dos países.

A Noruega, por exemplo, faz fronteira com a Finlândia e gasta mais em educação. Mas os noruegueses não são exigentes no que se refere a selecionar quem vai entrar nas salas de aula para lecionar,[8] e a qualidade da formação e preparação dos professores varia enormemente, como acontece nos Estados Unidos. Há décadas os noruegueses se afligem com a qualidade das suas faculdades de formação de professores,[9] e com frequência o governo intervém na tentativa de melhorar esse estado de coisas. Como em muitos países, os professores são submetidos a quantidades de tempo cada vez maiores de treinamento e aperfeiçoamento, sem muita consideração pela qualidade. Em parte como resultado disso, o desempenho medíocre dos alunos noruegueses de quinze anos no Pisa é mais ou menos igual ao dos seus homólogos norte-americanos, e mesmo os adolescentes da elite vão igualmente mal em matemática em comparação com os adolescentes mais favorecidos do resto do mundo.[10]

De volta à Finlândia. Stara ainda se lembra do dia em que recebeu a carta de aceitação na Universidade – a empolgação de sua mãe, a prazerosa sensação de alívio. Ela não festejou; naquela época os finlandeses eram modestos demais para se gabarem desse tipo de coisa. Mas se sentiu muito, muito sortuda.

Quando chegou à Universidade de Jyväskylä, Stara passou os primeiros três anos estudando literatura finlandesa. Devorou livros e escreveu um sem-número de ensaios. Analisou romances, poemas e contos – algo que nos Estados Unidos os aspirantes a professor de inglês geralmente não fazem. Ao mesmo tempo, cursou outras disciplinas obrigatórias, incluindo estatística. No quarto ano (de um total de seis anos de estudos), Stara iniciou o programa de treinamento de professores. Na Finlândia todos os educadores precisam obter um diploma de mestrado, com um programa bastante diferente daquele dos Estados Unidos.

Durante um ano inteiro de seu mestrado, Stara estagiou em uma das melhores escolas públicas do país. Lá ela era supervisionada por três professores orientadores, a cujas aulas assistia atentamente. Quando ela dava suas próprias aulas, seus orientadores e colegas estudantes tomavam notas. Depois ela recebia uma avaliação de seu desempenho – da mesma forma que os residentes de medicina ouvem apreciações críticas nos hospitais-escola –, e alguns comentários e pareceres eram severos.

O processo era duro, mas estimulante. Stara aprendeu que, antes de fazer qualquer outra coisa, precisava saber como motivar melhor seus alunos no início de cada aula. Com o tempo ela aperfeiçoou sua técnica. Quando não estava dando aula ou observando outros professores, Stara colaborava com seus colegas de curso na elaboração de planos de aula que integravam material de todas as disciplinas, incluindo história e arte. Depois, colocando-se no papel de alunos, eles punham em prática essas aulas. Como todos os professores finlandeses, Stara teve de realizar uma pesquisa original para obter seu diploma, e escreveu uma dissertação de duzentas páginas sobre o modo como o finlandês falado dos adolescentes do país moldava o uso que faziam da língua escrita.

Agora vejamos o caso do professor de matemática de Kim em Oklahoma, Scott Bethel, que tinha decidido se tornar professor principalmente porque essa era uma maneira de engatar uma carreira como técnico de futebol americano.[11] Nos Estados Unidos, isso fazia sentido. Nos tempos em que era aluno da Sallisaw High School, Bethel jogava como *quarterback* do time da escola e chegou a ser selecionado entre os melhores do estado em 1989. "Meu pai lecionava em uma escola a dezesseis quilômetros de casa", disse-me Bethel. "Ele também era treinador de futebol americano, e eu sempre fui bom em esportes, por isso pensei: 'Quer saber de uma coisa? Eu gostaria de virar treinador'."

Embora não tenha estudado cálculo no ensino médio, Bethel sempre foi muito bom em matemática. Por isso, imaginou que a melhor maneira de tornar-se treinador era tentar a sorte como professor de matemática. Bethel foi um dos diversos técnicos esportivos que Kim teve como professores ao longo dos anos, um emprego que seria considerado bizarro na Finlândia e em muitos outros países onde a prática de esportes não figura como uma das missões centrais da escola.

Somente em Oklahoma, Bethel podia escolher entre quase duas dezenas de programas de formação de professores – quase o triplo de opções da Finlândia.[12] Como ocorre na maioria dos estados norte-americanos, Oklahoma formava um número de educadores muito maior do que o necessário. Na maior parte das faculdades dos Estados Unidos os cursos de educação/pedagogia eram tidos como o caminho mais fácil para obter um diploma. Os departamentos de educação geralmente recebiam de braços abertos qualquer pessoa que alegasse gostar de crianças. Assim que ingressavam no curso, os futuros educadores eram premiados com notas altas[13] e trabalho relativamente fácil. Em vez de frequentar os cursos de matemática mais rigorosos oferecidos a outros alunos, por exemplo, os aspirantes a professor tendiam a fazer aulas especiais de matemática voltadas a estudantes que não gostavam de matemática.

Bethel estudou na Universidade Estadual Northeastern, a mesma instituição onde haviam se formado o superintendente da diretoria de ensino da escola de Kim e muitos outros professores de Oklahoma, incluindo a mãe de Kim. Essa universidade forma mais professores do que qualquer outra instituição no estado, e tem boa reputação. Entretanto, sua nota de admissão é de 75%,[14] o que significa que aceita, em média, estudantes cujos conhecimentos em matemática, leitura e ciências são bem mais fracos do que os dos alunos das escolas de formação de professores finlandesas. Normalmente a nota dos graduandos da Universidade Northeastern no teste ACT* é mais baixa que a média nacional – padrão que se verifica em muitos programas de formação de educadores de todo o país.[15]

Para lecionar em Oklahoma, Bethel não precisou de um diploma de mestrado. Se tivesse um – e muitos professores tinham –, poderia receber um aumento. Mas, uma vez que as faculdades de educação normalmente eram caracterizadas por baixos níveis de excelência e pouco rigor, um curso de pós-graduação não

---

* Exame de admissão baseado no currículo básico do ensino médio a que se submetem os estudantes candidatos a um programa de graduação nos Estados Unidos; praticamente todas as faculdades e universidades do país exigem um exame padronizado de admissão, e o teste ACT é aceito por todas elas. [N.T.]

significava grande coisa. Em muitos estados, os professores não precisavam sequer ter um diploma em sua própria área de atuação, de modo que se especializavam em educação. De maneira geral, um título de mestrado não fazia com que os professores desempenhassem melhor o seu trabalho;[16] pelo contrário, algumas pesquisas mostravam que com a titulação ficavam até piores.

Em âmbito nacional, os Estados Unidos produziam um número de professores praticamente duas vezes e meia maior que a quantidade necessária.[17] O excedente era particularmente extremo no caso dos professores de educação fundamental. Nesse quesito o país não era uma excepcionalidade. A combinação de baixos padrões de exigência e oferta desmedida infestava os sistemas educacionais do mundo todo, rebaixando o nível intelectual de toda a carreira docente. Os residentes de Oklahoma louvavam seus professores por fazerem um trabalho difícil, e com razão, mas não se gabavam da boa formação acadêmica de seus educadores.

Interessante observar que outrora a paisagem finlandesa era entulhada de pequenas faculdades de formação de professores de qualidade variada, exatamente como nos Estados Unidos. Isso ajudava a explicar por que a primeira fase das reformas na Finlândia foi constituída por medidas tão dolorosas, impostas de cima para baixo e baseadas em responsabilização. No fim ficou claro que a Finlândia teve seu próprio momento Nenhuma Criança Será Deixada para Trás,[18] que hoje soa familiar para os professores dos Estados Unidos e de muitos outros países. Na década de 1970 os professores finlandeses tinham de preencher diários de classe em que registravam minuciosamente todo o conteúdo que ensinavam a cada hora-aula. A mando do governo federal, inspetores faziam visitas regulares às escolas a fim de se certificarem de que os educadores estavam seguindo à risca o exaustivo currículo centralizado de setecentas páginas. As autoridades centrais aprovavam os livros didáticos.[19] Os professores não contavam com um voto de confiança para tomar suas próprias decisões.

No mesmo período o governo da Finlândia fez também outra coisa – algo que jamais aconteceu nos Estados Unidos, tampouco na maioria dos outros países. Os finlandeses reiniciaram do zero as suas faculdades de formação de professores, obrigando-as a ser muito mais seletivas e rigorosas. Como parte de um processo mais amplo de reforma do ensino superior, o governo fechou as portas de instituições menores e transferiu a formação de educadores para universidades mais respeitadas. Foi um plano de reformas ousado e não isento de boa dose de polêmica. Vozes contrárias levantaram--se, argumentando que o novo sistema era elitista[20] e que, como definiu um editorial, "bloquearia o caminho dos nossos jovens das áreas rurais quando sua vocação interior os convocar para uma carreira [no magistério]". Alguns reitores e figuras de proa do mundo acadêmico também se opuseram,[21] por temer que a inclusão dessa formação prática anterior à atividade docente formal acabasse diluindo os padrões acadêmicos dos demais departamentos e diminuísse o prestígio de suas instituições. É interessante notar que os mesmos argumentos vinham à tona nos Estados Unidos toda vez que alguém tentava tornar mais seletiva a formação de professores.

Entretanto, a Finlândia estava desesperada para se modernizar, e os líderes da nação concordaram que a educação era a única coisa capaz de evitar que o país ficasse para trás. Quanto mais eu lia sobre o tema e conversava com os finlandeses que entendiam do assunto, mais admirava o bom senso que permeava a história. Os finlandeses haviam concluído que a única maneira de encarar com seriedade a educação era selecionar professores da mais sólida formação acadêmica, os melhores e mais brilhantes de cada geração, e submetê-los a um rigoroso treinamento. E foi que fizeram. Era uma estratégia obviamente radical, que poucos países haviam tentado colocar em prática. Então, nas décadas de 1980 e 1990, algo magnífico aconteceu. A Finlândia evoluiu a ponto de chegar a um patamar inteiramente novo, que quase nenhum outro país do mundo alcançava. Foi um processo lento e gradual, que se deu em parte por acidente, mas que, melhor do que qualquer outra coisa, ajudava a explicar o sucesso finlandês.

Com os novos e mais exigentes padrões de qualidade e uma formação de professores mais rigorosa a pleno vapor, as medidas impostas de cima para baixo ao estilo Nenhuma Criança Será Deixada para Trás tornaram-se desnecessárias. Mais do que isso, esse tipo de coisa era um fardo, que impedia escolas e professores de alcançar um nível mais alto de qualidade. Assim, a Finlândia começou a desmantelar suas regras e regulamentos mais opressivos, peça por peça, como se estivesse desmontando o andaime de uma refinada escultura.

O governo aboliu as visitas dos inspetores escolares. Elas já não eram mais necessárias. Agora que tinham sido criteriosa e cuidadosamente selecionados e treinados, os professores ganharam o voto de confiança para ajudar a desenvolver um currículo básico comum nacional, para exercer o controle de suas próprias salas de aula e para escolher seus próprios livros didáticos e livros-texto. Eles foram preparados do modo como os professores deveriam ser preparados, e passaram a ser tratados como os professores deveriam ser tratados.

Ironicamente, no início da década de 1990 uma crise econômica acelerou essa evolução. Devido a uma profunda recessão, as autoridades finlandesas precisaram cortar gastos. O orçamento destinado à educação teve de ser reduzido em 15% a 20%. Os dirigentes educacionais acatariam os cortes profundos somente se o governo lhes desse algo em troca. Assim, o Poder Executivo federal concordou em ceder ainda mais autonomia às esferas locais, em escala maior do que a maioria dos outros países jamais havia ousado. Essa libertação funcionou somente por causa de todas as mudanças implementadas anteriormente.[22] A essa altura os finlandeses tinham engendrado um sistema robusto, com professores de excelente formação acadêmica e bem treinados e padrões de excelência relativamente coerentes (e altos). Assim que esse sistema entrou em vigor, os mecanismos de freios e contrapesos de responsabilização passaram a ser supérfluos. Autoridades educacionais e professores estavam livres para elaborar seus próprios planos de aula, conceber experimentos no âmbito de suas escolas de modo a descobrir o que funcionava e, de forma geral, criar um sistema mais criativo do que qualquer autoridade centralizadora seria capaz de idealizar.

Quando Kim chegou à Finlândia, professores, diretores, líderes sindicais e políticos trabalhavam juntos para manter o sistema educacional em contínuo aperfeiçoamento. Às vezes havia divergências, mas a colaboração era algo rotineiro e normal, e a confiança era alta. O governo aplicava testes com amostragens de estudantes – com o intuito de verificar se o desempenho das escolas estava à altura das expectativas. Mas não havia necessidade alguma de avaliar todos os estudantes ano após ano.

Por que essa evolução jamais aconteceu nos Estados Unidos – ou na maioria dos outros países? Alguém tinha pelo menos tentado?

Os exemplos eram poucos, mas reveladores. Um dos primeiros atos de Deborah Gist ao assumir o cargo de secretária estadual de Educação de Rhode Island, em 2009, foi aumentar as notas mínimas nos testes dos aspirantes a professor. Na época, Rhode Island aprovava candidatos com notas que estavam entre as mais baixas do país. Gist tinha poder para mudar isso de maneira unilateral, e o fez, dando um pequeno passo na direção da Finlândia ao exigir que os novos professores tivessem notas significativamente mais altas no SAT, no ACT e no Praxis, um exame de certificação de professores.

Imediatamente os críticos tacharam Gist de elitista, lançando mão das mesmas acusações que os detratores haviam usado contra os reformistas na Finlândia na década de 1970. Alguns argumentaram que um professor que lutava contra dificuldades na escola era na verdade um professor melhor, porque era capaz de se identificar com os alunos que iam mal e eram reprovados. Uma lógica perversa. Um médico incompetente que comete erros grosseiros em diversas cirurgias seria um professor de medicina ideal?

Outros ficaram preocupados com a possibilidade de que os padrões de exigência mais altos levassem a uma escassez de professores. Entretanto, as faculdades de educação de Rhode Island já soltavam no mercado mil professores por ano, cerca de oitocentos a mais do que o sistema escolar precisava contratar. A oferta, especialmente de professores do ensino fundamental, não era um problema. Ademais, aqui aplicavam-se as leis da natureza humana. No momento em que se tornar professor ficasse mais difícil, talvez o magistério também se tornasse mais atraente. Mais pessoas teriam interesse em seguir a carreira, e menos professores estabelecidos abandonariam a profissão.

Uma vez que se tratava dos Estados Unidos, país diversificado, com uma longa história de racismo nas faculdades, escolas públicas e todas as outras instituições, os esforços de Gist também foram alvo de ataques por serem medidas discriminatórias.

Importantes dirigentes do ensino superior alertaram para o fato de que os novos padrões impediriam os estudantes das minorias, que tendiam a tirar notas mais baixas nos testes de avaliação, de se tornarem professores.

Na realidade, a mão de obra docente de Rhode Island já era branca demais e feminina demais; alguns argumentariam que a carreira de professor, para se tornar mais diversificada e mais atraente em especial para os homens, precisava ter mais prestígio, e não menos. Indo direto ao ponto, os estudantes pertencentes às minorias precisavam de professores que tivessem uma excelente formação acadêmica e gênero e raça diversificados. Interessante notar que os padrões de exigência mais altos não eram vistos como um investimento nos estudantes; eram tidos, em primeiro lugar e acima de tudo, como uma ameaça aos professores.

Os programas de formação de professores de Rhode Island produziam *cinco vezes* mais docentes do que as escolas públicas do estado efetivamente contratavam todo ano. As únicas instituições que pareciam se beneficiar com esse sistema eram as próprias faculdades, mas os reitores, pró-reitores e coordenadores de curso ainda se queixavam de que perderiam muitos alunos caso padrões mais altos fossem implementados. Eles expressavam esses pontos de vista aos jornalistas, que por sua vez os citavam sem ironia.

"Isso vai excluir muitos estudantes", declarou Roger G. Eldrige Jr., reitor interino da Faculdade de Educação do Rhode Island College, ao *Providence Journal*.[23] A escolha de palavras era reveladora: para dar a ideia de exclusão, Eldrige usou o verbo *disenfranchise*, que tem o sentido de "marginalizar", e geralmente significa privar alguém de um direito legal ou civil sagrado, como o direito ao voto e à cidadania. E na verdade era assim que muitas pessoas viam o ofício de professor; a maioria dos americanos dizia que os professores faziam um trabalho difícil e importante, mas muitos deles, incluindo os próprios professores e os docentes dos cursos de formação de professores, aparentemente não acreditavam que a carreira exigia um grande peso intelectual.

Sob os novos e mais altos padrões de exigência, cerca de 85% dos alunos das faculdades de educação de Rhode Island não receberiam o diploma, ameaçou o reitor. Vindo da faculdade que mais formava professores no Estado, era uma estatística assombrosa, que deveria ser fonte de profunda vergonha, mas não era. Gist, contudo, não recuou. "Tenho a mais absoluta confiança de que os futuros professores de Rhode Island são capazes de alcançar esse tipo de desempenho", afirmou.[24] Ela concordou em introduzir gradualmente a exigência de notas mais altas, ao longo de dois anos, e permitir que as faculdades apresentassem solicitações de dispensa para os candidatos mais promissores que não conseguissem obter a nota de corte. Três anos depois, Gist não tinha recebido nenhum pedido de dispensa. No Rhode Island College, a porcentagem de estudantes das minorias matriculados em cursos de formação de professores subiu de 8,8% para 9,24%, permanecendo praticamente inalterada apesar de todas as previsões contrárias.[25]

Para alguns professores norte-americanos, a falta de uma formação séria não importava muito; eles compensavam essa deficiência de conhecimento aprendendo na prática, com a mão na massa, no próprio exercício do magistério. Alguns tinham sorte e contavam com o apoio de um diretor ou um orientador zeloso. Já para outros professores, porém, essa lacuna educacional tinha consequências relevantes. À medida que um número maior de seus alunos aspirava ir para a faculdade, e à medida que a economia recompensava cada vez mais o pensamento de ordem superior, mais professores viam-se diante da incumbência de ensinar um conteúdo que na verdade eles próprios jamais tinham aprendido. Além dos efeitos práticos, os padrões mais baixos transmitiam uma mensagem desmoralizante. Nos Estados Unidos e na Noruega e em muitos outros países, não tínhamos a expectativa de que nossos professores fossem os melhores e mais brilhantes de sua geração. Dizíamos isso a eles de mil maneiras diferentes, e essa mensagem começava a ser transmitida já no dia em que entravam na faculdade.

Quando Kim dava os primeiros passos na pré-escola em 2000, dez em cada dez novos professores finlandeses tinham se formado entre os 30% melhores de suas turmas de ensino médio; nos Estados Unidos, somente dois em cada dez professores tinham um desempenho tão bom.[26] Inacreditavelmente, em algumas faculdades dos Estados Unidos exigia-se que os estudantes tivessem um nível mais alto de performance acadêmica para jogar futebol americano do que para se tornarem professores.[27]

Na Finlândia, o governo bancava os estudos de Stara e de todos os universitários. Em Oklahoma, a educação de Bethel também foi custeada, mas o dinheiro veio de uma rede de financiamentos, uma colcha de retalhos cuidadosamente urdida e composta de bolsas Pell – bolsa de estudos federal disponível para alunos de graduação de famílias de baixa renda –, uma bolsa de estudos parcial para atletas e bolsas de estudos da cota reservada a entidades indígenas. A maioria dos estudantes não conseguiria realizar essa proeza.

Durante seu segundo ano na Northeastern, Bethel tinha se candidatado a uma vaga na faculdade de educação. Ali estava mais uma chance de a universidade estadual selecionar seus melhores e mais brilhantes para se tornarem professores. Mas, para ser admitido, Bethel tinha de obter uma média de apenas 2,5 ou superior (as notas iam até 4).[28] Hoje, na mesma universidade, ele precisaria de um GPA* mais alto para se tornar optometrista. Para seguir a carreira de professor, Bethel teria também de conseguir pelo menos uma nota C em inglês no primeiro ano e um C em comunicação oral ou em uma matéria chamada fundamentos da comunicação oral.

Ele precisava também tirar 19 ou uma nota mais alta no ACT, um teste padronizado nos mesmos moldes do SAT. Naquela época, a média nacional do ACT era de 20,6.[29] Vamos refletir sobre o que isso significava: era aceitável que um aspirante a professor, interessado em se dedicar à carreira de educador, tivesse um desempenho *abaixo da média* do país em um teste que avaliava tudo que ele tinha aprendido ao longo de sua trajetória escolar.

Na faculdade de educação, Bethel descobriu que não precisava se graduar em matemática para se tornar professor de matemática do ensino médio. E por isso não se formou. Em âmbito nacional, menos da metade dos professores de matemática do ensino médio tinham diploma de graduação/bacharelado em matemática.[30] Quase um terço não havia cursado matemática nem sequer como área secundária de estudos.

O problema era ainda mais grave entre os aspirantes a professor de crianças menores. "A vasta maioria dos estudantes que vão se tornar professores das séries iniciais do ensino fundamental tem medo de matemática",[31] declarou um chefe de departamento de matemática de Oklahoma em resposta a um levantamento realizado em 2005. "Esse temor será passado adiante para os alunos

---

* Sigla para Grade Point Average, o Cálculo de Coeficiente de Rendimento ou Média Geral Acumulada, que mostra o índice de rendimento acadêmico do estudante universitário. [N.T.]

deles." Outro estimou que cerca de um quarto dos estudantes que se graduavam na faculdade detestava matemática com todas as forças e não demonstrava o menor interesse em melhorar.

Bethel gostava de matemática, mas seu objetivo principal era seguir a carreira de treinador de futebol americano, de modo que se graduou em educação física como *major* e matemática como *minor*.* Quando prestou a prova obrigatória para os professores de matemática do ensino médio de Oklahoma, ele passou com facilidade. A maior parte do conteúdo exigido era do nível do primeiro ou segundo ano do ensino médio,[32] e ele não o achou difícil. Contudo, se tivesse sido reprovado, Bethel teria a possibilidade de refazer o teste outras vezes, até conseguir a aprovação.

Em todo o país, a verdade era que as pessoas que estavam estudando para lecionar matemática não precisavam ter o mesmo domínio de conteúdos de matemática em comparação com os professores das superpotências educacionais. O déficit era especialmente alarmante entre os professores de matemática da *middle school* – o sexto, sétimo e oitavo anos do ensino fundamental.

---

* A *major* é a área de concentração principal do curso de graduação/bacharelado, a carreira que o estudante pretende seguir profissionalmente. Várias instituições de ensino superior norte-americanas oferecem a opção de créditos acadêmicos em "cursos secundários", em diversas áreas que podem ou não ser relacionadas à área de *major*. Há dois tipos de áreas secundárias: as que de alguma forma se relacionam com a área de estudo do bacharelado (*minors related to a major*) – por exemplo, estudar direito e cursar *minor* em justiça criminal – e aquelas que não têm relação direta com a área de graduação (*freestanding minors*), áreas de estudo secundárias "independentes" ligadas a interesses pessoais ou profissionais – por exemplo, cursar *major* em engenharia e *minor* em poesia. As *minors* acrescentam qualificações, conhecimentos e habilidades à experiência acadêmica do estudante e podem abrir um leque maior de oportunidades e servir como base para uma especialização em nível de pós-graduação. [N.T.]

Quando pesquisadores submeteram a testes de avaliação milhares de aspirantes a professor em dezesseis países, constataram que o conhecimento dos futuros professores de matemática da *middle school* dos Estados Unidos era mais ou menos o mesmo de seus pares da Tailândia e de Omã.[33] Em termos de competência em matemática, não chegavam nem perto dos futuros professores de Taiwan, Cingapura e Polônia. Assim, não era surpresa nenhuma o fato de que, anos mais tarde, os alunos desses professores tivessem um desempenho tão pouco impressionante. Um professor não consegue ensinar o que ele mesmo não sabe.

Contudo, a parte mais valiosa de qualquer programa de formação e treinamento de professores talvez seja a prática dentro de uma sala de aula real. Não existe melhor maneira de preparar um aspirante a professor para o ensino do que colocá-lo para dar aulas – e depois fornecer a ele uma avaliação criteriosa com comentários e opiniões sobre como melhorar.

Em Oklahoma, a experiência de estágio de Bethel ajudou-o a aprender a planejar aulas e lidar com uma classe. Mas o período de treinamento durou apenas doze semanas, ao passo que na Finlândia essa "residência" dura normalmente um ano inteiro. Em âmbito nacional, as faculdades de formação de professores exigem apenas uma média de doze a quinze semanas de prática docente,[34] e a qualidade varia drasticamente, dependendo do lugar.

Quando arranjou seu primeiro emprego como professor, Bethel rapidamente percebeu que teria sido útil ter se graduado na área de matemática. Mas agora era tarde. Quando deu aulas para Kim, Bethel ganhava 49 mil dólares por ano, valor que era maior do que a média salarial em Sallisaw, mas ainda assim não era grande coisa. Do outro lado do Atlântico, Stara estava ganhando cerca de 67 mil dólares. Embora o custo de vida na Finlândia fosse mais alto, mesmo assim o salário de Stara era maior. A remuneração de Stara estava mais próxima dos salários recebidos por finlandeses com diplomas universitários em outras áreas – que não a educação – do que o salário de Bethel em comparação com os ganhos de outros graduados norte-americanos.

Fato interessante é que em âmbito mundial os salários altos não necessariamente coincidiam com qualidade de ensino. Os professores mais bem pagos do mundo viviam na Espanha,[35] país cujos adolescentes tinham um desempenho em matemática, leitura e ciências pior que o dos estudantes norte-americanos. Porém, nos sistemas educacionais mais eficazes os salários mais altos poderiam ajudar as escolas a atrair professores de formação acadêmica mais sólida e mantê-los no emprego por mais tempo, estabelecendo uma base de profissionalismo e prestígio. Em todas as superpotências educacionais os salários dos professores eram mais próximos dos salários de diplomados em outras áreas do que nos Estados Unidos. Na maior parte dos casos, as salas de aula também tinham mais alunos do que as escolas americanas, e graças a isso era mais fácil gerenciar o custo dos salários.

À medida que eu ouvia professores como Stara e Bethel, comecei a desconfiar que todas essas diferenças interagiam, em cadeia. Uma vez que na Finlândia e em outras superpotências educacionais as faculdades de formação de professores selecionavam somente os melhores candidatos, essas instituições podiam gastar menos tempo com aulas extras de reforço e cursos de nivelamento e mais tempo em rigoroso treinamento prático; uma vez que os professores entravam na sala de aula após passar por um rigoroso treinamento e uma sólida formação, eram menores – em comparação com os Estados Unidos – as probabilidades de abandonarem a carreira, frustrados. Graças a esse modelo de preparação e estabilidade, era possível dar aos professores classes com mais alunos e lhes pagar salários decentes, uma vez que os custos de rotatividade de pessoal eram bem mais baixos do que em outros países. E, uma vez que recebiam todo esse treinamento e apoio, tinham nas mãos as ferramentas para ajudar os alunos a aprender, ano após ano, e por fim passar por um exame verdadeiramente exigente no término do ensino médio.

Os efeitos subconscientes eram igualmente poderosos. Como me explicou um estudante de intercâmbio na Finlândia durante a pesquisa realizada para a elaboração deste livro:

> Minha escola finlandesa incutia nos alunos uma grande dose de respeito pela instituição e pelo corpo docente. Em parte isso pode ser explicado pelo rigor acadêmico a que os professores tinham de ser submetidos em sua carreira até se tornarem educadores. Os estudantes tinham plena consciência do quanto seus professores eram talentosos e qualificados.

Uma coisa levava a outra. Caso contrário, levava a muito menos. Se o rigor não começasse já no início, então nem mesmo a mais exigente e estimulante prova de conclusão do ensino médio seria bem-sucedida. As leis federais teriam eficácia somente até certo ponto. Sem professores e diretores com sólida formação e bem treinados, o progresso dos alunos ano após ano seria limitado. Ao se darem conta de que jamais conseguiriam passar no exame de conclusão do ensino médio, muitos alunos ficariam alheios à escola e desistiriam.

Quanto mais tempo eu passava na Finlândia, mais começava a me preocupar com o fato de que as reformas que assolavam os Estados Unidos estavam invertendo a equação. Estávamos tentando fazer engenharia reversa em uma cultura de ensino de alta performance e qualidade superior por meio de avaliações de desempenho deslumbrantemente complexas e análises de dados de valor agregado. Fazia sentido premiar, treinar e demitir mais professores com base em seu desempenho, mas esse enfoque partia do pressuposto de que os piores professores seriam substituídos por outros, bem melhores, e que os professores medíocres melhorariam o suficiente a ponto de propiciar aos alunos o tipo de educação que eles mereciam. Entretanto, não existiam evidências concretas de que um ou outro cenário estivesse ocorrendo na realidade.

E se o problema principal não fosse a motivação? Seria de fato possível transformar na marra 3,6 milhões de professores americanos em mestres da educação se suas notas no SAT estavam abaixo da média?

A lição que a Finlândia ensinava tinha uma clareza exemplar: se quiséssemos, enfim, encarar com seriedade a educação, precisaríamos começar do começo. Seguindo o exemplo finlandês, as faculdades de formação de professores poderiam aceitar somente estudantes cujas notas no SAT estivessem entre os 30% melhores da distribuição nacional, caso contrário perderiam o credenciamento e as verbas governamentais de custeio. Uma vez que a previsão era de que 1,6 milhão de professores norte-americanos se aposentariam entre 2011 e 2021, uma revolução no recrutamento e no treinamento poderia mudar por completo a profissão em um curto período.

Por que isso não tinha sido feito em nenhum estado do país? Visto que as faculdades já formavam um número muito maior de professores do que a quantidade de que as escolas precisavam, essa mudança não necessariamente teria levado a uma escassez de mão de obra docente. Com o tempo, se a carreira de professor se tornasse mais prestigiosa, na verdade a consequência poderia acabar sendo o aumento da popularidade da profissão.

Era uma omissão bizarra. Levando-se em conta todo o tempo e a energia que os educadores norte-americanos tinham desperdiçado louvando a Finlândia, era espantoso que não insistissem no primeiro passo mais óbvio. Era quase como se quiséssemos o prestígio dos professores finlandeses, mas não acreditássemos realmente que nossos professores precisassem ter uma excelente formação acadêmica e um talento fora do comum para merecer o prestígio. Mas, então, por que a Finlândia?

"POR QUE VOCÊS SE IMPORTAM TANTO?"

Depois da aula, Kim tinha uma janela, um período livre – setenta minutos sem nenhuma atividade curricular prevista. Essa era a outra grande diferença que ela havia notado com relação à Finlândia. Os inexplicáveis intervalos de suntuosa e extravagante liberdade. Volta e meia ela se via solta no éter, com autonomia para encontrar o que fazer durante longos períodos. Ela tinha permissão inclusive para sair da escola no meio do dia e ir até o café no vilarejo enquanto aguardava o início da aula seguinte. Era difícil acostumar-se com isso.

Mesmo fora da escola ela sentia essa liberdade. Tinha aprendido como ir de bicicleta até o supermercado Halpa-Halli e, embora demorasse um tempo constrangedoramente longo para encontrar os ingredientes e produtos mais simples, sua mãe anfitriã não parecia se preocupar caso ela não chegasse em casa na hora.

De maneira geral, os pais pareciam confiar mais nos filhos. Todo dia Kim via crianças de oito anos indo sozinhas a pé para a escola, usando coletes refletores que as mantinham visíveis no escuro. No ensino médio, por alguma razão, ela raramente via os pais dos alunos. Os adolescentes eram tratados como adultos. No calendário escolar não havia datas reservadas para reuniões entre pais e professores. Nenhuma. Se os professores tivessem algum problema com algum aluno, geralmente marcavam uma conversa particular com o próprio estudante.

Kim zanzou a esmo pelo saguão central da escola e se sentou em um dos sofás de cor cinza. Em sua terra natal ela teria cinco minutos entre uma aula e outra, e depois disso qualquer aluno que fosse flagrado andando à toa ou conversando com os amigos estaria encrencado. Uma parte dela ainda estava em Oklahoma, na expectativa de que alguém viesse repreendê-la.

Duas meninas da sala de Kim sentaram-se ao lado dela e a cumprimentaram. Depois entabularam conversa sobre o quanto, no ano anterior, tinham estudado para as provas parciais de meio do semestre, lamentando toda a trabalheira que ainda teriam pela frente.

Na maior parte do tempo os estudantes finlandeses eram tão distantes e reservados quanto os livros e guias que Kim havia lido lhe disseram que seriam. Mas ainda assim ela era uma forasteira, e a condição de novata no lugar a autorizava a fazer perguntas sobre a Finlândia a fim de puxar assunto. Assim, ela criou coragem e deixou escapar a primeira coisa que lhe veio à cabeça.

"Por que vocês se importam tanto?"

As meninas a encararam, confusas. Kim sentiu as bochechas se afoguearem, mas seguiu em frente: "Quero dizer, o que faz vocês levarem tão a sério a escola e estudarem tanto?".

Era uma questão de difícil resposta, Kim bem sabia, mas ela tinha de perguntar. Aquelas meninas iam a festas. Usavam o celular para escrever mensagens de texto durante as aulas e rabiscavam desenhos nos cadernos. Em outras palavras, eram normais. Contudo, pareciam respeitar a premissa básica da escola, e Kim queria saber por quê.

Agora as duas meninas finlandesas pareciam perplexas, como se Kim tivesse acabado de lhes perguntar por que motivo elas insistiam em respirar tanto.

"É a escola", uma delas disse por fim. "De que outro jeito vamos conseguir nos formar e ir para a universidade e arranjar um bom emprego?"

Kim concordou com um meneio de cabeça. Era um questionamento sensato. Talvez o verdadeiro mistério não fosse por que os adolescentes finlandeses se importavam tanto, mas por que tantos dos colegas de classe de Kim em Oklahoma se importavam tão pouco. Afinal de contas, receber uma boa educação era a única maneira de ir para a faculdade e conseguir um bom emprego. Em algum lugar, ao longo do caminho, contudo, muitos deles tinham parado de acreditar nessa equação. Não levavam a educação muito a sério. Talvez porque fossem preguiçosos, mimados, disfuncionais de alguma outra maneira, ou talvez porque, em sua experiência de vida, a educação não fosse algo tão sério assim.

"MAS COMO É POSSÍVEL VOCÊ NÃO SABER ISSO?"

Ouvindo as impressões de Kim sobre a Finlândia, eu me perguntei se ela não seria uma garota atípica. Kim vinha de um Estado de desempenho educacional relativamente baixo, e ninguém diria que ela tinha uma atitude generosa com relação à sua cidade natal. Será que outros estudantes de intercâmbio notariam as mesmas diferenças? E uma adolescente que viajasse na direção oposta?

Uma menina finlandesa que tivesse escolhido ir para os Estados Unidos veria uma imagem invertida do que Kim havia percebido na Finlândia?

Todo ano, cerca de quatrocentos jovens finlandeses saem da Europa para viver e estudar nos Estados Unidos.[36] A maioria acaba em escolas de ensino médio públicas no Meio-Oeste. A fim de descobrir o que esses intercambistas pensavam sobre seu lar provisório, comecei a rastreá-los e manter contato com eles. Não demorei muito para constatar um padrão.

Elina viajou de Helsinque para os Estados Unidos aos dezesseis anos, a mesma idade de Kim.[37] Veio porque havia passado boa parte da vida sonhando com as escolas de ensino médio norte-americanas que ela via na televisão e nos filmes: o baile de formatura, a algazarra da cantoria, dos gritos de guerra e danças das animadoras de torcida no ginásio de esportes em dias de jogo, todos os cintilantes rituais da adolescência americana.

Nos Estados Unidos, Elina morava com uma família anfitriã em Colon, Michigan, cidadezinha nos arredores de Kalamazoo que tem o mesmo nome de um sinal de pontuação – em inglês, *colon* significa "dois-pontos". De início, o mundo novo de Elina era muito parecido com sua própria terra natal. Colon era rodeada por lagos e árvores. A população era formada por 95% de pessoas brancas e nascidas ali. Nos finais de semana os homens vestiam jaqueta e jogavam hóquei no gelo nos lagos congelados. O inverno durava a maior parte do ano, assim como na Finlândia.

Contudo, logo de cara Elina descobriu uma diferença importante com relação aos Estados Unidos. Em seu país natal ela era uma boa aluna. Em Colon, era excepcional. Ela cursou álgebra II, a disciplina mais avançada de matemática oferecida na Colon High. Na primeira prova, sua nota foi 105%. Até então Elina tinha julgado que era matematicamente impossível tirar 105% no que quer que fosse.

Elina achava que talvez fosse ter mais problemas na aula de história dos Estados Unidos, já que, afinal de contas, ela não era norte-americana. Por sorte, sua professora entregou para a classe um guia de estudos que continha todas as questões – e todas as respostas – da prova. No dia do exame Elina simplesmente foi passando sem esforço pelas perguntas porque, bem, ela já tinha visto tudo com antecedência.

Quando a professora devolveu as provas corrigidas, Elina não ficou supresa ao ver que tinha tirado A. Ficou espantada, porém, de ver que alguns dos seus colegas de classe tinham tirado C. Uma das alunas olhou para a finlandesa e riu do absurdo: "Como é possível você saber essas coisas?".

"Como é possível você *não* saber essas coisas?", Elina respondeu.

Conversei com ela depois que já tinha ido embora dos Estados Unidos para cursar a universidade na Finlândia. Seu plano era um dia trabalhar na área de relações exteriores. Agora, passado algum tempo, eu ficava me perguntando se ela tinha alguma teoria sobre o que havia visto em sua escola norte-americana. Os estudantes eram mimados demais? Ou o contrário? – preocupados demais? Diferentes demais? Talvez desmoralizados por causa de todos os testes padronizados?

Elina achava que não. Na opinião dela os adolescentes norte--americanos não estudavam muito porque, bem, na verdade não precisavam. "Nos Estados Unidos não se exige grande coisa dos alunos", ela disse. Na Finlândia as provas consistiam basicamente em questões discursivas ou dissertativas, que exigiam que os alunos escrevessem respostas na forma de textos de três ou quatro páginas. "Você realmente tem de estudar. Tem de provar que sabe de verdade", Elina disse-me acerca da escola de ensino médio finlandesa. Nos Estados Unidos, em geral suas provas eram de múltipla escolha.

"Era como a escola de ensino fundamental na Finlândia", contou. Naquela aula de história, ela recordou, a classe passava uma quantidade excessiva de tempo fazendo cartazes. "Fazíamos tantos cartazes. Eu me lembro de dizer aos meus amigos: 'Está brincando comigo? Outro cartaz?'." Era como uma aula de educação artística, só que mais chata. A professora dava a todos os alunos as informações para a confecção do cartaz, e tudo que as crianças tinham a fazer era sair colando e recortando até obter o produto pronto e acabado. Todos os cartazes da classe eram sobre um mesmo tema.

De acordo com Elina, nos Estados Unidos as expectativas eram mais baixas, e as consequências também. Na escola de Colon ela fez um curso de jornalismo, matéria oferecida por uma professora excelente. Todo mundo, inclusive Elina, a adorava. Mais importante, talvez, era o fato de que os alunos a respeitavam, e sabiam que estavam aprendendo nas aulas dela. Porém, quando no final do semestre a professora incumbiu os estudantes de produzir dez artigos, Elina foi a única que de fato se deu ao trabalho de escrever os dez textos. A professora ficou irritada, mas mesmo assim os demais alunos foram aprovados.

As impressões de Elina e Kim eram extremamente calcadas em observações de ordem prática. Até que ponto poderíamos esperar rigor científico de algumas recordações de garotas? Mas era fascinante ver o quanto tantos adolescentes de diferentes países concordavam nessa questão. Em uma abrangente pesquisa de âmbito nacional, mais da metade dos estudantes norte-americanos de ensino médio ecoaram a mesma impressão de Elina, alegando que suas aulas de história eram sempre ou quase sempre fáceis demais.[38] Menos da metade declarou sentir que estava sempre ou quase sempre aprendendo nas aulas de matemática.

Em meu próprio estudo com 202 estudantes de intercâmbio,[39] a esmagadora maioria afirmou com todas as letras que suas aulas nos Estados Unidos eram mais fáceis do que as aulas em seu país natal (entre os alunos estrangeiros que foram estudar nos Estados Unidos, nove em cada dez disseram que as aulas ali eram mais fáceis; dos adolescentes norte-americanos que foram estudar no exterior, sete em cada dez concordaram com isso). Nos Estados Unidos a escola era muitas coisas, mas não – em linhas gerais – difícil.

Durante o ano que passou nos Estados Unidos, Elina viu um espetáculo na Broadway e visitou o Monumento a Washington. Praticou atletismo e trabalhou na confecção do anuário da escola. Ficou surpresa ao constatar que os pais se envolviam intensamente com a vida escolar, bem mais do que em seu país natal. Porém, nas salas de aula da Colon High School – um colégio que *não* se via às voltas com problemas como pobreza, imigração, gangues ou nenhum dos males que invariavelmente levavam a culpa pela nossa mediocridade na educação – ela não aprendeu muita coisa, na acepção tradicional do termo.

A VIDA DEPOIS DA ESCOLA

Quando o dia letivo de Kim chegou ao fim, às 15h45, já estava escuro. Seus colegas de classe tomaram diferentes rumos. Alguns meninos que haviam montado uma banda de garagem foram ensaiar; algumas meninas foram fazer compras. Ninguém que Kim conhecia fazia aulas de reforço ou cursos extracurriculares após o horário normal das aulas. Os estudantes finlandesas dispunham de mais tempo livre do que seus pares norte-americanos, e não apenas porque faziam menos dever de casa. Geralmente não tendiam a praticar esportes, tampouco trabalhavam em empregos de meio período. Enquanto caminhava pela cidade afora rumo à biblioteca, Kim se sentiu cheia de esperança. Ela passava bastante tempo sozinha, entretida com os próprios pensamentos. Mas descobrira, para seu alívio, que a vida na Finlândia era diferente. As distinções eram sutis: a liberdade, a comida com ingredientes frescos recém-preparada no refeitório, a civilidade. Era difícil descrever o efeito cumulativo dessas diferenças, mas em dias como esse a sensação era que ela tinha recebido liberdade condicional por bom comportamento.

A cidade parecia mais limpa e mais agradável do que Sallisaw, como se tivesse sido construída para pessoas e não para carros. Seguindo a pé pelo calçadão de tijolos, ela passou por meninos com cabelos à Justin Bieber, meninas tatuadas e outdoors repletos de anúncios de biquínis H&M. As pessoas vestiam-se um pouco melhor do que em sua terra natal, mas nada que fosse drasticamente diferente. Kim não via nas ruas a mesma quantidade de mulheres altas e loiras que tinha imaginado.

O bairro em torno da escola era coalhado de casas de madeira dos séculos XVIII e XIX, construídas depois que os russos saquearam o vilarejo e expulsaram a maior parte dos aldeões nos idos dos anos 1700. Kim vinha mantendo uma lista mental das agruras que Pietarsaari tinha enfrentado, de períodos de fome ao comunismo; a cidade fora alvo da artilharia da Marinha britânica e bombardeada pelos Aliados durante a Segunda Guerra Mundial. A mística terra de crianças inteligentes e da Nokia sobre a qual ela tinha lido nos Estados Unidos era um acontecimento relativamente recente.

Depois da biblioteca, ela caminhou até o Café Nemo, um de seus lugares favoritos, e aonde ela ia com tanta frequência que o proprietário britânico do estabelecimento a apelidara de "Oklahoma". Ela fazia seus pedidos em finlandês, orgulhosa de ter desenvolvido uma tolerância ao forte café da Finlândia. Por fim, era hora de voltar para casa. O estoque de desculpas tinha acabado. Embora adorasse Susanne, sua ativa e animada mãe anfitriã, ir para casa era uma das partes mais estressantes do cotidiano de Kim. Apesar de todos os seus esforços, ela não caíra nas graças de suas duas irmãs anfitriãs. As gêmeas de cinco anos estavam ressentidas e melindradas por causa da atenção que sua atarefada mãe solteira dava àquela intrusa forasteira. Não fazia sentido para elas (e às vezes nem mesmo para Kim) que sua mãe quisesse acolher outra filha.

Quando Susanne não estava por perto, as meninas chamavam Kim de *tyhmä* e caíam na risada. Kim procurou no dicionário; a palavra significava "idiota". Quando ela tentava estudar, as gêmeas esmurravam o teclado de seu laptop. A tecla do número 4 tinha parado de funcionar recentemente. Todavia, o quarto onde Kim dormia também fazia as vezes de espaço de recreação das garotas, de modo que ela não se sentia no direito de mandar que saíssem.

As meninas estavam testando sua paciência, como costumam fazer muitas crianças pequenas. Kim não tinha irmãos nem irmãs, e não fazia ideia de como discipliná-las – tampouco sabia se essa era a solução. As gêmeas não eram suas filhas, e na verdade Kim não era a irmã mais velha delas. Kim culpava a si mesma. Todo santo dia renovava a promessa de que encontraria uma maneira de fazer com que as pequenas finlandesas gostassem dela.

Em muitos sentidos, a Finlândia tinha sido a aventura que Kim esperava que fosse. Ela já tinha pulado dentro de um buraco em um lago congelado, uma tradição insana adequada à orgulhosa história de resistência dos finlandeses. Tinha aprendido a gostar e aguardar com ansiedade o momento em que, após a gélida caminhada na volta da escola para casa, ela se aquecia no calor da pequena sauna caseira de sua família anfitriã. Kim chegara até a fazer alguns amigos, e nem todos eles eram estudantes de intercâmbio. Seu maior problema era o fato de que ela mesma não havia mudado muito – pelo menos ainda não. Na maior parte do tempo ela se sentia insegura. Na escola, raramente abria a boca. Em casa, ávida por agradar à família anfitriã, sufocava sua frustração. E, enquanto a frustração se avolumava dentro dela, Kim ficava calada e amuada. Dizia a si mesma que era a barreira da língua; era difícil encontrar sua voz quando ela literalmente não sabia as palavras. Mas essa sensação parecia desagradavelmente conhecida, como um mau hábito que ela havia trazido consigo até o outro lado do oceano. Em seus momentos mais difíceis, deitada de olhos abertos no beliche em Pietarsaari, Kim ficava pensando com seus botões, perguntando-se se essa sensação a perseguiria feito uma sombra aonde quer que ela fosse.

Ímpeto

Eric entrou no lotado ônibus nº 80 a fim de voltar para casa depois das aulas de sábado. As meninas tinham parado de berrar. O status de celebridade de Eric amainara. Agora ele passava uma boa parte de seu tempo sozinho, lendo *Ulysses*.

"Oi, tudo bem?"

Eric levantou os olhos. Uma menina sul-coreana com cabelos pretos na altura dos ombros e presos por uma tiara estava se dirigindo a ele em um inglês com perfeito sotaque norte-americano. Eric já a vira antes na escola Namsan e sabia que ela morava no mesmo complexo de apartamentos que ele, mas desde que tinha saído de Minnesota o rapaz não ouvia uma inflexão tão familiar na voz de alguém.

"Meu nome é Jenny." A menina falava em voz baixa e tinha uma expressão impassível. Mas então ela abriu um sorriso, e seu rosto se iluminou. Eric sorriu também.

"Por que o seu inglês é tão perfeito?"

Jenny riu. Ela explicou que, embora tivesse nascido na Coreia do Sul, quando criança tinha vivido em Lincoln, Nebraska, e em Pittsburgh, Pensilvânia. Havia passado boa parte da infância no interior dos Estados Unidos, o que explicava seu sotaque. Mas quando ela estava na *middle school* sua família mudou-se de novo para a Coreia do Sul. Voltar para uma escola sul-coreana tinha sido uma experiência traumática, e ela sabia exatamente como Eric estava se sentindo.

"Mal pude acreditar quando vi todos aqueles alunos dormindo na sala de aula", ela disse. "Mas logo me tornei um deles."

Nos Estados Unidos, Jenny fazia aulas de natação e tocava violoncelo. Na maioria dos dias ia dormir por volta das 22 horas. Depois, de volta à Coreia do Sul, começou a frequentar *hagwons*, como todos os outros adolescentes que ela conhecia. Quase sempre ficava estudando até depois da meia-noite. Jenny era a prova viva de algo que os pesquisadores chamavam de "efeito dos pares": seu comportamento se modificava dependendo daqueles que estavam ao seu redor.

"Aqui eu simplesmente senti necessidade de estudar, porque todos os meus amigos estavam fazendo a mesma coisa."

Eric conversou com Jenny ao longo de todo o trajeto de volta até o complexo de apartamentos. Sentiu-se aliviado por ter conhecido uma sul-coreana "da gema" que corroborava suas impressões. Ele não era apenas um menino ocidental que não entendia a situação; de fato a escola de ensino médio sul-coreana era objetivamente terrível. Eles concordavam.

"Os adolescentes são iguais nos dois países", Jenny argumentou. "São adolescentes! A diferença está na maneira como eles são criados. Os jovens sul-coreanos têm essa coisa; essa coisa que os impulsiona."

E agora Jenny também era impelida por esse mesmo estímulo. Cursando o segundo ano do ensino médio em Namsan, ela era a 27ª melhor aluna dos cerca de quatrocentos estudantes de seu nível. Jenny tinha estabelecido para si mesma padrões de exigência diferentes daqueles que a norteavam em seus tempos de Estados Unidos. "Eu preciso melhorar. Lamento não ter estudado com mais afinco este ano", confidenciou a Eric, balançando a cabeça. Parecia genuinamente angustiada, apesar de seu excelente desempenho. Eric ficou perplexo. Era como ouvir um campeão olímpico de natação reclamando de que estava fora de forma. Jenny figurava na elite dos 10% melhores alunos de sua classe, mas isso não era suficiente. Eric tinha começado a perceber que havia em torno dos estudos uma dose de masoquismo que unia os alunos sul-coreanos. Eles se repreendiam e com isso seguiam em frente estudando cada vez mais.

Como a maior parte dos estudantes sul-coreanos que Eric havia conhecido, Jenny alimentava altas expectativas e tinha uma péssima opinião acerca do próprio desempenho. Ele ficou se perguntando se ela teria julgado a si mesma de outra forma caso tivesse permanecido nos Estados Unidos. Será que seus padrões de exigência teriam despencado, da mesma maneira como haviam subido vertiginosamente na Coreia do Sul? O estímulo que a impelia era completamente relativo?

Jenny estava prestes a descobrir. No ano seguinte, ela disse a Eric, teria de voltar aos Estados Unidos, dessa vez para morar em Nova Jersey. Sua família se mudaria de novo.

"Eu não quero deixar meus amigos", disse Jenny, com os olhos congestionados de emoção. "Mas eles vivem repetindo o quanto estão com inveja de mim — porque eu estou me safando."

A GEOGRAFIA DA EDUCAÇÃO DOS FILHOS

Chegando em casa, Eric tirou da mochila o Nintendo DS que havia trazido consigo dos Estados Unidos. Seu irmão anfitrião mais novo reconheceu o videogame portátil como um velho amigo e começou a fazer perguntas sobre todos os jogos de que Eric gostava.

"Quer jogar?", Eric ofereceu.

"Não, eu não posso", ele respondeu, balançando a cabeça.

Meses antes a mãe do menino flagrara seu irmão mais velho jogando Nintendo DS antes de terminar o dever de casa e, por isso, havia lhe confiscado o console. E isso não era tudo. De modo a deixar bem clara e inequívoca sua desaprovação, a mãe confiscara também o Nintendo DS do irmão mais novo, que, embora fosse inteiramente inocente, até agora – mesmo depois de meses – ainda não havia recuperado seu videogame. E não sabia se algum dia voltaria a reavê-lo.

Quando se tratava de educação, a mãe anfitriã de Eric não deixava margem para dúvidas. Ela preparava o jantar para os filhos toda noite e trabalhava duro para propiciar aos meninos todas as oportunidades; mas, quando o assunto era educação, ela não negociava. Eles tinham de estudar com afinco – especialmente inglês –, e a escola era a prioridade absoluta e tinha primazia sobre tudo o mais.

Com o norte-americano ela não aplicava os mesmos critérios, e Eric sentia-se grato por isso. Ela o tratava com paciência e bondade, como se ele fosse um netinho adorável. Entretanto, lidava com os próprios filhos da mesma maneira como um treinador trata os astros do time. O trabalho dela era treinar os meninos, motivá-los, instigá-los, e de vez em quando até deixá-los no banco de reservas quando queria provar que tinha razão ou para comprovar a pertinência de um argumento. Sua função não era protegê-los da pressão ou das dificuldades.

Pelo que Eric tinha visto, sua mãe anfitriã não fugia dos padrões. A maioria dos pais sul-coreanos viam a si mesmos como treinadores, ao passo que os pais norte-americanos tendiam a agir mais como animadores de torcida. Eric pôde ver que os sul-coreanos se deparavam com altas expectativas desde muito cedo, e não apenas na escola.

A maneira de criar os filhos, assim como o estímulo e a diligência, era um aspecto invariavelmente ignorado nos estudos internacionais sobre educação. As evidências concretas existentes tendiam a concentrar-se somente em um único país, e em geral mostravam o que era de se esperar: os filhos cujas famílias se envolviam mais tinham notas mais altas, melhor desempenho nas provas e maiores índices de assiduidade. Essa dinâmica era válida para todas as idades, raças e níveis de renda nos Estados Unidos. Mas quais eram os tipos mais relevantes de envolvimento dos pais? E os pais faziam coisas diferentes em diferentes países?

Depois da aplicação do primeiro teste Pisa em 2000, o cientista Andreas Schleicher percebeu que o ambiente doméstico de um estudante afetava tremendamente suas notas. Ele queria saber mais sobre como as famílias moldavam a educação, por isso tentou convencer todos os países envolvidos a fazer um levantamento de dados junto aos pais dos estudantes. Entretanto, os dirigentes educacionais da maioria dos países estavam mais interessados nas alavancas tradicionais das políticas relativas à educação: fatores essencialmente ligados ao ambiente escolar, como verbas e o número de alunos por classe, aspectos que eles julgavam ser capazes de controlar. O que era uma pena, pois os pais também poderiam controlar muita coisa, se soubessem o que era importante.

Em 2009, Schleicher e seus colegas tinham conseguido convencer treze países e regiões a incluir os pais no Pisa.[1] Dos estudantes que fizeram o teste, 5 mil voltaram para casa levando um questionário a ser respondido pelos pais, com perguntas sobre como tinham criado os filhos e sobre como participavam de sua educação, desde quando estes ainda eram bem pequenos.

Estranhos padrões vieram à tona. Por exemplo, os filhos dos pais que se ofereciam para tomar parte como voluntários das atividades extracurriculares das crianças tinham, em média, desempenho *pior* em leitura do que os filhos dos pais que não participavam como voluntários de atividades escolares – mesmo depois de controlados outros fatores, como circunstâncias socioeonômicas.[2] De um total de treze países bastante diferentes, havia somente dois (Dinamarca e Nova Zelândia) em que a atuação voluntária dos pais dos estudantes tinha algum impacto positivo nas notas, e ainda assim pequeno.

Como isso era possível? Os pais que participavam da comunidade escolar não eram os que mostravam aos filhos o quanto valorizavam a educação? As mães que capitaneavam as excursões e viagens de estudo do meio e os pais que levavam fatias de laranja para as partidas de futebol não eram os que dispunham de mais tempo e energia para dedicar aos filhos? Os dados eram desconcertantes. Outro estudo no âmbito dos Estados Unidos revelou a mesma dinâmica misteriosa: a participação voluntária dos pais nas escolas e o comparecimento a eventos escolares pareciam ter pouco impacto no quanto seus filhos aprendiam.

Uma explicação possível poderia ser que os pais que participavam como voluntários eram mais ativos *justamente porque* seus filhos estavam tendo dificuldades na escola. E possivelmente o desempenho desses estudantes seria ainda pior se os pais *não* se envolvessem. Por outro lado, talvez os pais estivessem gastando o escasso tempo de que dispunham treinando o time de basquete ou organizando os leilões beneficentes da escola, o que lhes deixava com menos energia para o tipo de ações que *de fato* ajudavam os filhos a aprender.

Em contrapartida, o estudo sugeria que outros esforços dos pais ensejavam grandes retornos. No mundo inteiro, pais que liam todo dia ou quase todo dia para os filhos pequenos os viam se tornarem alunos – quando chegavam à faixa dos quinze anos de idade – com desempenho bem melhor em leitura. Parecia um clichê: "Leia para seus filhos". Será que poderia ser tão simples assim? Sim, poderia, o que não equivalia a dizer que era algo desinteressante. Afinal de contas, o que significava ler para os filhos? Feita de maneira apropriada, essa iniciativa significava ensinar as crianças sobre o mundo – compartilhando histórias sobre lugares remotos, vulcões em erupção e meninos e meninas que iam dormir sem jantar. Significava fazer perguntas sobre os livros, perguntas que instigavam as crianças a pensar por conta própria. Significava enviar a elas uma mensagem acerca da importância não apenas da leitura, mas de aprender sobre todo tipo de coisas novas.

Quando os filhos ficavam mais velhos, o tipo de envolvimento dos pais que parecia mais relevante era diferente, mas seguia o mesmo padrão. Em todo o mundo, os pais que conversavam com seus filhos sobre filmes, livros e atualidades estavam criando adolescentes que se saíam melhor em leitura. Mais uma vez, os pais que envolviam os filhos em conversas sobre temas complexos ou avançados para sua idade estavam essencialmente ensinando-os a se tornarem adultos pensantes. Ao contrário da participação voluntária em eventos e atividades na escola, esse tipo de iniciativa dos pais dava resultados claros e convincentes, mesmo em um espectro de países diferentes e com níveis de renda desiguais.

Na verdade, meninos e meninas de quinze anos que eram estimulados pelos pais a conversar com eles sobre questões sociais complicadas[3] não apenas obtinham notas melhores no Pisa, mas além de tudo alegavam gostar mais de leitura. Na Nova Zelândia e na Alemanha, os estudantes cujos pais liam para eles com regularidade em seus primeiros anos de ensino fundamental tinham um desempenho escolar quase um ano e meio à frente dos estudantes cujos pais não tinham o hábito de ler para os filhos.

Pesquisas realizadas nos Estados Unidos ecoaram essas constatações.[4] O que os pais faziam com os filhos em casa parecia ser mais importante do que aquilo que os pais faziam para ajudar na escola. Todavia, essa descoberta ia na contramão dos ideais do estilo moderno de criação de filhos no país.

Falando em termos de estereótipo, a forma norte-americana de educar filhos no início do século XXI poderia ter sido chamada de "estilo Associação de Pais e Mestres".[5] Os pais dessa linha preocupavam-se profundamente com seus filhos e se desdobravam para participar dos eventos e atividades da escola. Sabiam que a educação era importante e, de fato, tendiam a ter um grau de instrução mais alto do que o dos pais da maioria dos países desenvolvidos.

Ao mesmo tempo, muitos pais norte-americanos afligiam-se com a perspectiva de privar os filhos das alegrias da infância ao submetê-los ensino formal. Eles desconfiavam que crianças aprendiam melhor através de brincadeiras livres e sem supervisão – e que a psique infantil é sensível e frágil. Durante as décadas de 1980 e 1990, pais e professores norte-americanos tinham sido bombardeados por todo tipo de alegação dando conta de que, para que as crianças fossem bem-sucedidas, sua autoestima precisava ser protegida da competição (e da realidade). A despeito da falta de provas concretas, o movimento da autoestima ganhou força nos Estados Unidos de uma maneira inaudita e sem paralelo no resto no mundo. Assim, era compreensível que os pais de estilo APM concentrassem suas energias no lado não acadêmico da escola dos filhos. Diligentemente, trabalhavam na venda de *cupcakes* nas festinhas e eventos de arrecadação de fundos e ajudavam nos treinos do time de futebol. Distribuíam elogios e troféus com uma generosidade incomparável, sem igual em outros países. Eram os maiores incentivadores dos filhos, seus fãs número 1.

Esses eram os pais que o diretor da escola de Kim em Oklahoma louvava como os mais engajados e envolvidos. E sem sombra de dúvida eles contribuíam para a cultura, o orçamento e o senso de comunidade da escola. Contudo, não havia muitas evidências de que esse tipo de pais ajudasse os filhos a se tornarem pensadores críticos. Na maior parte dos países em que os pais responderam ao questionário do Pisa, os adolescentes cujos pais faziam parte de uma APM tinham um desempenho pior em leitura.[6]

Em contrapartida, o estilo sul-coreano de criação de filhos seguia a cartilha dos treinadores. Os pais treinadores também se preocupavam profundamente com os filhos.[7] Todavia, passavam menos tempo participando de eventos da escola e mais tempo treinando os filhos em casa: lendo com eles, tomando a tabuada enquanto preparavam o jantar e estimulando-os a estudar com afinco extra. Esses pais viam a educação dos filhos como um de seus deveres.

Esse estilo de criação era a norma na maior parte da Ásia – e entre os imigrantes asiáticos que residiam nos Estados Unidos. Ao contrário do estereótipo, isso não necessariamente acarretava uma vida de sofrimento para os filhos. Na verdade, crianças e adolescentes educados nesse estilo nos Estados Unidos tendiam não somente a ter um melhor desempenho escolar, mas também a gostar de leitura e da escola bem mais do que seus pares caucasianos matriculados nas *mesmas* instituições de ensino.[8]

Enquanto nos Estados Unidos os pais entregavam aos filhos jogos americanos de mesa com números estampados e davam o dia por encerrado, os pais asiáticos ensinavam seus filhos a somar antes mesmo que eles aprendessem a ler. E faziam isso de maneira sistemática – digamos, por exemplo, das 18h30 às 19 horas toda noite, com um livro de exercícios – e não de maneira orgânica, como muitos pais norte-americanos preferiam que seus filhos aprendessem matemática.

Os pais treinadores não necessariamente tinham que ganhar muito dinheiro ou possuir um diploma universitário. Eles tampouco tinham de ser asiáticos, nem é preciso dizer.[9] A pesquisa mostrou que os pais europeus e norte-americanos que atuavam mais como treinadores dos filhos tendiam também a criar meninas e meninos mais inteligentes.[10]

Os pais que liam semanalmente ou todo dia para os filhos pequenos criavam estudantes que aos quinze anos de idade faziam 25 pontos a mais no Pisa.[11] Isso equivalia a quase um ano inteiro de aprendizagem. Em praticamente todos os países, os pais mais abastados eram mais propensos a ler para os filhos, mas, mesmo entre as famílias do mesmo grupo socioeconômico, os pais que tinham esse hábito tendiam a criar estudantes que obtinham uma nota 14 pontos mais alta no Pisa. Em contrapartida, os pais que costumavam brincar regularmente com os filhos pequenos usando alfabetos de brinquedo não viam esse benefício.

E, na verdade, pelo menos uma forma (de alto impacto) de envolvimento dos pais não envolvia nem as crianças nem a escola: se os pais liam em casa, simplesmente por prazer e por conta própria, seus filhos eram mais propensos a também gostar de leitura.[12] Esse mesmo padrão se verificava em países bastante diferentes e em diferentes níveis de renda familiar. Os filhos podiam ver o que os pais valorizavam, e isso era mais importante do que aquilo que estes diziam.

Somente quatro em cada dez pais que responderam ao questionário do Pisa liam habitualmente em casa por prazer. E se soubessem que essa única mudança – da qual poderiam até acabar vagamente gostando – ajudaria seus filhos a se tornarem eles próprios leitores melhores? E se, em vez de pedirem aos pais que doassem seu tempo, *muffins* ou dinheiro, as escolas lhes emprestassem livros e revistas e os estimulassem a ler e conversar sobre o que tinham lido, de modo a ajudar seus filhos? As evidências sugeriam que todos os pais tinham condições de fazer coisas que ajudariam a criar leitores e pensadores vigorosos, assim que soubessem que coisas eram essas.

Os pais poderiam acabar indo longe demais no que tange a encarar os estudos dos filhos como um conjunto de treinos e práticas, exatamente da mesma maneira como poderiam exagerar nos esportes, e muitos, muitos pais sul-coreanos iam de fato longe demais. O oposto também era verdade. Uma infância muito passiva, "acolchoada" e marcada pelo excesso de indulgência poderia resultar em jovens adultos que jamais tinham sentido na pele o fracasso ou que jamais haviam desenvolvido autocontrole ou persistência – experiências tão ou mais importantes que as competências e habilidades escolares.

Os dados sugeriam que muitos pais norte-americanos tratavam seus filhos como se fossem flores delicadas. Em um estudo da Universidade Colúmbia, 85% dos pais americanos pesquisados disseram que julgavam ser necessário elogiar a inteligência dos filhos de modo a lhes assegurar que eram de fato inteligentes.[13] Contudo, a pesquisa efetiva sobre elogios sugeriu que o oposto também era verdade. Elogios vagos, insinceros ou excessivos tendiam a desanimar crianças e adolescentes, desencorajando-os de trabalhar com afinco e tentar coisas novas. O efeito era tóxico, contrário à intenção dos pais.

Para que funcionassem, os elogios tinham de ser específicos, pontuais, autênticos e raros. Entretanto, a mesma cultura do incentivo à autoestima havia se alastrado por muitas salas de aula dos

Estados Unidos. Na pesquisa com estudantes intercambistas que realizei para a elaboração deste livro, cerca de metade dos estudantes norte-americanos e estrangeiros participantes disse que os professores de matemática americanos costumavam fazer mais elogios ao trabalho dos alunos do que os professores de matemática de outros países (menos de 10% afirmaram que seus professores no exterior estavam mais inclinados a elogiar). Essa constatação era particularmente irônica, uma vez que o desempenho dos estudantes norte-americanos em matemática ficava abaixo da média do mundo desenvolvido. E também sugeria que, qualquer que fosse a intenção dos professores norte-americanos, provavelmente seus elogios nem sempre eram específicos, pontuais, autênticos e raros.

Os adultos não precisavam ser severos ou indiferentes para ajudar os filhos a aprender. Na verdade, o simples fato de perguntar-lhes como tinha sido o dia na escola e demonstrar interesse genuíno por aquilo que eles estavam aprendendo poderia ter o mesmo efeito sobre as notas do Pisa que horas de aulas particulares de reforço.[14] Em outras palavras, fazer perguntas sérias sobre o livro que o filho está lendo vale mais do que parabenizá-lo pelo fato de ter terminado de ler o livro.

No mundo todo, geralmente os estudiosos que pesquisavam as formas de criação de filhos dividiam os vários estilos em quatro categorias básicas. Os Pais Autoritários eram disciplinadores rígidos, para os quais vigorava o "porque eu estou mandando". Os Pais Permissivos tendiam a ser tolerantes e avessos ao conflito. Agiam mais como amigos do que como pais. De acordo com alguns estudos, os Pais Permissivos tendiam a ser mais ricos e ter um grau de instrução mais alto do que o de outros pais. Os Pais Negligentes eram exatamente o que pareciam ser: emocionalmente distantes e quase sempre ausentes. Eram mais propensos a viver na pobreza.

E havia a quarta opção: os Pais Com Autoridade, habitantes de um doce ponto intermediário entre os pais autoritários e os permissivos: eram afetuosos, compreensivos, próximos dos filhos; porém, à medida que as crianças iam ficando mais velhas, esse tipo de pais lhes dava a liberdade para efetuar descobertas, arriscar e fracassar e fazer as próprias escolhas. O estilo de criação de filhos dos Pais Com Autoridade também era caracterizado por limites claros e bem definidos, regras que não estavam sujeitas a negociação.

"A vida em sociedade nos leva a acreditar que afeto e rigor são opostos", escreve Doug Lemov em seu livro *Teach Like a Champion* [Ensine como um vencedor].[15] "O fato é que o grau de afeto não tem relação alguma com o nível de severidade, e vice-versa." Pais e professores que conseguem ser carinhosos e rígidos parecem suscitar uma resposta emocional de crianças e adolescentes, falar a mesma língua que eles, ganhando sua confiança juntamente com seu respeito.

Quando a pesquisadora Jelani Mandara,[16] da Universidade Northwestern, estudou 4.754 adolescentes norte-americanos e seus pais, descobriu que os filhos de Pais Com Autoridade tinham níveis mais altos de desempenho acadêmico, menos sintomas de depressão e menos problemas de agressividade, desobediência e outros comportamentos antissociais. Outros estudos constataram benefícios semelhantes. Pais Com Autoridade treinavam seus filhos para que fossem pessoas persistentes, resistentes à adversidade, e isso parecia funcionar.

É perigoso fazer generalizações abrangentes sobre as pessoas com base em sua herança étnica, mas o fato é que as pesquisas sugerem padrões. Nos Estados Unidos, os pais euro-americanos são mais propensos a demonstrar o estilo dotado de autoridade do que os pais hispânicos ou afro-americanos, por sua vez mais inclinados ao estilo autoritário de criação de filhos (embora todas as etnias incluam todos os quatro tipos de pais). Todavia, o estilo ásio-americano de educação dos filhos talvez seja o que mantém, de maneira mais uniforme e consistente, a autoridade.

Por exemplo, estudos mostraram que os pais sino-americanos adotam uma atitude mais "mão na massa" em seu envolvimento com os filhos quando pequenos, ensinando-lhes leitura e treinando-os nas peculiaridades da escrita e da matemática, mas depois, à medida que os garotos vão ficando mais velhos, passam a dar-lhes uma autonomia bem maior (um modelo que parece misteriosamente semelhante ao estereótipo dos pais finlandeses). "No ensino médio, os pais asiáticos imigrantes realmente passam a bola e adotam um enfoque de não intervenção",[17] afirma Ruth Chao, que durante duas décadas estudou estilos de criação de filhos. "Eles deixam de dar instruções diretas. Deixam de supervisionar as tarefas escolares dos filhos. Sentem que, se ainda precisarem fazer isso, têm nas mãos um problema."

Depois de analisar os dados do Pisa, Schleicher seguiu seu próprio conselho. Em Paris, seus três filhos eram alunos de uma escola pública em um país que, como os Estados Unidos, não tinha notas muito altas no Pisa. Antes de ver a pesquisa, ele sempre partira do princípio de que os pais ideais passavam várias horas ajudando os filhos a fazer a lição de casa ou a concluir outros projetos escolares. Mas havia um problema: ele quase nunca dispunha de muitas horas livres para monitorar as tarefas escolares dos filhos. Acabava fazendo muito pouco.

Os dados mostravam que Schleicher tinha mais opções do que imaginava. A partir de então, mesmo em seus dias mais frenéticos e atarefados, ele pelo menos perguntava aos filhos como tinha sido o dia deles na escola, o que tinham aprendido e do que mais haviam gostado. Conversava com eles sobre as notícias e as questões sociais do momento. Ainda não era capaz de arranjar tempo para ler com mais frequência para a caçula, mas pelo menos sabia do que poderia se sentir culpado – e em relação a que não precisava sentir culpa. Como todos os pais, queria que seus filhos se tornassem pessoas atentas, curiosas e inteligentes. Era um alívio contar com estratégias que influenciavam a aprendizagem das crianças – independentemente do que tinha acontecido com o sistema educacional francês.

A OLIMPÍADA DA ANSIEDADE

Na véspera da grande prova, os colegas de classe de Eric realizaram complexos rituais. Os mais novos limparam a sala de aula para os mais velhos. Arrancaram da parede todos os cartazes e inclusive cobriram a bandeira, de modo que os candidatos pudessem se concentrar única e exclusivamente na prova – a porta de entrada para a universidade – sem nenhum tipo de distração.

No supermercado, Eric viu expositores especiais com extravagantes e caprichados docinhos de boa sorte que as mães compravam para os filhos que fariam o exame, amuletos para protegê-los durante aquela provação. Na rua, pais faziam fila diante de templos e igrejas para ofertar suas últimas orações.

O país inteiro ficava obcecado pela prova. A Companhia de Força e Luz da Coreia do Sul despachava equipes de funcionários para verificar as linhas de transmissão que abasteciam cada um dos mil locais onde ela seria realizada. Na manhã do exame nacional, a feira abria uma hora mais tarde, de modo a deixar as ruas livres e desimpedidas para os mais de 600 mil estudantes que rumavam para os locais de prova. Os taxistas ofereciam corridas gratuitas para os estudantes.

Naquele dia, Eric pegou o ônibus rumo à escola, como normalmente fazia. Porém, nada estava normal. Ao se aproximar, ouviu o alarido de aplausos e gritos de incentivo. Alguns de seus colegas de classe estavam perfilados na entrada da escola a fim de distribuir chá para os candidatos, e além disso seguravam cartazes com os dizeres "Tenham sucesso!". Os mais velhos passavam por eles a passos largos, de cabeça abaixada, como pugilistas entrando no ringue para uma luta que duraria nove horas. Policiais patrulhavam o perímetro escolar para desencorajar os motoristas de apertar a buzina dos carros, o que distrairia os estudantes. Eric encontrou um colega que lhe explicou que naquele dia não haveria aula para os mais novos. Então, ele e Eric foram jogar videogame.

Mais tarde, na mesma manhã, Eric foi fazer compras na Shinsegae Centum City, a maior loja de departamentos do mundo. Durante a parte da prova dedicada à compreensão oral da língua inglesa – quando, por determinação do governo, os aviões tinham os horários atrasados de modo a reduzir o barulho e não incomodar os candidatos –, Eric estava dentro de um cinema.

A essa altura, ele tinha tomado uma decisão. Desistiria da escola de ensino médio sul-coreana. Não conseguiria esperar até o resto do ano daquela maneira. Sua sensação era que passava os dias dentro de uma imensa gaiola, vendo outras crianças correr em uma roda de hamster.

A roda nunca parava, arranhando monotonamente dia e noite. E ele estava cansado de ficar sentado em silêncio na sombra da roda, esperando sua vida na Coreia do Sul começar.

Ele precisava conversar com meninos e meninas se quisesse aprender coreano e manter sua sanidade. Sabia que essa era a coisa certa a fazer, mas não sabia exatamente como. Tinha a esperança de que abandonar a escola sul-coreana não significaria ter de ir embora do país.

Naquela noite, enquanto Eric serpeava pela cidade a caminho de casa, caminhões entregavam a edição vespertina dos jornais, com a reprodução das questões e respostas da prova, tema sobre o qual as famílias se debruçariam durante o jantar. Eric achou que todo aquele espetáculo era melodramático, como uma espécie de *Jogos vorazes* da mente. Por que o país inteiro tinha de fazer no mesmo dia o exame de ingresso à universidade? Em Minnesota os adolescentes faziam o SAT várias vezes por ano, sem nenhuma perturbação da vida normal.

Todavia, uma criança que crescesse na Coreia do Sul não tinha meios de escapar da mensagem: a educação era um tesouro nacional. Receber uma boa educação era mais importante do que as negociações no mercado de ações ou as decolagens de aviões. E todo mundo, dos pais e professores aos policiais, tinha um papel a desempenhar.

A EQUAÇÃO MISTERIOSA

Ouvindo os relatos de Kim e Eric, comecei a perceber um tema fundamental. Na Coreia do Sul e na Finlândia, a despeito de todas as diferenças entre os dois países, todo mundo – crianças, adolescentes, pais e professores – via a educação como uma busca séria, mais importante do que os esportes ou a autoestima. Esse consenso acerca da importância de receber uma educação rigorosa levava a todo tipo de consequências naturais: não apenas um currículo escolar mais sofisticado, especializado e bem direcionado, mas faculdades de formação de professores mais sérias, provas mais difíceis, e inclusive conversas mais rigorosas em casa à mesa do jantar. Tudo era substancialmente mais exigente, do início ao fim.[18]

Nesses países, as pessoas julgavam que aprender era algo tão importante que somente os cidadãos mais instruídos e mais talentosos, os alunos de notas mais altas, poderiam tornar-se professores. O governo da Coreia do Sul e o da Finlândia investiam o dinheiro dos contribuintes para formar, contratar e manter no cargo professores talentosos, em vez de comprar iPads para alunos do primeiro ano do ensino fundamental ou assinar decretos determinando classes com menos alunos. Não era o respeito público pelos professores que levava à aprendizagem, como alguns educadores norte-americanos alegaram depois de visitar a Finlândia; o fato era que o respeito público pela aprendizagem levava a um ensino melhor. É claro que as pessoas respeitavam os professores; seu trabalho era complexo e exigente, e eles tinham de suar a camisa para chegar lá.

Uma coisa levava a outra. Professores com alto nível de formação acadêmica também selecionavam material mais rigoroso, e possuíam o conhecimento e a fluência para ensinar esse material. Uma vez que eram pessoas sérias fazendo um trabalho difícil – e todo mundo sabia disso –, tinham uma boa dose de autonomia para trabalhar. Essa autonomia era outro sintoma de rigor. Os professores e diretores dispunham de liberdade de movimentos para desempenhar seu papel como verdadeiros profissionais. Eram responsabilizados pelos resultados, mas com autonomia em seus métodos.

Os estudantes também tinham mais liberdade. Essa liberdade era importante, e não era um presente. Por definição, o trabalho rigoroso exigia o fracasso; simplesmente seria algo impossível de fazer sem conhecer o fiasco ou o insucesso. Isso significava que os adolescentes tinham a liberdade de ser reprovados quando ainda eram suficientemente jovens para aprender a se recuperar. Quando não estudavam com afinco, tiravam notas piores. As consequências eram claras e indubitáveis. Os estudantes não eram submetidos a uma batelada de testes padronizados, mas tinham de fazer um exame bastante sério e rigoroso no final do ensino médio, uma prova que trazia implicações reais para seu futuro.

Como Kim tinha notado, dos adolescentes esperava-se que administrassem seu próprio tempo, o que em geral eles conseguiam fazer. De maneira interessante, essa era outra diferença que os estudantes de intercâmbio percebiam. Seis em cada dez intercambistas pesquisados afirmaram que os pais norte-americanos davam menos liberdade aos filhos do que os pais estrangeiros (somente um em cada dez julgava que os pais americanos eram mais liberais). Um estudante finlandês que passou um ano nos Estados Unidos explicou da seguinte maneira essa diferença:

Nos Estados Unidos, tudo era muito controlado e supervisionado. A pessoa não podia ir sequer ao banheiro sem obter um passe de autorização. A pessoa tinha de entregar todo o dever de casa, mas na verdade não precisava pensar usando o próprio cérebro nem tomar decisões por conta própria.

Eu vinha vasculhando o mundo inteiro à procura de pistas sobre o que outros países estavam fazendo certo, mas as distinções relevantes não diziam respeito a gastos ou ao controle local do currículo escolar; nada disso era muito importante. As iniciativas funcionavam principalmente nas margens. A diferença fundamental era de ordem psicológica.

As superpotências educacionais acreditavam em rigor.[19] Nesses países as pessoas acreditavam no propósito da educação: a escola existia para ajudar os estudantes a dominar material acadêmico complexo. Outras coisas também eram decisivas, mas nada era tão importante quanto isso.

Essa clareza de propósito significava que todo mundo encarava a escola de maneira mais séria, especialmente os alunos. A diferença mais significativa que eu tinha visto até então era o empenho dos estudantes e das famílias. Era algo viral, e mais determinante do que eu imaginava. Eric e sua amiga Jenny fizeram com que eu me lembrasse de algo de que havia me esquecido na vida adulta: crianças e adolescentes alimentavam-se uns aos outros. Esse ciclo contínuo de retroalimentação – em que os estudantes se espelhavam continuamente no exemplo de seus pares – começava na pré-escola e simplesmente ia ficando cada vez mais poderoso a cada ano, para o bem e para o mal. As escolas e os pais eram capazes de incrementar o ímpeto e a motivação dos alunos por meio de provas e avaliações mais inteligentes e relevantes, atreladas a conquências reais para a vida dos adolescentes; por meio da concessão de generosas doses de autonomia, do tipo que envolvia alguns riscos e algumas recompensas; e por meio de uma qualidade mais alta, um trabalho mais instigante, dirigido pelos melhores e mais bem formados professores do mundo. Mas essas iniciativas originavam-se de uma ampla e onipresente crença no rigor. Sem isso, as coisas simplesmente não aconteciam.

A questão, pois, não era *o que* outros países estavam fazendo, mas *por quê*. Por que nesses países vigorava tamanho consenso acerca do rigor? Nas superpotências educacionais, todas as crianças e jovens sabiam a importância da educação. Nesses países, ainda era recente a memória do fracasso nacional que as pessoas haviam sentido na pele; elas sabiam o que era uma crise existencial. Em muitas escolas dos Estados Unidos, contudo, de tão confusas e desnorteadas, as prioridades estavam irreconhecíveis.

Nos Estados Unidos os esportes ocupavam um papel central na vida dos estudantes e na cultura escolar,[20] o que não se via na maioria das superpotências educacionais. Com relação a esse ponto os estudantes de intercâmbio eram praticamente unânimes. Nove em cada dez intercambistas estrangeiros que responderam ao meu questionário de pesquisa afirmaram que as crianças e adolescentes norte-americanos priorizavam os esportes, e seis em cada dez intercambistas concordavam com eles. Outros pesquisadores constataram que mesmo na *middle school* os estudantes americanos dedicavam aos esportes o dobro do tempo dedicado pelos estudantes sul-coreanos.[21]

Sem sombra de dúvida os esportes trazem muitos benefícios, incluindo lições de liderança e persistência, sem mencionar o exercício físico. Na maior parte das escolas de ensino médio norte-americanas, contudo, somente uma minoria de estudantes efetivamente praticava esportes. Na verdade, eles não estavam fazendo exercícios físicos, o que se refletia nos altos índices de obesidade do país, e as tais valiosas lições de liderança e persistência também poderiam ser ensinadas por meio de um trabalho acadêmico rigoroso, de maneiras mais factíveis no mundo real. Em muitas escolas dos Estados Unidos os esportes incutiam liderança e persistência em um grupo de alunos, ao mesmo tempo que privavam todos eles da concentração e dos recursos necessários aos estudos.

A lição a se tirar não era que esportes e educação não poderiam coexistir, mas sim que esportes nada tinham a ver com educação. Em países como a Finlândia, é claro que existiam equipes esportivas, dirigidas pelos pais e por clubes independentes da escola.

À medida que iam ficando mais velhos, os adolescentes mudavam de foco e deixavam de lado a prática esportiva para se dedicarem aos estudos ou às qualificações e habilidades vocacionais – o contrário do padrão norte-americano. Cerca de 10% dos colegas de classe de Kim na Finlândia praticavam esportes,[22] e faziam isso em centros comunitários separados da escola. Muitos deles desistiam no último ano do ensino médio, de modo a ter tempo para estudar para seus exames de conclusão de curso. Quando perguntei à professora de finlandês se ela conhecia algum professor que também fazia as vezes de treinador das equipes esportivas da escola, ela conseguiu pensar em apenas um. "Os professores trabalham muito na escola", ela disse, "e isso é o bastante, creio eu."

Nos Estados Unidos, a riqueza tornou o rigor desnecessário, historicamente falando. Os alunos não precisavam dominar material escolar complexo para ser bem-sucedidos na vida – pelo menos, não até recentemente. Outras coisas foram se infiltrando, incluindo os esportes, e se introduziram de maneira sub-reptícia nos interstícios dos sistemas educacionais, exigindo que os diretores das escolas contratassem professores que também atuavam como treinadores de equipes esportivas (ou vice-versa). A profana aliança entre escolas e esportes impeliu os estudantes-atletas a dedicarem absurdas quantidades de tempo e energia aos treinamentos, antes e depois das aulas.

Tomados de modo isolado, os esportes nada tinham de errado, é claro. Mas acontece que a prática esportiva não operava de modo isolado. Combinada a um material menos rigoroso, índices mais altos de pobreza e padrões mais baixos de seleção e formação de professores, a glorificação dos esportes despedaçou o ímpeto acadêmico dos estudantes norte-americanos. A primazia dos esportes enviou a mensagem de que aquilo que era importante – o que realmente levava à excelência – tinha pouco a ver com o que acontecia na sala de aula. Essa falta de motivação dificultou o trabalho dos professores, solapando toda a equação.

Peguei-me sentindo o desejo de poder fazer uma viagem de volta no tempo. Agora que eu sabia o que essas nações haviam se tornado, eu queria saber de que maneira elas tinham chegado lá. *Como* haviam chegado a um consenso acerca do rigor? Como a Finlândia e a Coreia do Sul tinham feito o que Oklahoma não fora capaz de fazer?

No século XXI, a Finlândia era a inspiração óbvia, um modelo para algum dia vindouro. Os finlandeses tinham alcançado um equilíbrio e uma qualidade humana que escapara à Coreia do Sul. Entretanto, para a maior parte do mundo, incluindo os Estados Unidos, a questão era saber o que precisava acontecer primeiro para que isso se tornasse possível.

MAPEANDO A FORÇA DE VONTADE

Em meados dos anos 1970, um pequeno grupo de economistas e sociólogos começou a notar que as habilidades escolares não eram tão importantes. Parecia óbvio, mas, no afã de calcular e comparar testes de quociente intelectual (QI) e notas em avaliações de leitura, era fácil esquecer essa verdade simples. Ao longo das três décadas seguintes, um número cada vez maior de estudos[23] mostrou que, no que tangia a prever quais crianças se tornariam adultos prósperos – bem-sucedidos na vida e no emprego –, o papel das habilidades cognitivas era limitado e contava apenas até certo ponto.

Havia outra coisa igualmente importante, e às vezes até mais importante, para as oportunidades de vida de uma criança. Essa outra matéria obscura tinha mais a ver com a atitude do que com a habilidade de solucionar um problema de cálculo. Em um estudo com alunos americanos do oitavo ano do ensino fundamental, por exemplo, o fator que melhor servia como indicador do futuro desempenho acadêmico não eram os pontos dos testes de QI, mas a autodisciplina dos estudantes.[24]

Dominar o conteúdo de matemática jamais fez com que uma pessoa chegasse pontualmente ao seu local de trabalho, terminasse sua tese de doutorado no prazo ou usasse camisinha. Não, esses conjuntos de habilidades tinham mais a ver com motivação, empatia, autocontrole e persistência.[25] São características essenciais, traços de tenacidade e infatigabilidade às vezes resumidos por uma palavra antiquada: *caráter* – o temperamento, a personalidade, a índole de um indivíduo.

O problema com a palavra *caráter* era que dava a impressão de tratar-se de algo inalterável, impossível de mudar. Porém, esses mesmos pesquisadores descobriram algo maravilhoso: o caráter era maleável, na verdade mais maleável que o QI. O caráter poderia mudar de maneira drástica e relativamente rápida – para melhor e para pior – de um lugar para outro e de tempos em tempos.

Por isso era sensato supor que diferentes comunidades e culturas faziam mais – ou menos – para fomentar em suas crianças esses traços. Na Finlândia, Kim identificou uma diferença que julgou ser muito importante: uma diferença, nas palavras dela própria, acerca do quanto adolescentes e professores se preocupavam com a escola. Eric também testemunhou esse ímpeto, embora em sua versão sul-coreana, extremada e por vezes disfuncional.

Levar a escola a sério – interessar-se pela escola – não era o traço de caráter mais importante de um ser humano, para dizer o óbvio. Entretanto, em todo o planeta essa forma particular de estímulo tinha começado a ser mais importante do que nunca, pelo menos em termos econômicos. A pesquisa ainda tinha um longo caminho a percorrer e estava longe de ser capaz de identificar todos os traços importantes na vida dos jovens, mas seria possível medir a quantidade de ímpeto de diferentes países? Havia alguma maneira de quantificar o que Kim e Eric tinham percebido? E poderia o ímpeto ser cultivado nos lugares em que era mais necessário? Poucas pessoas haviam tentado descobrir. Os estudos tendiam a pedir às crianças que descrevessem sua própria motivação e atitude, o que tornava impossível separar suas respostas de suas próprias inclinações culturais. Um estudante sul-coreano que dissesse que não havia estudado com afinco tinha uma compreensão de *afinco* bastante diferente daquela de um estudante típico do Reino Unido ou da Itália.

Em 2002, pesquisadores da Universidade da Pensilvânia tiveram uma ideia.[26] Acharam que seria possível medir a persistência e a motivação dos estudantes examinando não as suas respostas nos testes internacionais, mas a meticulosidade com que respondiam aos questionários incluídos nesses testes.

Em geral o Pisa e outros exames internacionais traziam, após a seção dos testes propriamente ditos, formulários com questões acerca da família dos candidatos e outras circunstâncias da vida deles. Não havia respostas certas para as questões desses formulários de pesquisa. Na verdade, os professores Erling Boe, Robert Boruch e um jovem aluno de pós-graduação, Henry May, nem sequer estavam interessados nas respostas. Queriam mapear o esmero e o interesse com que os alunos respondiam aos formulários. Assim, estudaram um questionário incluído em um teste de avaliação de 1995 a que foram submetidos jovens de diferentes idades de mais de quarenta países (chamado "Estudo Internacional das Tendências em Matemática e Ciências").

Os pesquisadores não demoraram a ter diversas surpresas. Para começo de conversa, estudantes do mundo inteiro mostraram-se surpreendentemente obedientes e generosos. A maioria preencheu de maneira meticulosa a maior parte das respostas, embora a pesquisa não tivesse impacto algum em sua vida. Entre todos os países, o índice mais baixo de respostas foi de 90%. Havia algumas variações no âmbito de um mesmo país, mas essa variação parecia não revelar muita coisa acerca dos respondentes.

Entre os países, porém, as diferenças de interesse e cuidado aplicado na execução da tarefa eram relevantes – e muito. Na verdade, no fim ficou claro que essa diferença era o fator que melhor servia como forma de prever o desempenho dos países na efetiva e substancial parte dos testes.

Essa medida simples – avaliar até que ponto os estudantes se dispunham a responder de forma detalhada e exaustiva os formulários – previa as notas dos países nos testes de maneira mais eficaz do que o status socieconômico ou o número de alunos por sala de aula, ou qualquer outro fator até então estudado.

Como isso era possível? Quando May repetiu a análise com os dados do Pisa de 2009,[27] encontrou a mesma dinâmica: metade da variação entre as notas dos países no teste Pisa de matemática poderia ser explicada pelo grau de diligência com que os estudantes de um dado país preenchiam o questionário pessoal.

Nos Estados Unidos, os participantes responderam em média a 96% das perguntas dos questionários, número que parecia bastante respeitável. Mesmo assim, o país ainda figurava na 33ª posição do ranking de meticulosidade no preenchimento das pesquisas. A Coreia do Sul estava em quarto lugar. A Finlândia, em sexto. Os adolescentes finlandeses responderam a 98% das questões. Apesar de parecer praticamente a mesma coisa, pequenas diferenças na média dos índices de respostas previram enormes diferenças no desempenho acadêmico no mesmo teste.

Os jovens finlandeses e sul-coreanos responderam a mais questões de perfil demográfico do que os estudantes dos Estados Unidos, França, Dinamarca e Brasil. As causas desse padrão continuam sendo um mistério. May perguntou-se se o Pisa e outros testes internacionais estavam medindo não habilidades ou conhecimento, mas *obediência*; alguns países tinham culturas em que os adolescentes simplesmente encaravam todos os testes – e figuras de autoridade – com maior seriedade. Não era preciso um grande voo de imaginação para deduzir que entre esses países se incluíam Japão, Coreia do Sul e outras nações com algumas das notas mais altas no Pisa. Talvez fosse essa a razão pela qual os estudantes respondiam aos questionários de maneira mais completa e meticulosa e se saíam melhor também nas questões escolares. Esses jovens eram apenas conformistas seguidores de regras. Outros países, por sua vez, valorizavam mais o individualismo do que a obediência. Talvez esses adolescentes simplesmente não se sentissem compelidos a levar a sério os questionários. "Em algumas nações", disse May, "há muitos estudantes que parecem não dar a mínima. Elas puxam a média para baixo."

Então por que os estudantes norte-americanos tinham um desempenho tão melhor nas questões de leitura, e iam tão mal na parte de matemática? Se em geral os alunos norte-americanos simplesmente não davam a mínima para testes ou figuras de autoridade, esperava-se que fossem mal em *todos* os testes. Do mesmo modo, provavelmente não veríamos países como a Polônia subirem de maneira tão vertiginosa nos rankings em curtos períodos. Era difícil imaginar que a Polônia tinha cultivado uma cultura de conformismo ao longo de um período de três a nove anos.

Ninguém sabe ao certo a resposta, mas é possível que a diligência que os estudantes demonstraram ao responder aos questionários fosse um reflexo de sua diligência em geral. Em outras palavras, talvez alguns adolescentes tivessem aprendido na escola a terminar o que começavam: persistir mesmo quando alguma coisa não oferecia nenhum tipo de gratificação especial. O contrário também era verdadeiro. Alguns jovens não tinham aprendido a persistir, uma vez que a persistência também não era valorizada em sua escola ou na sua sociedade como um todo.

O zelo para responder a um questionário de pesquisa parecia uma questão banal. A diligência – a tendência a ser uma pessoa responsável, aplicada e organizada – era importante em todos os pontos do ciclo da vida humana. E era um traço de caráter capaz de prever inclusive quanto tempo duraria a vida de uma pessoa –[28] com mais exatidão do que a inteligência ou o histórico familiar ou a origem social.

Qual seria o aspecto de um mapa do zelo, da diligência? Talvez fosse menos decisivo encontrar os jovens inteligentes, e mais importante achar aqueles que davam conta de fazer o trabalho, qualquer que fosse ele. Havia certas culturas que cultivavam a diligência da mesma maneira que outras cultivavam a ginástica ou jogadores de futebol?

Os resultados do questionário forneciam algumas pistas, nem todas elas óbvias. Os países cujos estudantes encaravam com maior seriedade o questionário não eram necessariamente os lugares onde viviam as crianças mais ricas; a riqueza não necessariamente levava à persistência, como todos nós sabemos. Na verdade, o país com o mais alto índice de respostas no questionário tinha praticamente os mesmos índices de pobreza infantil que os Estados Unidos.

Esse país era a Polônia.

A metamorfose

Enquanto arrastavam malas atrás de suas mães, as crianças de Breslávia[1] assistiam à lenta queda das folhas de papel no chão. Ao erguerem os olhos semicerrados para o céu límpido, conseguiam vislumbrar a silhueta de um avião de guerra soviético. Em torno delas, os folhetos iam pousando suavemente na terra, feito flocos de neve: "Alemães! Rendam-se! Nada vai acontecer a vocês!".

Em 22 de janeiro de 1945, Breslávia era um importante centro industrial na então Alemanha Oriental. Em larga medida tinha sido poupada pela Segunda Guerra Mundial. Os 800 mil moradores da cidade, juntamente com sua praça medieval e suas fábricas de armamentos, ficaram fora do alcance dos bombardeios aliados. Para a maior parte dos moradores de Breslávia, tinha sido possível acreditar que um dia a vida voltaria ao normal.

Agora, porém, o Exército Vermelho estava avançando rumo ao oeste, ao longo do rio Oder, fechando o cerco sobre a cidade. Relatórios da inteligência estimavam que os soldados russos excediam em número os combatentes alemães numa proporção de cinco para um.

Quando os oficiais nazistas finalmente permitiram que as mulheres e crianças de Breslávia fossem embora da cidade, era tarde demais. As famílias encaminharam-se às pressas para as estações de trem e as fronteiras, entupindo as ruas já atravancadas de refugiados de outras cidades alemãs. As mulheres empurravam carrinhos abarrotados de potes e panelas, ao passo que os homens, obedecendo às ordens de lutar até a morte, subiam nos campanários das igrejas munidos de metralhadoras. A temperatura chegava a -16 °C, e muitas das crianças em fuga morreram congeladas antes de chegar à cidade mais próxima. A natureza se incumbiu de terminar o que o homem havia começado. Antes mesmo que uma única bomba fosse despejada, cerca de 90 mil pessoas morreram tentando escapar de Breslávia.

Na noite de 13 de fevereiro os tanques russos cercaram a cidade, avançando lenta e ruidosamente pelos subúrbios. O fogo de artilharia ao longe ficava mais barulhento a cada dia, até explodir em uma batalha nas ruas do coração de Breslávia. Enquanto abriam caminho, os russos faziam voar pelos ares as fieiras de casas históricas, parede por parede, a um só tempo ocupando e destruindo a cidade.

Por sua vez, os alemães que bateram em retirada jogaram granadas dentro das casas e atearam fogo a bairros inteiros, determinados a refrear o avanço russo mesmo à custa de arrasar sua própria cidade. O bombardeio aéreo chegou ao auge pouco depois da Páscoa. Em 30 de abril, até Hitler desistiu e se matou em seu *bunker* em Berlim. Porém, em Breslávia o cerco continuou, feroz, desafiando a lógica.

Por fim, em 6 de maio, Breslávia capitulou. Três quartos da cidade tinham sido destruídos em dois meses e meio. Alguns dias depois, a longa e cruel guerra europeia chegava ao fim. O que restou da cidade foi saqueado ou incendiado pelos soldados russos.

Em questão de meses, os Aliados redesenharam o mapa da Europa. Josef Stálin, Winston Churchill e Franklin Roosevelt moveram Breslávia como a uma peça de xadrez. Com um piparote, deslocaram a cidade para o lado da Polônia, sob o novo nome de Wrocław [pronuncia-se VROTZ-VÁF]. A maior parte dos alemães remanescentes foi expulsa da cidade, e centenas de milhares de refugiados poloneses traumatizados correram para tomar o lugar deles – literalmente –, mudando-se para as casas outrora alemãs, por vezes sem nem sequer esperar que os antigos proprietários as abandonassem.[2]

Era ali que Tom vivia. Entender o lugar era entender uma história de desarranjo e deslocamento, deformada por vazios e desvirtuada pela confusão de identidades. Ao longo dos séculos, a cidade havia tido mais de cinquenta nomes diferentes. As pessoas que viviam lá, como de resto em boa parte da Polônia, jamais residiam inteiramente no presente. O local era habitado por uma miríade de fantasmas, tinha um sem-número de histórias paralelas.

Os poloneses "pioneiros", como eram chamados, tentaram reinventar sua cidade de adoção. A rua Adolf Hitler ganhou o nome do poeta polonês Adam Mickiewicz;[3] o Estádio Herman Göring tornou-se Estádio Olímpico. Mas eles estavam vivendo em um lugar assombrado. Por toda parte, nas estátuas vandalizadas e nos contornos desbotados das suásticas arrancadas ou apagadas das paredes, viam lembretes dos seus perseguidores nazistas.

Os recém-chegados tiveram pouco tempo para refletir sobre essas ironias. Logo após o término da Segunda Guerra Mundial a Polônia caiu sob o jugo comunista, que duraria quarenta anos. Dezenas de milhares de poloneses, entre os quais centenas de padres e ativistas políticos, foram parar na prisão. A polícia secreta infiltrava-se em todos os bairros. Em Wrocław, os nomes das ruas foram mudados mais uma vez. Um estigma de opressão substituiu outro.

Os defensores do pífio sistema educacional norte-americano, os que culpavam a pobreza e a disfunção por nossos problemas, falavam como se os Estados Unidos detivessem o monopólio mundial das atribulações. Talvez jamais tivessem visitado a Polônia. É difícil descrever de maneira sucinta a desordem que assolou a Polônia no espaço de meio século. Depois da derrocada do comunismo, em 1989, a hiperinflação entrou em cena e dominou o país.[4] As prateleiras dos supermercados ficaram vazias, e as mães não conseguiam encontrar leite para seus filhos. O país parecia estar à beira do caos, se não da guerra civil. Não obstante, aos trancos e barrancos a Polônia passou por outra transformação, escancarando suas instituições para emergir como uma democracia de livre mercado. Os cidadãos de Wrocław rebatizaram pela terceira vez as ruas. Até uma pequena comunidade judaica retornou à cidade.

Em 2010, quando Tom chegou de Gettysburg, a Polônia tinha se integrado à União Europeia. Contudo, o país ainda lutava contra a pobreza, a criminalidade e todo tipo de patologia. Enquanto Tom estava lá, os times de futebol locais começaram a disputar partidas em estádios vazios, e o silêncio era rompido somente pelo som dos chutes dos jogadores na bola. A violência entre os torcedores era tão grande e generalizada que as torcidas foram banidas, proibidas de assistir *in loco* aos jogos de seus próprios times.

Aproximadamente uma em cada seis crianças polonesas vivia na pobreza,[5] índice semelhante ao dos Estados Unidos, onde uma em cada cinco crianças é pobre. É difícil comparar níveis relativos de tristeza, mas os dados sugerem que na Polônia as crianças pobres levavam uma vida dura. Em um estudo das Nações Unidas sobre o bem-estar material infantil, a Polônia figurava na última posição do mundo desenvolvido.[6] Como os Estados Unidos, a Polônia era um país grande em que as pessoas não confiavam no governo centralizado. Porém, algo extraordinário aconteceu ali. O país tinha conseguido fazer o que outras nações não foram capazes. De 2000 a 2006, a nota média em leitura dos estudantes poloneses de quinze anos de idade subiu 29 pontos no Pisa.[7] Era como se os poloneses tivessem de alguma maneira enfiado dentro do cérebro quase três quartos de um ano letivo de aprendizagem extra.[8] Em menos de uma década, os alunos tinham saltado de um desempenho abaixo da média do mundo desenvolvido para uma nota *acima da média*. No mesmo período, as notas dos estudantes norte-americanos permaneceram inalteradas.

Tom estava vivendo ali a transição que a Finlândia e a Coreia do Sul tinham concluído décadas antes. Ver essa mudança de perto era quase tão bom quanto fazer uma viagem no tempo. A Polônia ainda não tinha ingressado no primeiro time das superpotências educacionais. Mas, ao contrário dos Estados Unidos, em poucos anos melhorou drasticamente seus resultados – a despeito dos índices de criminalidade, pobreza e mil outras sólidas razões para fracassar. Era uma narrativa inconclusa, mas que, de maneira bastante inesperada, tinha dado uma guinada na direção da esperança.

DA PENSILVÂNIA PARA A POLÔNIA

Encontrei-me com Tom no centro de Wrocław, em um luxuoso hotel onde Adolf Hitler, Pablo Picasso e Marlene Dietrich tinham se hospedado. Ele estava usando jeans e uma camisa social amarrotada, para fora da calça e com as mangas dobradas até os cotovelos.

Tinha dezoito anos, era magro e cursava o último ano do ensino médio. Desde que chegara de Gettysburg, sua mãe anfitriã polonesa vinha tentando, sem sucesso, engordá-lo um pouco.

Caminhamos pela cidade velha, que era exatamente como Tom havia descrito para mim meses antes: uma eclética colagem de catedrais barrocas, ruas de paralelepípedos e enormes prédios de apartamentos de arquitetura brutalista, ao estilo soviético. Na praça medieval, conhecida como Rynek, turistas bebiam cerveja Piast nas mesas dos cafés sob um relógio do século XVI que marcava as fases da lua. As *babcias*, avós polonesas, passavam arrastando os pés, lenço amarrado sob o queixo, pacotes enfiados debaixo dos braços. A Rynek tinha sido construída e restaurada inúmeras vezes. Essa versão era um pouco resplandecente demais, a cor da tinta um matiz mais vibrante do que deveria, mas ainda assim era magnífica em escala e extensão.

Paramos para tomar um café no Literatka, que representava, como de resto tudo o mais, a razão pela qual Tom tinha ido embora da Pensilvânia. Era um café pequeno e tranquilo, de aspecto monástico, com espirais de fumaça flutuando pelo ar. Havia poucas pessoas sentadas sozinhas, encurvadas sobre livros ou laptops. Ninguém levantou os olhos quando entramos.

Tom guiou-me café adentro com o mesmo orgulho que outros adolescentes reservam para o momento de exibir seu carro novo. As paredes eram forradas com estantes de livros, empilhados até o teto. Pequenos volumes sobre química apoiavam-se sobre tomos desbotados de filosofia. Nos Estados Unidos, quando Tom pensava na Europa Central, esse era exatamente o cenário que ele imaginava. Sem tirar nem pôr.

Fazia seis meses que a professora de matemática polonesa de Tom o chamara até a lousa para resolver um problema – e ele não tinha dado conta do recado. Desde aquele dia a professora nunca mais voltou a chamá-lo. Entretanto, Tom havia aprendido a tocar Chopin ao piano ("Prelúdio em mi menor"), exatamente como imaginara que faria. Seu domínio da língua polonesa também tinha melhorado bastante, e agora ele falava muito bem o idioma. Embora não escutasse muitas referências a Nabokov, como ele esperava, certa vez ouviu por acaso dois senhores idosos discutindo feio por causa de questões filosóficas, em uma das acanhadas mesas com tampo de mármore do Literatka. Escondido atrás de seu MacBook, Tom ficou de olho na briga, encantado. "*Nie rozumiesz filozoffi!*" (Você não entende nada de filosofia!), berrou um dos velhos enquanto se levantava para ir embora. Agora, sim, estava tudo perfeito.

AS CRIANÇAS DO TRIÂNGULO DAS BERMUDAS

Saímos do Literatka e seguimos a pé até a escola de Tom, a LO XIII, conhecida como Número 13. Enquanto caminhávamos, o ambiente mudou abruptamente. A escola de ensino médio ficava ao lado de uma área barra-pesada conhecida como Trójkat Bermudzki, ou Triângulo das Bermudas. O bairro fizera por merecer o apelido anos antes, quando os forasteiros que zanzavam por lá aparentemente desapareciam e nunca mais ninguém voltava a ter notícias deles. Desde então os índices de criminalidade haviam diminuído, mas o Triângulo continuava sendo um lugar complicado. Semanas antes um amigo de Tom tinha sido vítima de um assalto com faca, em plena luz do dia, enquanto voltava a pé da escola para casa.

As ruas do Triângulo eram margeadas por altas e adornadas casas geminadas que tinham sobrevivido à Segunda Guerra

Mundial, mas que agora não passavam de cortiços em ruínas. Das fachadas deterioradas, estátuas engrecidas fitavam o chão. As calçadas e entradas recendiam a urina, e os desbotados afrescos nas paredes estavam cobertos de pichações. A Finlândia pareceu bem distante.

Uma criança passou correndo por nós a caminho de um pequeno playground espremido atrás de uma fieira de casas geminadas. Até 2007 o local era um campo de terra, onde, por falta de opções, a garotada do Triângulo das Bermudas brincava. Quando, um dia, uma escavadeira chegou para transformar o terreno em estacionamento, as crianças protestaram, recusando-se a abrir mão do naco de chão batido. Usando tábuas, improvisaram cartazes com os dizeres "Exigimos um lugar para brincar! Escavadeiras, vão embora!".[9] O líder da manifestação, um rapaz de dezesseis anos chamado Krystek, que provavelmente iria longe na vida, tinha chamado os jornais. Os empreiteiros recuaram e concordaram em construir alguns estacionamentos pequenos e um modesto playground.

A garotada do Triângulo não tinha uma vida fácil. Os pais de alguns estavam na cadeia; outros conviviam com mães que bebiam vodca demais. Havia dias em que meninos e meninas iam para a escola cansados e famintos. Aos olhos de um forasteiro, aquilo não era muito diferente de um bairro pobre nos Estados Unidos.

Entretanto, na década anterior, alguma coisa tinha mudado drasticamente para os garotos do Triângulo, algo que era difícil de ver nas ruas. Eles passavam seus dias em um sistema educacional que estava reiventando a si mesmo. As mudanças não haviam sido implementadas nas margens, onde a maioria das reformas ocorria nos outros países do planeta; a ruptura se dera no cerne, alterando de maneira essencial a estrutura e a substância da educação na Polônia, oferecendo a essas crianças e adolescentes chances melhores do que teriam encontrado em muitas diretorias de ensino nos Estados Unidos, um país muito mais rico. Eles ainda moravam no Triângulo das Bermudas, mas agora era muito menos provável – falando em termos estatísticos – que se perdessem para sempre.

O ALQUIMISTA

Em 1997, quando Mirosław Handke se tornou ministro da Educação da Polônia, ele era um estranho no ninho. Químico de formação, com um bigode branco e expressivas sobrancelhas pretas arqueadas, parecia uma versão de Sean Connery do Leste europeu. Handke tinha uma bem-sucedida carreira no mundo acadêmico, por seu trabalho na Universidade de Ciência e Tecnologia AGH, em Cracóvia. Já havia publicado mais de oitenta artigos sobre as obscuras propriedades dos minerais e se tornara reitor da universidade, uma das melhores da Polônia. Entretanto, não entendia coisa alguma de política ou diretrizes educacionais. Sua ignorância seria um elemento a seu favor, pelo menos durante um determinado período.

Àquela altura, os 38 milhões de cidadãos poloneses tinham sido submetidos a anos de terapia de choque na área econômica, elaborada com o intuito de catapultar o país rumo ao Ocidente após a derrocada do comunismo. Até então, a desregulação e a privatização tinham funcionado, fazendo da Polônia uma das nações de crescimento econômico mais acelerado do planeta; o desemprego vinha em queda livre, juntamente com a inflação.

Mas agora o país estava novamente à beira do precipício; sem reformas urgentes, os sistemas de saúde, de previdência social e de educação poderiam sugar até exaurir de vez a economia, mandando a inflação para as alturas outra vez e colocando em risco a trajetória da Polônia de nação comunista atrasada a potência europeia.

O fato mais ameaçador era que os adultos poloneses não tinham a capacidade e o conhecimento para competir no mundo moderno. Somente metade dos adultos das áreas rurais do país havia concluído o ensino fundamental. Sem melhoras na educação, os poloneses seriam relegados a subempregos não qualificados e de remuneração muito baixa, fazendo o trabalho que outros europeus não queriam fazer.

Diante dessa crise existencial, Handke estudou os sistemas educacionais de outros países, inclusive o dos Estados Unidos, onde ele tinha vivido por dois anos. Viajou pela Polônia a fim de conversar com professores, pesquisadores e políticos. Na primavera de 1998, Handke e seu superior, o novo primeiro-ministro Jerzy Buzek (outro professor de química), anunciaram uma série de reformas, que talvez jamais colocariam em prática se tivessem mais experiência com as sensibilidades políticas da educação.

"Tivemos de mudar o sistema todo – arrancá-lo de seu equilíbrio de modo a chegar a um novo equilíbrio", disse Handke.[10] Ele ainda estava dando aulas de química, dessa vez para 38 milhões de pessoas.

Para alcançar o novo equilíbrio, o país entraria em um estágio que os cientistas chamaram de *fase de transição* e que, como definiu Handke, "daria uma chance aos estudantes".[11] Essa fase era composta de quatro partes, apresentadas em um livro alaranjado de 225 páginas que foi distribuído para as escolas de todo o país. Em primeiro lugar, as reformas injetariam rigor no sistema.

Um novo currículo básico comum substituiria as velhas normas e orientações, intelectualmente pouco sofisticadas e exigentes, e que até então tinham obrigado os professores a dar conta de um número excessivo de tópicos em um curto período, ensinando tudo de maneira excessivamente sucinta. O novo programa forneceria os objetivos fundamentais, mas deixaria os detalhes para as escolas. Ao mesmo tempo, o governo exigiria que um quarto dos professores voltasse à faculdade para aperfeiçoar sua própria formação.

Juntamente com o rigor vinha a responsabilização. Como maneira de verificar se os estudantes estavam aprendendo, eles começariam a fazer testes padronizados a intervalos regulares ao longo de sua trajetória escolar – não com a mesma frequência que as crianças norte-americanas, mas no final da pré-escola, no último ano do ensino fundamental e no término do ensino médio. Esses testes seriam os mesmos em todo o país, aplicados para todos os milhões de crianças e adolescentes poloneses.

No caso das crianças menores, os testes ajudariam a identificar quais alunos – e professores e escolas – precisavam de mais ajuda. Para os estudantes mais velhos, os testes também teriam consequências, determinando em que escolas de ensino médio – e depois universidades – eles poderiam estudar. Pela primeira vez, todos os estudantes fariam o exame de admissão à universidade no final do ensino médio, e as provas não seriam mais avaliadas por professores locais. Dessa maneira, universidades e empregadores teriam um instrumento confiável para assegurar que os resultados significavam a mesma coisa de uma ponta a outra do país.

Os poloneses ainda não tinham como saber, mas esse tipo de teste padronizado direcionado a um público-alvo específico se mostraria decisivo em todos os países com índices significativos de pobreza, de acordo com uma análise do Pisa que seria publicada anos mais tarde. Em todo o mundo, os sistemas escolares que lançavam mão de testes padronizados aplicados regularmente tendiam a ser lugares mais justos,[12] com menores lacunas entre o que os alunos ricos e os pobres sabiam. Mesmo nos Estados Unidos, onde historicamente os testes demonstravam falta de rigor e de propósito, as notas dos estudantes afro-americanos e hispânicos em leitura e matemática aumentaram durante a era da aplicação generalizada de testes padronizados.

Por que os testes faziam das escolas lugares mais justos, em termos gerais? Os testes ajudavam as escolas a ver o que elas estavam fazendo certo e o que estavam fazendo errado, e quem precisava de mais ajuda. Esse discernimento era um pré-requisito, não uma solução. Tornar os problemas visíveis não era garantia de que eles seriam resolvidos, conforme milhares de diretorias de ensino norte-americanas haviam provado sob o regime de testes obrigatórios do programa Nenhuma Criança Será Deixada para Trás. Mas a identificação dos problemas parecia ser um necessário primeiro passo em lugares onde se constatava uma desmedida variação no nível de conhecimento das crianças.

A terceira reforma era a mais importante: literalmente – e não apenas como retórica – aumentar as expectativas acerca do que os estudantes seriam capazes de realizar. Para tanto, as reformas obrigariam todos eles a permanecer juntos no mesmo ambiente escolar por mais um ano inteiro, um ano adicional que seria o equivalente ao primeiro ano do ensino médio. Em vez de serem encaminhados para programas profissionalizantes/técnicos ou para o sistema regular/acadêmico (que prepara o aluno para o bacharelado) por volta dos quinze anos de idade, prática conhecida como categorização ou *tracking*,* os estudantes iriam para a mesma escola de ensino médio, juntos, e lá ficariam até os dezesseis anos. A diferença era de apenas doze meses, mas teria consequências surpreendentes.

Na Polônia, adiar a categorização significava criar mais 4 mil novas escolas voltadas ao primeiro ano do ensino médio,[13] praticamente da noite para o dia. Não havia outra maneira de acomodar os alunos que normalmente teriam ido para uma escola técnica/profissionalizante aos quinze anos.

Handke poderia ter parado por aí. Um novo currículo básico comum nacional, um regimento mais rígido de aplicação de testes e milhares de novas escolas que representariam uma gigantesca ruptura, coisa que nenhum estado norte-americano jamais tinha visto ser realizada em um intervalo tão curto.

Porém, havia um problema óbvio. Os poloneses tinham lembranças recentes e traumáticas do comunismo. Para o governo central, era politicamente impossível impor mudanças como essas sem, em troca, conceder outras liberdades. A fim de obter mais responsabilização, Handke decidiu recompensar as escolas dando-lhes maior controle sobre seu funcionamento.

---

* Diferenciação curricular dentro de um mesmo nível de ensino, o conceito de *tracking* geralmente diz respeito a práticas que levam à escolha de uma trajetória especificamente acadêmica ou técnica/profissionalizante para os estudantes – característica de sistemas educacionais duais. Contudo, no contexto norte-americano o *tracking* é referido como a escolha de disciplinas específicas, no decorrer do ensino secundário, de caráter acadêmico (pré-requisitos para a entrada no ensino superior), ou de disciplinas mais técnicas/profissionalizantes. Não deve ser confundido com a prática de *ability grouping* ou agrupamento por habilidades, que diz respeito à divisão de turmas de uma mesma série de acordo com o desempenho escolar dos alunos. [N.T.]

A autonomia foi a quarta reforma.[14] Os professores teriam liberdade para escolher seus próprios livros didáticos e seu próprio currículo específico – entre uma centena de opções aprovadas –, juntamente com seu desenvolvimento profissional. Começariam a receber bonificações baseadas em parte no incremento de seu aperfeiçoamento profissional. Num país que vinha experimentando um surto de prosperidade e onde as pessoas eram julgadas pelo valor do salário que ganhavam, a infusão de dinheiro sinalizava, com todas as letras, que os professores já não eram trabalhadores de nível inferior. Os diretores, por sua vez, teriam total responsabilidade pela contratação dos docentes. As autoridades locais teriam pleno controle das decisões orçamentárias, incluindo onde e como abrir as novas escolas dedicadas ao primeiro ano do ensino médio.

Em outras palavras, o novo sistema exigiria mais responsabilização por resultados, ao mesmo tempo que concedia maior autonomia de métodos. Essa mesma dinâmica podia ser encontrada em todos os países que haviam melhorado de maneira acentuada seus resultados, incluindo a Finlândia, e, aliás, em todas as organizações de alta performance, da Guarda Costeira dos Estados Unidos à Apple.

Todas essas mudanças aconteceriam, declarou Handke, no decorrer de um ano.

TERAPIA DE CHOQUE

O livro alaranjado suscitou reações extremas. Alguns poloneses aplaudiram a audácia do plano de Handke. "Esse é o nosso bilhete de entrada na Europa e no mundo moderno", proclamou um articulista da *Gazeta Wyborcza*, um dos maiores jornais do país.[15] Entretanto, o Sindicato dos Professores Poloneses posicionou-se contra as reformas, acusando Handke de querer mudar coisas demais em um espaço de tempo muito curto e sem dispor de recursos financeiros. Em outro artigo do mesmo jornal, um diretor de escola profetizou o desastre:

Podemos esperar a deterioração do padrão da educação para a maioria dos jovens, um aprofundamento do analfabetismo e uma disseminada relutância dos estudantes em dar prosseguimento aos estudos em programas de aperfeiçoamento, cursos de formação continuada e ensino superior.[16]

A ocasião, porém, era excepcional: a Polônia tinha um novo governo, repleto de autodenominados reformistas. Eles não poderiam simplesmente alardear o epíteto de reformistas e depois obstruir as reformas. Mais importante era o fato de que havia um bocado de agitação.[17] O governo estava reformando ao mesmo tempo os sistemas de saúde e de previdência social do país. O ritmo vertiginoso das mudanças deu cobertura a Handke.

Em 1º de setembro de 1999, 4 mil novas escolas de primeiro ano do ensino médio espalhadas pela Polônia abriram as portas.[18] A metamorfose tinha começado. Sabiamente, Handke iniciou o dia rezando para que tudo corresse bem. Na antiga cidade de Gniezno, participou de uma missa especial na catedral gótica. De lá seguiu para a escola nova em folha da cidade, uma estrutura de vidro e concreto de três andares conhecida como Número 3, para a solenidade de inauguração da nova era educacional da Polônia. Prometeu que o novo sistema seria "mais criativo e seguro, sem martelar informações redundantes dentro da cabeça dos alunos".[19] Criado com vista ao mundo do presente e não do passado, o novo sistema ensinaria os estudantes a pensar.

Na realidade, foi um dia caótico. Muitos professores e diretores não estavam prontos. Em muitas cidadezinhas rurais, onde os estudantes moravam longe das escolas recém-construídas, os ônibus simplesmente não apareceram. Pais, professores e diretores queixaram-se asperamente das mudanças. Os livros alaranjados eram uma boa ideia, mas ainda não tinham conseguido convencer a opinião pública e o professorado de que as mudanças eram sensatas. No final do ano letivo, uma pesquisa revelou que 60% dos poloneses pesquisados não consideravam que as reformas garantiam acesso igualitário à educação.[20] Ninguém, nem mesmo o próprio Handke, sabia se a aposta valeria a pena e renderia bons frutos.

"NÃO QUEREMOS FICAR PARA TRÁS"

Enquanto o químico Handke abalava o senso comum na Polônia, o físico Schleicher tentava persuadir os países a participar do primeiro Pisa de todos os tempos. Muitas nações já haviam confirmado presença, mas a Polônia não estava entre eles.

A Polônia tinha pouca experiência em exames internacionais, e muitos poloneses julgavam que era melhor gastar o dinheiro em outras coisas. Entretanto, algumas autoridades, caso de Jerzy Wiśniewski, consultor do Ministério da Educação e ex-professor de matemática do ensino médio, fez lobby para que a Polônia tomasse parte no experimento. Para elas, o Pisa representava a modernidade – uma ferramenta racional e sofisticada para o Primeiro Mundo.

"O único outro país desenvolvido que ainda se opõe é a Turquia", observou Wiśniewski.[21] "Não queremos ficar para trás."

A pressão dos pares funcionou e, em 2000, os adolescentes poloneses de quinze anos fizeram o Pisa. Na ocasião ninguém percebeu, mas o momento foi perfeito. O Pisa captou, inteiramente por coincidência, um instantâneo da Polônia antes e depois das reformas.

Os jovens poloneses que participaram do primeiro Pisa em 2000 tinham crescido sob o velho sistema. Por meio da categorização, metade dos estudantes tinha sido encaminhada para escolas profissionalizantes/técnicas, metade para escolas acadêmicas/ regulares. Eram o grupo de controle, por assim dizer.

Ninguém na Polônia esperava um desempenho de campeão mundial, mas ainda assim os resultados foram desanimadores. Os poloneses de quinze anos ficaram em 21º lugar na prova de leitura e em vigésimo em matemática, abaixo dos Estados Unidos e abaixo da média do mundo desenvolvido. Mais uma vez a Polônia se via do lado de fora da festa. Se os alunos das escolas profissionalizantes/técnicas fossem avaliados separadamente, as desigualdades seriam alarmantes. Mais de dois terços ficavam no fundo do poço, no ponto mais baixo do nível de letramento.[22]

Três anos depois, em 2003, um novo grupo de adolescentes poloneses fez o Pisa. Esses estudantes tinham passado seus anos de ensino fundamental no velho sistema, mas agora estavam frequentando as novas escolas propedêuticas. Ao contrário de seus antecessores, ainda não tinham sido submetidos à categorização. Eram o grupo experimental.

Os resultados foram chocantes – *mais uma vez*. A Polônia, alvo de piadas ao redor do mundo, ficou em 13º em leitura e em 18º em matemática,[23] pouco acima do desempenho dos Estados Unidos em ambas as disciplinas. No espaço de três anos, tinha alcançado o mundo desenvolvido.

Como isso era possível? Normalmente, qualquer reforma demora muitos anos para ter algum impacto, e a maioria se mostra inócua. Mas os resultados mantiveram-se constantes. Em 2009 a Polônia já estava superando o desempenho dos Estados Unidos em matemática e ciências, embora gastasse menos da metade do dinheiro por estudante.[24] Em leitura e matemática, os adolescentes mais pobres da Polônia tiraram notas mais altas que os adolescentes mais pobres dos Estados Unidos.[25] Um feito extraodinário, uma vez que em termos socioeconômicos sua situação era pior que a dos adolescentes norte-americanos menos favorecidos.

Os resultados sugeriam uma possibilidade radical para o resto do mundo: talvez as crianças mais pobres *fossem capazes* de aprender mais do que estavam aprendendo. Talvez nem tudo estivesse perdido. Um dado mais impressionante: naquele ano, 85% dos estudantes poloneses formaram-se no ensino médio, em comparação com 76% de adolescentes norte-americanos.[26]

No mesmo período, os Estados Unidos tinham passado por sua própria reforma educacional, incluindo mais aplicações de testes e o flagelo público das escolas com maus resultados sob o programa Nenhuma Criança Será Deixada para Trás. Enquanto isso, porém, o tempo todo as notas dos jovens norte-americanos no Pisa permaneciam em grande medida inalteradas.[27] Os Estados Unidos haviam aumentado a pressão sobre as escolas, mas de resto pouca coisa tinha sido feita no sentido de injetar rigor no sistema, adiar a categorização dos estudantes ou conceder autonomia aos melhores professores.

Quando Wiśniewski examinou atentamente os dados, viu que boa parte da melhoria da Polônia se devia aos estudantes que no fim terminavam em escolas técnicas/profissionalizantes. Suas notas deram um salto, levantando a média do país inteiro. As escolas polonesas ficaram também mais consistentes. A variação de notas de uma escola polonesa para outra diminuiu mais do que em qualquer outro país desenvolvido.[28] A adolescência tinha ficado um bocado mais justa na Polônia, quase do dia para a noite. E esse incremento *não* se deu em detrimento dos jovens mais adiantados do país, cujas notas também aumentaram. Mais de um terço dos adolescentes poloneses figuravam nos dois níveis mais altos de letramento,[29] superiores à média do mundo desenvolvido.

O que tinha feito a diferença na Polônia? De todas as mudanças, uma reforma havia sido a mais importante, de acordo com uma pesquisa conduzida por Wiśniewski e seus colegas: o adiamento da categorização.[30] Alunos que antes teriam sido transferidos para escolas técnicas/profissionalizantes fizeram em média 100 pontos a mais que seus conterrâneos de 2000, estudantes que àquela altura já tinham sido divididos pela categorização. As expectativas haviam ficado mais altas, e agora esses adolescentes tinham correspondido a elas.

Aparentemente, as 4 mil escolas inclusivas novatas haviam revigorado o sistema educacional de maneiras inesperadas. Os diretores que se ofereceram para administrá-las tendiam a ser gestores educacionais mais ambiciosos e tinham permissão para escolher a dedo os seus professores. De modo um tanto acidental, o novo sistema selecionou por conta própria pessoas de talento, e as novas escolas adquiriram prestígio, que passou a ser uma qualidade inerente a elas. As novas escolas mandaram para o restante do *establishment* educacional o recado de que as reformas eram reais, e não apenas um espasmo político que poderia ser ignorado.

Handke ficou extasiado, e viu as notas do Pisa como uma justificação e um triunfo de suas reformas. "A nossa juventude tinha começado a pensar."

Entretanto, os dados revelaram também um perturbador outro lado da moeda: as expectativas poderiam despencar na mesma velocidade com que haviam subido vertiginosamente. Em 2006 e 2009, a Polônia aplicou o teste Pisa a uma amostragem de estudantes de dezesseis e dezessete anos, para ver o que acontecia depois que eles tinham ido para as escolas técnicas/profissionalizantes. Inacreditavelmente, todos os ganhos desapareceram. O hiato de desempenho do primeiro Pisa retornava, um ano depois. Aos dezesseis anos, o desempenho dos alunos das escolas técnicas/profissionalizantes estava drasticamente pior que o dos estudantes das escolas regulares. As reformas haviam adiado a lacuna, mas não a eliminaram.[31]

Wiśniewski ficou desnorteado. Como era possível todo o progresso desaparecer tão rápido? "Talvez seja a motivação", ele disse. "É preciso fazer mais pesquisas. Mas de alguma forma o efeito dos pares tem influência." Alguma coisa acontecia com os jovens assim que entravam nas escolas técnicas/profissionalizantes com os outros alunos e professores. Aparentemente eles perdiam suas habilidades, ou talvez seu ímpeto, quase do dia para a noite.

ALUNOS TALENTOSOS E COM ALTAS HABILIDADES NOS ESTADOS UNIDOS

Intuitivamente, a categorização fazia sentido. Uma sala de aula deve funcionar de maneira mais eficaz se todos os alunos estiverem no mesmo nível. Na realidade, porém, a divisão de turmas de uma mesma série com base no desempenho escolar dos alunos quase sempre vinha acompanhada de expectativas de segunda classe.

Do ponto de vista estatístico, onde quer que fosse colocada em prática, a categorização tendia a degradar a qualidade da aprendizagem e fomentar desigualdades.[32] Em geral, quanto mais jovens os alunos eram separados pela categorização, pior era o desempenho do país inteiro no Pisa. Parecia haver uma espécie de "efeito gueto": assim que os alunos eram rotulados e segregados no grupo inferior, sua aprendizagem desacelerava.

Na Pensilvânia, Tom foi submetido ao *tracking* já a partir do terceiro ano do ensino fundamental. Uma professora recomendou-lhe que fizesse o teste e o menino se saiu bem. Assim, aos oito anos de idade Tom foi colocado no programa para alunos talentosos e com altas habilidades de Gettysburg. No início, essa distinção tinha pouco efeito prático. Uma vez por semana ele e outras crianças selecionadas iam para uma classe especial, onde aprendiam rudimentos de latim e faziam exercícios de divisão longa (contas de dividir com dois ou mais algarismos na chave) antes dos outros alunos. À medida que foi ficando mais velho, Tom aos poucos foi integrado de forma mais explícita em uma turma especial. Aos quinze anos, suas aulas básicas eram todas consideradas avançadas de certa forma. Ele tinha aulas de inglês, estudos sociais e ciências no que era conhecido como *accelerated track* ou *currículo acelerado*, juntamente com outros alunos de alto desempenho. As únicas ocasiões em que Tom via as crianças "não aceleradas" de sua idade eram em aulas como educação física, artes ou outras matérias não essenciais.

Era difícil saber que efeito teriam essa separação e classificação, mas era seguro afirmar que crianças que, aos oito anos, ouviam dizer que eram talentosas provavelmente tendiam a se ver exatamente assim, e o mais provável era que crianças que não recebiam esse tipo de informação não se sentiam assim. Por si só a palavra *talentoso* sugeria uma aptidão ou capacidade inata que nenhuma quantidade de trabalho árduo seria capaz de mudar. Em certo sentido, era o contrário do confucionismo, que sustenta que o único caminho para o verdadeiro conhecimento é resultado do estudo prolongado e minucioso.

Quando Tom era calouro do ensino médio, a Gettysburg High School tinha três níveis ou currículos (*tracks*) principais. O mais rigoroso era o acelerado, que no primeiro e no último ano do ensino médio passava a ser chamado de Curso de Colocação Avançada (*advanced placement track*). O segundo nível era destinado a todas as crianças regulares. E havia ainda *outro* nível, eufemisticamente chamado de currículo aplicado (*applied track*),[33] que servia para os 10% ou 15% dos colegas de classe que, por qualquer razão, tinham baixas expectativas. Em vez de aulas de inglês, esses alunos cursavam algo chamado "Inglês no Local de Trabalho". Todos os estudantes tinham seu próprio nível ou *track*, não importa qual fosse o rumo para onde o currículo os levasse.

Quando a maioria das pessoas pensava em categorização, tinha em mente países como Alemanha ou Áustria, onde os estudantes eram distribuídos por instituições de ensino separadas, dependendo de suas aspirações. O sistema de categorização assumia formas diferentes em lugares como Estados Unidos, Reino Unido, Canadá, Japão, Noruega e Suécia. Mas isso não queria dizer que era menos poderoso.

O sistema de *tracking* no ensino fundamental era uma prática exclusivamente norte-americana.[34] A categorização começava já com as crianças ainda bem pequenas, na forma de *magnet schools* ("escolas-ímãs"),* *honor classes* (classes especiais avançadas para

---

* Em geral regionais, as escolas-ímãs oferecem programas especializados e temas e propósitos específicos, como música e arte, ciência e tecnologia, culturas hispânicas, matemática ou comunicações, além do currículo tradicional. A intenção é atrair alunos de todos os níveis da comunidade. [N.T.]

alunos acima do padrão), Cursos de Colocação Avançada ou programas International Baccalaureate. Na verdade, os Estados Unidos eram um dos poucos países onde as escolas não apenas separavam e classificavam crianças da mais tenra idade por habilidades, mas efetivamente ensinavam *conteúdos diferentes* para os níveis mais avançados. Em outros países, incluindo Alemanha e Cingapura, esperava-se que todos os alunos aprendessem o mesmo e complexo currículo comum; os de nível mais avançado simplesmente se aprofundavam mais no material.

Enquanto isso, a duradoura segregação das escolas norte-americanas por raça e renda criou outro sistema de categorização *de fato*, em que estudantes pertencentes a minorias e famílias de baixa renda eram muito mais propensos a frequentar escolas inferiores, com um número menor de turmas de Colocação Avançada e menos professores experientes.

No início do século XXI, muitos países estavam – lentamente e de maneira hesitante – adiando a categorização. Quando faziam isso, todos os estudantes tendiam a sair-se melhor. Na maior parte das escolas polonesas, o *tracking* ocorria aos dezesseis anos. Na escola de Tom em Wrocław, o processo de separação e classificação já tinha acontecido; do total de estudantes que se candidatavam, o número dos que eram aceitos variava de um terço à metade. Tom só via os alunos das turmas vocacionais (destinadas às escolas técnicas/profissionalizantes) quando tinha aula de educação física. Eles saíam assim que a sua turma chegava.

A Finlândia também aplicava o *tracking*. Como na Polônia, a categorização começava mais tarde, em consequência de quarenta anos de reformas, e a cada etapa de introdução de mudanças o *tracking* era postergado um pouco mais. Contudo, até os estudantes completarem dezesseis anos as escolas finlandesas obedeciam a uma rígida ética de isonomia. Em geral, por norma os professores não podiam reter os alunos e tampouco aprová-los quando não estavam prontos. Assim, restava apenas uma opção: todos os alunos tinham de aprender. Para tornar isso possível, o sistema educacional finlandês direcionava o dinheiro para aqueles que precisavam de ajuda. Tão logo as crianças pequenas davam sinais de que estavam tendo dificuldade e ficando para trás, os professores debruçavam-se sobre elas como uma equipe de mecânicos de carros de corrida, antes que elas ficassem ainda mais para trás. Cerca de um terço dos estudantes recebia ajuda especial durante seus primeiros nove anos de escola.[35] Na Finlândia, somente 2% dos alunos repetiam de ano no ensino fundamental[36] (nos Estados Unidos, em comparação, eram 11%, número superior à média do mundo desenvolvido).

Na Finlândia o *tracking* não era um estigma tão grande. O governo destinava verbas adicionais para as escolas de ensino médio técnicas/profissionalizantes, que em muitas cidades menores eram tão prestigiosas quanto os programas regulares/acadêmicos. Na verdade, quanto mais remota ou desfavorecida a escola, mais dinheiro ela recebia. Esse equilíbrio era tão importante quanto postergar o *tracking*; assim que os estudantes eram direcionados para uma trajetória vocacional, isso tinha de dar em alguma coisa. Nem todos os alunos precisavam ir para a universidade, mas todos eles tinham de aprender habilidades úteis.

Na Finlândia e em todos os países do topo da pirâmide educacional, os gastos em educação estavam atrelados a necessidades, o que era algo bastante lógico. Quanto pior o desempenho dos estudantes, mais dinheiro sua escola recebia. Na Pensilvânia, o estado natal de Tom, as coisas funcionavam ao contrário. As diretorias de ensino mais pobres gastavam 20% *menos* por estudante,[37] cerca de

9 mil dólares, ao passo que nas diretorias de ensino mais ricas os gastos giravam em torno de 11 mil dólares.

Essa matemática inversa era uma das diferenças mais óbvias entre os Estados Unidos e outros países.[38] Em quase todas as demais nações desenvolvidas[39] as escolas com os estudantes mais pobres tinham *mais* professores por aluno; somente em quatro países verificava-se o contrário: Estados Unidos, Israel, Eslovênia e Turquia, onde as escolas mais pobres tinham um número menor de professores por aluno.

Era uma diferença contundente, e estava relacionada ao rigor. Em países onde as pessoas concordavam que a escola era séria, a escola tinha de ser séria para todo mundo. Se o rigor era um pré-requisito para o sucesso na vida, então era um critério a ser aplicado de maneira uniforme. A igualdade – um valor essencial da justiça, amparado por verbas oficiais e institucionalizado por meio do adiamento da categorização – era um sinal evidente de rigor.

A CAVERNA DE PLATÃO

Depois do primeiro ano de Tom na Gettysburg High School, a escola ganhou um novo diretor. Seu nome era Mark Blanchard, um homem com uma missão. As notas da escola estavam mais baixas do que deveriam, e ele já chegou procurando os motivos. Tinha trabalhado em duas outras escolas públicas – de melhor desempenho – na Pensilvânia e por isso imaginou que seria capaz de resolver o problema de Gettysburg tão logo conseguisse identificá-lo.[40]

Mas não conseguiu.

A Gettysburg High School era suntuosa. Estendia-se por um terreno de cinquenta hectares, com um campus de vidro e tijolos vermelhos junto de um gramado perfeito. Construída em 1998, a escola contava com instalações de 40 milhões de dólares que incluíam um laboratório de engenharia, uma estufa, três quadras de basquete e um moderno e bem equipado auditório de 1.600 lugares. A escola gastava por aluno quase duas vezes mais que o colégio de Kim em Oklahoma,[41] mesmo levando-se em conta os ajustes de custo de vida e as diferenças nas necessidades dos estudantes. Se a Gettysburg High School precisava de alguma coisa, não era de dinheiro.

A preocupação de Blanchard era que o problema talvez fossem os professores. Isso seria difícil de consertar. Porém, o diretor ficou surpreso ao encontrar um punhado de docentes talentosos e experientes. E também conheceu centenas de estudantes aplicados e criativos, entre os quais Tom. Um em cada cinco alunos da Gettysburg vinha de famílias que viviam na pobreza, em um nível relativamente estável, e a maior parte dos colegas de classe de Tom pertencia a famílias de renda média ou alta.

Com o tempo, Blanchard percebeu que o problema era mais insidioso. O desafio não era a falta de potencial, mas uma deficiência de imaginação. Alguns pais – incluindo os que trabalhavam como professores no Gettysburg College, faculdade localizada nas imediações da escola – davam como líquido e certo que seus filhos iriam para a universidade. Mas a maior parte queria apenas que os filhos concluíssem o ensino médio e ponto final, constatou Blanchard. Muitos desses pais trabalhavam na agricultura, e sua instrução formal jamais tinha avançado além desse nível. Seus objetivos eram excessivamente modestos.

Em alguns outros países, essa mentalidade do século XX tinha sido rompida – invariavelmente por crises econômicas. As famílias da Finlândia, da Coreia do Sul e da Polônia começaram a pressupor que após o ensino médio seus filhos iriam para a faculdade ou receberiam formação técnica, e com a maioria deles isso de fato aconteceu.

Porém, em Gettysburg e muitas escolas ao redor do mundo o status quo tinha se calcificado. E não eram apenas os pais e estudantes que se contentavam com menos. Essa mesma mentalidade havia se impregnado em muitas salas de aula. Em suas conversas de corredor com os professores, Blanchard notou certa resignação.

Por que os docentes teriam motivação para ficar de pé na frente da classe e conversar sobre política, literatura ou matemática avançada, se tudo que seus alunos queriam era simplesmente terminar o ensino médio?

Blanchard começou a pensar no problema em termos da alegoria da caverna de Platão. As pessoas supunham que as sombras que elas viam projetadas nas paredes eram reais, embora fossem apenas reflexos de sua própria imaginação. Ele precisava fazer com que elas se virassem para olhar ao redor, de modo que descobrissem que o mundo era diferente. As coisas tinham mudado, e elas podiam sonhar mais alto.

Em primeiro lugar, Blanchard tentou inflamar a retórica. Começou a falar em transformar Gettysburg na melhor escola. Anunciou um plano para dobrar o tamanho das turmas de Colocação Avançada. Disse ao professor de educação musical que queria ter o mais vigoroso programa de música do condado. "Quero ser excelente em tudo, de modo que ninguém possa dizer que esta é a escola do time de futebol americano."

Depois tentou também aumentar as expectativas escolares, apenas um pouco. Quando ouviu acerca do currículo aplicado (*applied track*), começou a fazer perguntas. Nenhuma de suas escolas anteriores tinha precisado dessas classes de cursos aplicados.

Por que Gettysburg precisaria? Blanchard começou a se referir a elas como "as classes dos burros", e propôs sua extinção. "Os estudantes cumprem as expectativas que estabelecemos para eles", disse ele a sua equipe.

Alguns professores e orientadores educacionais se opuseram. "Os alunos não vão passar", preveniram Blanchard. "Não vão se formar."

Blanchard alegou que seu trabalho era ensinar todos os alunos, não apenas os mais ambiciosos. Assim, no segundo ano de Tom no ensino médio, a escola não disponibilizou as "classes dos burros". Dessa maneira, Gettysburg apagou do mapa seu nível de pior desempenho.

Curiosamente, nada aconteceu. Ninguém abandonou a escola pelo fato de que a aula de "inglês para os burros" saiu do currículo.[42] Logo os professores pararam de falar no assunto e foi como se o currículo aplicado jamais tivesse existido.

Gettysburg e outras diretorias de ensino locais também se uniram para criar uma nova escola técnica, de modo que os alunos que quisessem receber educação técnica/profissionalizante poderiam passar metade do dia no programa de mecânica de motores a diesel e pré-enfermagem, ganhando créditos para a faculdade comunitária. Porém, só poderiam fazer isso após os dezesseis anos, exatamente como na Polônia. Até lá, teriam de continuar cursando inglês, matemática e ciências.

Os alunos do curso de mecânica de motores a diesel precisavam saber geometria e física básica para diagnosticar e consertar maquinário pesado moderno. Tinham de ser capazes de ler diagramas, projetos e manuais técnicos. Tinham de entender porcentagens e proporções para medir os gases encontrados nos escapamentos. Todas as tarefas dos empregos haviam se tornado mais complexas, incluindo os trabalhos braçais ou fabris, ligados à atividade industrial e a setores como o de transportes ou de construção.[43] Contudo, exceto por essas importantes mudanças, muita coisa permaneceu inalterada na Gettysburg High School. A escola ainda tinha múltiplos níveis ou *tracks*, nos quais os alunos eram categorizados desde pequenos. O programa de Colocação Avançada havia crescido, mas não chegou a dobrar de tamanho. Em sua maioria os professores ainda eram os mesmos. Embora muitos fossem ótimos profissionais, outros tantos não eram, disse-me um docente veterano da Gettysburg. "Os pais se queixam deles, os alunos também reclamam, mas eles ainda estão aqui."

Na média, em 2011 e 2012 o estado da Pensilvânia recebeu do Conselho Nacional de Qualidade dos Professores a nota D+ no quesito gerenciamento de docentes, e, sem rodeios, ganhou uma esmagadora nota F por suas práticas quanto à demissão de professores incompetentes.

Os esportes continuavam sendo a essência da cultura da Gettysburg High School. A cada partida de futebol americano apareciam nada mais nada menos do que quatro repórteres locais para cobrir o evento. Os dois jornais da cidade dedicavam seções inteiras à cobertura das atividades esportivas da escola. Muitos jogos eram transmitidos pelo rádio. Os estudantes-atletas tinham de cumprir um exaustivo cronograma de treinamentos que os deixava com pouco tempo e energia para estudar. Ao longo de todo o verão esses alunos tinham de fazer musculação, mas não lidavam com uma carga muito pesada de exercícios de matemática. Blanchard havia trabalhado com afinco para elevar o ímpeto e o quociente de igualdade em sua escola, mas o restante da equação continuava praticamente o mesmo.

Em 2011, quatro em cada dez alunos do primeiro ano do ensino médio da Gettysburg ainda não dominavam o conteúdo de matemática de seu nível escolar, de acordo com o teste aplicado pelo próprio estado, que não era muito difícil.[44] Quando os colegas de classe de Tom fizeram o SAT, tiraram notas um pouco mais altas que a média nacional em leitura e um pouco abaixo da média nacional em matemática.[45] Suas notas nas classes de Colocação Avançada eram altas, mas apenas um terço dos alunos estava matriculado nessas turmas. Era quase como se Gettysburg tivesse duas escolas diferentes, uma com um conjunto de ideais para os melhores alunos e outra para os demais. A metamorfose tinha empacado.

OS FUNDAMENTOS

Tom gostava do diretor Blanchard, embora não o conhecesse bem, e estava relutante em fazer comentários críticos sobre sua cidade natal. Mas, enquanto caminhávamos por Wrocław conversando sobre as diferenças, ele descreveu da seguinte maneira o problema com Gettysburg: "A escola não se preocupava tanto em preparar as pessoas para fazer coisas maiores". Essa tinha sido uma das razões pelas quais quis conhecer novos horizontes em seu último ano do ensino médio. Ele queria fazer grandes coisas.

Chegamos à Número 13 pouco antes do início da primeira aula, em meio a uma multidão de outros alunos. O edifício era feito de tijolo aparente em tons escuros de preto e vermelho, com grades de ferro nas janelas. Como o restante da cidade, a Número 13 era um contraste entre o novo e o velho; metade do prédio fora reconstruída após a Segunda Guerra Mundial, ao passo que a outra metade datava do século xix. Um guarda de expressão carrancuda nos deixou passar pelo *foyer* e entramos no saguão principal. A Número 13 era uma escola bilíngue alemã, considerada uma das melhores instituições de ensino médio da cidade. Tinha piso de madeira nobre, pé-direito alto e carteiras de madeira, mas estava longe de se equiparar às instalações de Gettysburg. Não havia cantina nem refeitório, por exemplo. Os alunos traziam sanduíches de casa ou compravam o que comer num pequeno balcão de petiscos e salgados dentro da escola.

Também não tinha lousas digitais nem laptops. Em Gettysburg, metade das salas de aula contava com um laptop para cada aluno, e a outra metade usava um dos cinco laboratórios de informática quando necessário. Enquanto descíamos as escadas, perguntei a Tom que tipo de coisa eles faziam com os laptops. "Jogávamos joguinhos em Flash, ou tentávamos descobrir um jeito de entrar no Facebook", ele respondeu, sorrindo.

Os estudantes poloneses também perdiam tempo no Facebook, é claro. Enrolavam jogando World of Warcraft, exatamente como nos Estados Unidos. Todavia, também passavam muito tempo estudando para sua prova de conclusão do ensino médio, bem mais do que os colegas de classe de Tom tinham dedicado à preparação para o sat. No dia em que prestavam esse exame de final de curso, os adolescentes poloneses vestiam suas melhores roupas – do mesmo jeito como nos Estados Unidos os estudantes-atletas do time de futebol americano da escola agiam em dias de jogo.

E outra coisa: não havia esportes no colégio de Tom na Polônia. Os esportes simplesmente não faziam parte do dia a dia escolar; e por que fariam? Por conta própria, muitos alunos praticavam futebol e basquete fora do horário das aulas, mas não havia confusão acerca de qual era a finalidade da escola – e com relação ao que era importante para as oportunidades de vida dos adolescentes.

Ao contrário do diretor Blanchard na Pensilvânia, a diretora do colégio de Tom não precisava perder tempo se preocupando em saber se o novo professor de matemática também poderia treinar os times de beisebol.

Quando o sinal tocou ao final da aula, acompanhei Tom até a rua em um dos vários "intervalos para fumar" diários. Ficamos ao lado do prédio, com dezenas de outros alunos. Um bonde passou resfolegando e fez tremer o chão ao nosso redor. Tom tinha adquirido o hábito de fumar assim que chegou à Polônia. Em Gettysburg, teria sido suspenso por sair da escola para saborear um cigarro.

Como muitos alunos de intercâmbio norte-americanos, Tom adorava a liberdade de que desfrutava no exterior. Depois da escola, gostava de ir para uma das doze ilhas localizadas no rio Odra, que cortava a cidade. Lá, com uma multidão de outros estudantes, bebia cerveja e fumava. Tom tinha a sensação de ser adulto, livre para decidir o que fazer, mesmo que fizesse mal para ele.

Porém, essa autonomia nem sempre era divertida. Se os adolescentes eram capazes de cuidar da própria vida fora da escola, deles esperava-se também que fossem capazes de encarar os fatos de sua vida escolar. Ninguém os protegia das verdades nuas e cruas. Certo dia, em uma das aulas, o professor anunciou em voz alta as notas da prova. Tom ficou perplexo quando ouviu os resultados: de um total de 26 alunos, 22 tinham ficado abaixo da nota mínima, uma proporção inimaginável na maior parte das escolas norte-americanas. Na opinião dele, a escola não parecia necessariamente melhor na Polônia, mas de fato parecia menos clemente.

Nesse dia, pedi a Tom que me apresentasse a sua diretora, Urszula Spałka. Ele me levou até a sala dela, onde nos sentamos sob uma enorme águia, o símbolo nacional da Polônia, pendurada na parede violeta-claro. Spałka usava uma blusa decotada e um terninho marrom com joias volumosas. Ela começara a carreira como professora de matemática, mas já era a diretora da Número 13 fazia quase vinte anos.

Como nos Estados Unidos, a Polônia administrava suas escolas em nível local. O país estava dividido em 2.500 municípios. Em média, Spałka e os outros diretores de escola dispunham de cerca de 4.681 dólares para gastar anualmente por aluno,[46] ao passo que em Gettysburg esse valor era de cerca de 11 mil dólares.[47]

Spałka respondeu às minhas perguntas de forma sucinta, sem demonstrar muita emoção. Quando eu quis saber sobre as reformas, as que tinham feito da Polônia um exemplo a ser seguido pelo resto do mundo, sua expressão azedou.

"Não nos empolgamos muito com as reformas", ela respondeu secamente.[48] "Escolas não gostam de mudanças radicais. E aquelas mudanças foram radicais."

A despeito das notas mais altas da Polônia no Pisa, muitos poloneses ainda achavam que tinha sido um erro manter juntos todos os estudantes nos voláteis anos da adolescência. Ou talvez eles estivessem se concentrando em outros problemas: muita gente achava que o exame de conclusão do ensino médio tinha ficado fácil demais, e os professores do país estavam se digladiando com o governo, que fizera uma manobra para aumentar o número de horas de trabalho dos docentes.

Para onde quer que eu fosse, em todos os países, as pessoas reclamavam de seu sistema educacional. Essa era uma verdade universal e estranhamente reconfortante. Ninguém estava contente, e com razão. Educar em alto nível era difícil, e todos os países – todos, sem exceção – ainda tinham trabalho a fazer.

No verão de 2000, depois de concluir a primeira fase das reformas, Handke havia pedido demissão do cargo. Tinha falhado na tarefa de assegurar os recursos necessários para pagar um prometido aumento aos professores e, além disso, estava cansado. Voltou para a química, e pouco depois seu partido sofreu uma derrota acachapante nas eleições.

A Polônia estava mais rigorosa que antes; tinha um nível mais alto de ímpeto e motivação, certa medida de autonomia e uma dose de igualdade. Porém, assim como a Gettysburg High School, não havia mudado o suficiente.[49] A qualidade das faculdades de formação de professores do país variava tremendamente. Os professores que conseguiam arranjar trabalho ainda não ganhavam salários suficientemente bons. Enquanto não redobrasse o rigor e resolvesse o problema da qualidade do seu ensino, a Polônia jamais seria a Finlândia.

Ainda assim, a Polônia tinha feito um avanço revolucionário e espetacular, provando que mesmo os países às voltas com transtornos e adversidades poderiam fazer o melhor para seus educandos em questão de poucos anos. O rigor era algo que poderia ser cultivado. Não tinha de aparecer de maneira orgânica. Verdade seja dita, não havia evidências de que tivesse surgido organicamente em país nenhum. Era possível aumentar as expectativas. Gestores e dirigentes educacionais ousados que não se considerassem sabichões poderiam ajudar a formar toda uma geração de crianças mais inteligentes.

Antes de serem separados pela categorização, os adolescentes poloneses haviam terminado de responder ao formulário de pesquisa que vinha anexado ao teste Pisa, e no quesito diligência ficaram em primeiro lugar no mundo. Parecia que, em algum momento ao longo do caminho, eles tinham se convencido da ideia de que deveriam encarar a escola com seriedade. Talvez porque deles se esperava que fizessem isso.

Quando falei com Handke em 2012, ele estava convalescendo de um problema cardíaco, que atribuía, meio brincando e meio a sério, aos três anos que passara tentando reformar o sistema educacional de seu país. Olhando para trás, Handke afirmou que gostaria que ele e seus colegas tivessem feito um trabalho melhor no sentido de promover e defender as reformas. Tinham concentrado as atenções mais nos planos de ação e nas medidas práticas do que nas relações públicas, quando deveriam ter feito o inverso. Esse era outro erro comum, lamentado nos quatro cantos do mundo. A política, a história e o medo eram mais importantes do que as estratégias e as iniciativas práticas, sempre e em todos os lugares. Contudo, ele se consolava com o fato de saber que a controvérsia seria inevitável.

"Toda reforma dói. As pessoas querem paz. Quando você está acostumado com alguma coisa, é melhor quando nada acontece."

Perguntei a Handke o que ele faria se pudesse voltar no tempo e se empenhar por uma derradeira mudança antes de morrer. Ele não hesitou.

"Professores. Tudo é baseado nos professores. Precisamos de bons professores – bem preparados, bem escolhidos. Eu não mudaria outra coisa."

PARTE III

Primavera

Diferença

Numa sexta-feira daquele longo e sombrio inverno, a mãe anfitriã de Kim lhe disse que a menina precisava procurar ajuda. Alguma coisa tinha acontecido com Kim perto de seu aniversário de dezesseis anos em fevereiro; ela havia começado a chorar sem motivo aparente, na escola e em casa. Kim não sabia por quê. O inverno fora um dos mais rigorosos da história da Finlândia, e o sol aparecia somente seis horas por dia. Talvez essa fosse a explicação. Ou talvez fosse a guerra fria com as gêmeas de cinco anos que estavam querendo sua mãe de volta. Talvez, no fim das contas, as gêmeas tivessem vencido o cabo de guerra. Tudo que Kim sabia com certeza era que se sentia exausta, como se a luz dentro dela tivesse se apagado.

Em conversa com sua mãe anfitriã, ela confidenciou que às vezes se sentia desesperançada. Susanne falou com o pessoal do programa de intercâmbio, e decidiu-se que Kim teria de ir a Helsinque a fim de consultar um psicólogo, a quem caberia definir se ela deveria voltar mais cedo para os Estados Unidos.

Kim não protestou. Pegou a mala e em silêncio arrumou todas as suas coisas. Guardou as luvas que sua irmã Kate lhe dera de presente, e o suéter irlandês de uma amiga da tia, tudo aquilo que Kim julgara necessário para sobreviver na Finlândia. Boas intenções, ela pensou com seus botões.

Despediu-se das duas menininhas, finalmente capitulando e entregando o quarto para as gêmeas vitoriosas. Carregou consigo todos os seus pertences, para o caso de sua viagem terminar em Oklahoma. Sentia-se entorpecida, como se aquilo estivesse acontecendo com alguma outra pessoa. Recolheu-se ao silêncio, lugar que era um velho conhecido dela.

Sentada no trem-bala rumo a Helsinque, passando feito um raio pelos lagos azuis e pinheiros nevados, Kim fechou os olhos. Viu as guloseimas de flocos de arroz cuidadosamente embrulhadas que ela tinha vendido para arrecadar dinheiro, os beliches de seu novo lar finlandês, o livro infantil que sua professora lhe dera. Pensou na perspectiva de ir embora da Finlândia meses antes do prazo, tendo fracassado na única coisa digna de nota que havia feito na vida.

Kim já tinha sido alertada por e-mails em massa do AFS – seu programa de intercâmbio – de que isso poderia acontecer. Adolescentes vivendo no exterior tendiam a passar por fases previsíveis, e a que ocorria no meio do ano era sombria. Muitos se sentiam deprimidos e isolados. A empolgação inicial tinha minguado; as férias chegaram; e a brincadeira havia se transformado em uma ocupação, que acabaria um dia, mas não tão cedo. Entretanto, Kim não achara que seria acometida por esse esmorecimento, não depois de tudo que tinha feito para chegar lá.

Olhando pela janela do trem, Kim viu sua imagem refletida. Tinha a sensação de que era duas pessoas.[1] Uma parte dela se sentia resignada, conformada com a derrota, disposta a admitir que todo mundo estava certo. No fim das contas, talvez devesse ter ido para a Itália, um lugar quente e luminoso, ou quem sabe o mais acertado seria ter ficado exatamente onde ela estava, em Oklahoma, como sua mãe lhe tinha dito.

Porém, havia também outra parte sua, que estava apenas acabando de despertar, que começava a se movimentar após um longo silêncio. Essa era a menina que escrevera para sessenta empresas de Sallisaw pedindo que patrocinassem sua viagem para a Finlândia. E que, uma vez que ninguém respondera, foi vender petiscos de carne-seca de porta em porta. Essa parte dela ainda estava lá, em algum lugar. Em sua mente, Kim imaginou essa menina amarrando os cadarços de suas botas de combate. Imaginou essa menina desenhando uma listra de tinta preta sob os próprios olhos. Essa menina não tinha intenção de voltar mais cedo para Oklahoma. Em Helsinque, Kim se consultou com o psicólogo. Conversaram sobre as razões que a levaram a viajar para a Finlândia, o divórcio dos pais e sua adaptação à vida no exterior. Ele excluiu o diagnóstico de depressão grave e marcou uma nova consulta com a menina.

Entre uma sessão e outra, Kim zanzou por Helsinque, visitando museus, andando de ônibus e observando todas as pessoas. Depois de dezesseis anos na área rural de Oklahoma e seis meses numa cidadezinha da Finlândia, era empolgante ver tantos seres humanos num único lugar. Certa tarde, parada junto ao porto, Kim ficou impressionada com o número de crianças que viu. As aulas já tinham terminado, mas ver aquela criançada caminhando desacompanhada pelas ruas de Helsinque era desconcertante. Havia um menino, com não mais de dez anos, sentado num banco; mais adiante, duas meninas brincavam perto de um chafariz. Ela já tinha visto crianças sozinhas em Pietarsaari, onde inclusive as menorzinhas iam a pé por conta própria para a escola. Contudo, Kim não esperava ver uma coisa daquelas na maior cidade da Finlândia. Sentiu uma estranha espécie de inveja delas. Ficou imaginando como teria sido crescer com esse tipo de liberdade.

Depois de duas semanas, o psicólogo disse que Kim poderia permanecer na Finlândia. Ela tinha recebido uma segunda chance. Aliviada, sentiu que um peso estava sendo tirado de cima de seus ombros. Foi como obter o passaporte de novo. O AFS encontrou um casal mais velho que morava num casarão em Pietarsaari e hospedaria Kim pelo resto do ano. Ela poderia voltar para a mesma cidade, e teria um quarto só para si.

Dessa vez, Kim sabia, ela precisava se expressar, falar com franqueza. Deveria ter dito a Susanne que a adorava, mas que precisava de uma família anfitriã com espaço físico e mental suficiente para ela. Kim não queria ofender ninguém, por isso tinha ficado tanto tempo em silêncio.

Existe uma palavra em finlandês, *sisu* [pronuncia-se SI-SU], cujo significado é força diante de grandes adversidades, porém, mais que isso, uma espécie de fogo interior. Kim descobriu o que era *sisu* quando, ainda em Oklahoma, estava pesquisando sobre a Finlândia. "É uma mistura de autoconfiança e bravura, de ferocidade e tenacidade", escreveu a revista *Time* numa matéria sobre a Finlândia em 1940, "a capacidade de continuar lutando mesmo depois que a maioria das pessoas já desistiu, e de lutar com vontade de vencer".[2]

Talvez fosse a palavra que, mais do que qualquer outra, melhor definia o espírito finlandês. Era preciso ter *sisu* para cultivar batatas no solo do Círculo Ártico; o *sisu* tinha ajudado a Finlândia a sair da quase irrelevância para tornar-se uma superpotência educacional. O *sisu* ajudava a explicar como um país menor do que o estado de Montana tinha inventado a Nokia, a Marimekko e o sistema operacional Linux, sem mencionar o jogo de videogame Angry Birds. O *sisu* é a versão finlandesa do ímpeto, da motivação, uma força silenciosa de quem jamais tira o time de campo. Na língua inglesa não existe um equivalente exato para *sisu*, embora o sinônimo mais próximo talvez seja *grit* [coragem, valentia, firmeza, resolução].

Nesse dia, chegando à estação nos arredores de Pietarsaari, Kim sentiu que tinha entendido o que era o *sisu*. Não sabia quanto tempo a sensação duraria, mas esperava ser capaz de lembrar-se dela. Quando desceu carregando sua mala em meio aos outros passageiros, sentiu-se quase como se fizesse parte daquele lugar.

REALIDADE VIRTUAL

Numa noite daquela primavera, fui jantar com Kim e suas duas famílias anfitriãs. A essa altura a neve já tinha finalmente derretido. Combinamos de nos encontrar em um enorme restaurante de madeira branca, à beira-mar. Apesar de ter se mudado de casa, Kim mantinha contato estreito com Susanne. Escrevia regularmente uma coluna para o jornal de Susanne, que por sua vez estava trabalhando num artigo sobre Kim para uma revista finlandesa.

Comemos bacalhau e amora branca silvestre. Kim estava usando uma jaqueta vermelha e sentou-se no meio, contando histórias sobre seus primeiros dias em terras finlandesas. Parecia mais segura de si do que poucos meses antes. Nesse dia ela me contou que estava arquitetando um plano para seu regresso aos Estados Unidos.

"Vou me inscrever no ensino médio virtual", anunciou.

Kim chegara à conclusão de que não poderia voltar para a Sallisaw High School. Ela não queria ser a pessoa que era antes, e temia não ser capaz de mudar se todas as outras coisas continuassem iguais.

"Minha preocupação é que a indiferença comece a me afetar de novo. Que eu simplesmente acabe retrocedendo e assumindo a postura dos meus colegas."

"Que postura é essa?"

"A postura do 'Tanto faz'; 'a escola é um saco, então por que a gente tem de estudar?'. Minha vontade é me afastar dessa situação." Kim havia vasculhado a internet à procura de internatos, da mesma maneira como havia feito pesquisas sobre a Finlândia. Essa era a fantasia. Então ela encontrou um link para uma coisa chamada Oklahoma Virtual High School, a Escola de Ensino Médio Virtual de Oklahoma. Descobriu que era um colégio de verdade, embora existisse apenas on-line. E era gratuito, ao contrário de um colégio interno. Kim e a mãe conversariam mais a respeito, mas ela parecia confiante de que havia encontrado uma maneira de encarar e sobreviver aos seus últimos anos do ensino médio nos Estados Unidos.

Mais tarde saímos para andar sob um crepúsculo azul. Eram dez da noite e ainda havia luz, a época do ano em que os países nórdicos pagam suas dívidas do inverno. Kim deixou-me tirar algumas fotos dela defronte ao mar, depois montou em sua bicicleta e pedalou de volta para casa, como uma verdadeira finlandesa.

TESTE DE ESTRESSE

Dois dias depois, acompanhei Kim até a escola. Assisti às aulas com ela, que me apresentou ao diretor e aos professores. Por acaso era a semana em que os estudantes do último ano recebiam os resultados do grande exame que tinham feito meses antes – a prova que determinava onde provavelmente cursariam a universidade.[3] A professora de finlandês de Kim, Tiina Stara, estava preocupada com seus alunos. "Eles estão sentindo uma pressão enorme. Não é como no Japão ou na Coreia do Sul, mas mesmo assim estão tensos."

O exame de conclusão do ensino médio era aplicado havia mais de 160 anos e estava profundamente arraigado no sistema. Todos os países com os melhores resultados educacionais realizavam essas provas de final do ensino médio. Era uma das diferenças mais óbvias com relação aos Estados Unidos – onde havia um excesso de testes, pouquíssimos deles com efeitos significativos na vida dos estudantes.

Exames de conclusão do ensino médio como o da Finlândia ajudavam a injetar ímpeto e motivação nos sistemas educacionais – criando uma linha de chegada bem definida que norteava educandos e escolas e em direção à qual ambos poderiam trabalhar. Os adolescentes dos países em que existe esse tipo de teste obtinham no Pisa 16 pontos a mais do que os adolescentes dos países em que o teste não existe.[4]

Contudo, a inquietação de Stara dizia respeito ao fato de julgar que o exame estressava demais os seus alunos e direcionava boa parte do planejamento de ensino dos professores. "Às vezes sinto uma enorme vontade de fazer alguma coisa divertida com eles", ela disse, cerrando o punho no colo. "Acho muito importante que eles gostem de estudar." Além do exame de conclusão de ensino médio, os estudantes finlandeses faziam ainda todas as provas regulares e exames finais a cada seis semanas no término de cada minissemestre. Nos questionários de pesquisa, eles citaram o elevado número de testes e provas como uma das razões pelas quais não gostavam da escola.[5] Provas eram algo polêmico no mundo inteiro, outra verdade universal.

Stara apressou-se em acrescentar que, se dependesse dela, o exame de conclusão do ensino médio não seria abolido. "É uma prova muito boa", afirmou, meneando a cabeça.

Depois ela descreveu o que era rigor de verdade: o exame finlandês estendia-se por três exaustivas semanas e durava cerca de *cinquenta horas*. Professores acompanhavam os estudantes ao banheiro para se certificarem de que não colariam. A seção de finlandês durava dois dias. No primeiro dia de provas, os candidatos liam diversos textos, os quais eles analisavam escrevendo pequenos ensaios, durante seis horas. No segundo dia, escolhiam um tópico – entre catorze opções diferentes – e escreviam um único e longuíssimo ensaio, novamente ao longo de seis horas. Um dos temas recentes era: "Por que é difícil chegar a um acordo de paz no Oriente Médio?". Outro era: "Escrevo um blog, logo existo".

Para ir bem, os estudantes tinham de demonstrar que eram capazes de estruturar um texto longo, expressar ideias simples e, é claro, fazer bom uso da ortografia e da gramática. Stara sentia uma tremenda responsabilidade de ajudar seus alunos a ter um bom desempenho nesse exame.

Era difícil conceber uma prova como essa nos Estados Unidos. O SAT e o ACT tinham propósitos semelhantes, mas não eram tão abrangentes e tampouco estavam tão arraigados na cultura escolar. Muitos estados norte-americanos realizavam algum tipo de exame de conclusão de ensino médio,[6] mas os estudantes não precisavam de muito *sisu* para passar.[7] O exame New York State Regents era considerado um dos mais difíceis. Contudo, as questões da parte de inglês equivaliam a um quarto da parte de finlandês do teste aplicado na Finlândia. Incluía somente uma redação e duas respostas curtas – cada uma deveria ter apenas um parágrafo de extensão.

O teste de inglês costumava durar seis horas, mas em 2009 o New York Board of Regents, conselho responsável pela administração do exame, decidiu cortar pela metade o tempo da prova,[8] alegando problemas logísticos na aplicação de um teste longo, principalmente devido a outras perturbações como dias de nevoeiro, raciocínio que teria provocado gargalhadas nos finlandeses. No total o exame Regents durava um terço do tempo do exame finlandês.[9]

Na Finlândia a escola era exigente, e as provas afetavam a vida dos estudantes. A neve não era uma boa desculpa. Isso talvez explique por que somente 20% dos adolescentes finlandeses afirmaram aguardar ansiosamente as aulas de matemática,[10] em comparação com 40% dos alunos norte-americanos. Os finlandeses tinham de estudar com afinco, e as expectativas eram altas. Cerca de metade dos estudantes finlandeses afirmou tirar boas notas em matemática,[11] contra três quartos dos norte-americanos (na verdade, os norte-americanos de quinze anos eram mais propensos do que os adolescentes de 37 outros países a dizer que tinham boas notas em matemática). O problema com a educação rigorosa estava no fato de que era *difícil*. Idealmente, ela era divertida também, mas nem sempre podia ser, nem mesmo na Finlândia.

Havia muita coisa a ser dita também sobre os professores norte-americanos, que em muitas escolas, trabalhando em salas de aula interativas, davam duro para entreter e cativar os alunos e despertar seu interesse. Em minha pesquisa com 202 estudantes de intercâmbio, fiquei impressionada ao constatar que muitos deles trouxeram à tona o carinho que sentiam pelos professores norte-americanos. Um intercambista alemão que respondeu ao meu questionário de pesquisa explicou nos seguintes termos a diferença:

> Os professores norte-americanos são muito mais amigáveis e simpáticos. São como amigos dos alunos [...]. Na Alemanha a gente não sabe nada sobre os nossos professores. Eles são apenas professores. Nós jamais conversaríamos com eles sobre problemas pessoais.

Esse vínculo entre professores e educandos era importante, e os educadores dos Estados Unidos mereciam crédito por estabelecer uma relação com seus alunos. Mas aprender a exercitar o pensamento de ordem superior, a leitura e a matemática também era importante. A Finlândia parecia ter encontrado uma maneira de criar uma pressão gerenciável, algo com que professores compadecidos se preocupavam, mas não algo que obrigava milhões de adolescentes a estudar de quinze a dezoito horas por dia. Os finlandeses tinham ido bastante longe em termos de qualidade de ensino, autonomia, igualdade e imparcialidade, o que significava que poderiam "abrandar" um pouco na motivação. Na Finlândia, os jovens podiam ter uma vida *e* uma educação também.

NEGROS NA FINLÂNDIA

Quanto mais tempo eu passava na Finlândia, mais admirava o raro equilíbrio que ela havia alcançado. O país tinha conseguido obter rigor sem ruína. Era impossível não perceber também outra coisa. Durante o período em que estive em Pietarsaari, vi apenas uma pessoa negra. Nas aulas de Kim, todos tinham mais ou menos a mesma aparência, pareciam ser a mesma pessoa. Em âmbito nacional, somente 3% dos estudantes finlandeses tinham pais imigrantes[12] (ao passo que nos Estados Unidos eram 20%).

Na verdade, Finlândia, Coreia do Sul e Polônia eram, *todos*, países homogêneos com poucos imigrantes ou minorias raciais. Japão e Xangai, na China, duas outras superpotências educacionais, eram igualmente uniformes. Talvez a homogeneidade fosse um pré-requisito para o rigor em larga escala. Será que a uniformidade gerava harmonia, que de alguma forma impulsionava a aprendizagem? Se sim, a Finlândia era irrelevante para um lugar enorme e dissonante como os Estados Unidos?

Diversidade era uma daquelas palavras usadas tantas vezes de forma arbitrária que acabavam perdendo muito de seu sentido. Parte do problema estava no fato de que havia milhares de maneiras de ser diverso. Nos Estados Unidos, em geral as conversas acerca da diversidade giravam em torno da raça. A raça dos estudantes era minuciosamente esquadrinhada e categorizada por causa da história de racismo institucionalizado; em outros países isso não ocorria, o que dificultava a comparação.

Porém, no âmbito dos Estados Unidos o desempenho dos estudantes afro-americanos no Pisa era tão ruim que chegava a ser desolador. No teste de leitura de 2009, eles ficaram na média 84 pontos abaixo dos estudantes brancos.[13] Era como se os alunos brancos tivessem frequentado a escola dois anos a mais,[14] embora fossem da mesma idade. A profunda distância entre estudantes brancos e afro-americanos manifestava-se também de dezenas de outras maneiras, dos índices de formatura às notas no SAT. De modo geral, até metade desse abismo podia ser explicada pela economia; estudantes negros tendiam a vir de famílias de baixa renda, com pais que tinham grau mais baixo de instrução.

A outra metade era mais complicada:[15] pais negros tendiam a ter menos livros e a ler menos para seus filhos, em parte porque tendiam a ser menos instruídos. Então, quando os estudantes negros saíam de casa e iam para a escola todo dia, as disparidades se misturavam. Eles estavam mais sujeitos a encontrar professores inferiores e expectativas mais baixas na escola, e acabavam sendo categorizados de maneira desproporcional nos grupos mais fracos nas aulas de leitura e matemática.

Todos os dias letivos, meninos e meninas afro-americanos recebiam a mensagem em muitas escolas do país inteiro. Era um recado sutil, mas constante: seu tempo não é valioso, e suas chances não são boas. Esse tipo de sinal fincava raiz na mente dos alunos, ecoando ao fundo toda vez que eles ponderavam sobre o que era possível. Em um estudo de longo prazo feito com adolescentes australianos, os pesquisadores descobriram que as aspirações que um jovem tinha aos quinze anos eram capazes de predizer seu futuro.[16] Aqueles que nutriam expectativas mais altas para si mesmos, que planejavam terminar o ensino médio e ir para a faculdade, tinham chances muito mais altas de concluir o ensino médio. Na verdade, em termos estatísticos o status socieconômico de seus pais parecia não afetar suas possibilidades de formatura, contanto que eles mantivessem essas aspirações.

Contudo, apesar de todas as insidiosas desvantagens que enfrentavam, os adolescentes afro-americanos não eram responsáveis pelo pífio desempenho dos Estados Unidos como um todo. Para começo de conversa, cinco em cada seis estudantes *não* eram negros. Em segundo lugar, as crianças brancas também não se saíam tão bem em matemática. Em média, os adolescentes norte-americanos brancos obtinham resultados piores do que *todos* os estudantes em uma dezena de outros países,[17] incluindo *todas* as crianças do Canadá, Nova Zelândia e Austrália, onde havia proporções maiores de imigrantes. Em termos de porcentagem, o estado de Nova York tinha um número de crianças *brancas* com desempenho de alto nível em matemática menor do que o número total de crianças da Polônia e da Estônia.[18]

Nada era simples. A diversidade podia aumentar *ou* reduzir as notas nos testes, e isso ocorria de fato. Um em cada cinco estudantes dos Estados Unidos provinha de família imigrante, o sexto índice mais alto do mundo desenvolvido. Mas os imigrantes do país eram, afinal, diversos: por exemplo, no Pisa os estudantes hispânicos tiravam notas mais altas que os adolescentes negros e notas mais baixas que as crianças brancas, mas os estudantes ásio-americanos se saíam melhor do que todo mundo.[19]

Feitas as contas, nos Estados Unidos a discrepância entre as notas no teste de leitura do Pisa de estudantes nativos e imigrantes era de 22 pontos[20] – melhor do que na Alemanha ou na França, onde o abismo era de 60 pontos, mas não tão impressionante quanto no Canadá, em que a lacuna era zero. Muita coisa dependia da educação e da renda dos pais imigrantes, o que tinha bastante a ver com a história e as políticas de imigração de cada país. O resto dependia do que os países *faziam* com seus alunos. Nos Estados Unidos, a prática do custeio de escolas com fundos baseados em impostos locais sobre a propriedade motivou as famílias a se mudarem para os bairros mais caros que elas tinham condições de pagar, "comprando", de certa forma, uma vaga em boas escolas. O sistema estimulava a segregação.

Uma vez que estudantes negros, hispânicos e imigrantes tendiam a vir de famílias menos endinheiradas, geralmente acabavam frequentando escolas sem recursos, na companhia de mais alunos como eles. Entre 1998 e 2010, ficou maior a concentração de estudantes norte-americanos pobres em escolas onde estudavam outros alunos pobres.[21]

O maior problema com esse tipo de diversidade é que ela não era de fato *diversa*. A maior parte dos estudantes brancos tinha como colegas de classe outros estudantes brancos.[22] Em 2005 – bem mais do que em 1980 –, os estudantes negros e hispânicos, por sua vez, estavam mais propensos a frequentar escolas predominantemente negras ou hispânicas.[23]

Povoar as escolas com estudantes em sua maioria de baixa renda, hispânicos ou afro-americanos geralmente significava agregar notas baixas, vida familiar instável e baixas expectativas.

Os alunos alimentavam-se uns aos outros, dinâmica que podia funcionar para o bem e para o mal. Na Polônia, os estudantes perdiam seu diferencial assim que eram encaminhados para as escolas técnicas/profissionalizantes; do mesmo modo, nos Estados Unidos parecia haver um ponto de inflexão nas expectativas. Na média, nas escolas cuja maioria de alunos era de baixa renda, sistematicamente inexistiam os sintomas do rigor. Essas escolas eram caracterizadas pela qualidade de ensino inconsistente, baixos níveis de empenho acadêmico e menos igualdade. Juntando alunos desfavorecidos nas mesmas escolas, os Estados Unidos aproximavam problemas complicados e os tornavam ainda mais complicados.

Em Cingapura, acontecia o contrário.[24] Lá, a população também era diversa: cerca de 77% de chineses, 14% de malaios, 8% de indianos e 1,5% de outras etnias. As pessoas falavam chinês, inglês, malaio e tâmil e seguiam cinco diferentes religiões (budismo, cristianismo, islamismo, taoismo e hinduísmo). Contudo, no Pisa os cingapurenses figuravam entre os primeiros do mundo, bem ao lado da Finlândia e da Coreia do Sul. Praticamente inexistiam lacunas entre as notas dos estudantes imigrantes e as dos nativos.

Claro que, em comparação com a maioria das nações, Cingapura era essencialmente outro planeta. O país era governado por um regime autoritário com uma burocracia singularmente eficiente. O governo controlava a maior parte das variáveis de rigor, desde o calibre dos aspirantes a professor à mistura de etnias nos bairros e conjuntos habitacionais. Em Cingapura não havia o tipo de segregação extrema que existia nos Estados Unidos, porque os responsáveis pelas diretrizes políticas a tinham proibido.

Na maior parte das democracias livres, os governos não detinham esse tipo de poder. Agindo por conta própria, os pais tendiam a se autossegregarem. Se as distinções de classe eram menos óbvias e a qualidade das escolas mais consistente, essa tendência era gerenciável.

Sentada na sala de aula de Kim e observando os alunos, alguns deles animados, outros desinteressados, mas todos brancos, eu me perguntei o que aconteceria se subitamente a população da Finlândia mudasse. Os finlandeses ainda compartilhariam sua crença no rigor se todos os estudantes fossem de diferentes cores? Ou tudo seria destruído?

"QUERO PENSAR QUE ELES SÃO TODOS IGUAIS"

A Finlândia era um lugar homogêneo, mas essa uniformidade vinha diminuindo. O número de estrangeiros tinha aumentado mais de 600% desde 1990,[25] e a maior parte dos recém-chegados acabava indo morar em Helsinque.

A fim de descobrir de que maneira a diversidade mudou a cultura do rigor, fui até a escola Tiistilä, nos arredores da capital, onde um terço dos alunos era de imigrantes, muitos deles refugiados. Na escola estudavam crianças de seis a treze anos. O lugar era rodeado por blocos de apartamentos de concreto que pareciam mais comunistas do que nórdicos.

Numa sala de aula no segundo andar, Heikki Vuorinen estava diante de sua turma do sexto ano do ensino fundamental. Quatro alunos eram africanos; duas meninas usavam lenços na cabeça. Um menino albanês do Kosovo estava sentado ao lado de um chinesinho. Havia poucas crianças brancas nascidas na Finlândia. Vuorinen passou uma tarefa para a turma e saiu da sala para conversar comigo.

Usando jeans, camiseta de cor roxa e óculos pequenos e retangulares, Vuorinen orgulhosamente me informou que naquele ano tinha alunos de nove países diferentes, entre eles China, Somália, Rússia e Kosovo. Em sua maioria, filhos de mães solteiras. "Não quero pensar demais na origem social e familiar deles", disse-me o professor, passando a mão pelos cabelos loiros que já rareavam. Depois sorriu. "Tenho vinte e três pérolas na minha sala de aula. Não quero arranhá-las."

Quando o pressionei, ele me falou de uma de suas alunas em particular. Ela tinha seis irmãos; o pai era zelador e a mãe cuidava dos filhos de outras pessoas. O dinheiro era pouco. Mas ela era a melhor aluna da classe.

Vuorinen estava visivelmente desconfortável em rotular seus alunos. "Não quero sentir muito carinho por eles", explicou, "porque tenho de educá-los. Se pensasse muito nisso, acabaria dando notas melhores mesmo para um desempenho ruim. Eu pensaria: 'Ah, coitadinho. Ora, o que eu posso fazer?'. Isso facilitaria demais o meu trabalho."

Ele parecia ter uma aguda consciência do efeito que as expectativas poderiam ter sobre o trabalho docente. A compaixão pela vida familiar das crianças podia anular o rigor em sua sala de aula. "Quero pensar que eles são todos iguais."

Eu nunca tinha ouvido um professor norte-americano falando nesses termos. Pelo contrário, nos Estados Unidos as leis federais e estaduais *exigiam* que professores e diretores pensassem que seus alunos eram diferentes; eles tinham de monitorar a raça e a renda dos alunos e repassar os dados ao governo. As escolas eram julgadas pelas notas nos testes em cada categoria. A maioria dos diretores sabia de cor as proporções de estudantes de baixa renda e minorias raciais, assim como os jogadores de beisebol conhecem as estatísticas do esporte. Havia razões importantes para toda essa classificação; o governo norte-americano estava tentando ressaltar a injustiça a fim de acabar com ela. Ainda assim, eu me perguntava até que ponto essa consciência intensificada havia suprimido as expectativas ao longo do caminho.

Durante anos a fio Diane Ravitch, uma das mais conhecidas analistas educacionais dos Estados Unidos, insistiu que os norte-americanos deveriam pensar *mais* – e não menos – na origem social dos estudantes. "Nosso problema é a pobreza, não as escolas", ela disse para uma ruidosa multidão de milhares de professores durante uma manifestação em Washington, em 2011. Em outras palavras, as crianças *não* eram todas iguais, e as diferenças entre elas as precediam.

Na Finlândia, Vuorinen disse o contrário do que Ravitch estava dizendo nos Estados Unidos.

"A riqueza não significa coisa nenhuma", ele afirmou. "O que conta é o nosso cérebro. Essas crianças sabem disso desde pequenas. Nós somos todos iguais."

Quanto mais tempo eu passava na Finlândia, mais começava a pensar que a narrativa da diversidade nos Estados Unidos – a mesma que atribuía à classe social dos estudantes e aos bairros onde eles moravam a culpa por nossa mediocridade – era tão tóxica quanto o financiamento de desigualdades. Havia nesse enredo um fatalismo, o que não queria dizer que estivesse errado. Os Estados Unidos tinham *de fato* muita pobreza; os estudantes das minorias *não* estavam aprendendo o bastante. Os pais *eram* importantes, assim como a saúde e a nutrição. Obviamente.

Entretanto, a narrativa também endossava baixas aspirações, moldando a maneira como os professores encaravam seus alunos, exatamente o que Vuorinen temia. Desde a década de 1960, estudos demonstravam que, se os pesquisadores testassem uma classe e dissessem aos professores que certos estudantes teriam sucesso acadêmico nos meses vindouros, os professores comportavam-se de modo diferente com relação a esses alunos escolhidos.[26] Assentiam mais, sorriam mais, davam a eles mais tempo para responder às perguntas e faziam críticas e comentários mais específicos sobre o seu desempenho.

Na verdade, os alunos tinham sido escolhidos aleatoriamente. O rótulo era ficcional, mas "pegava". No final do ano letivo, os professores ainda descreviam esses alunos como os mais interessantes, mais bem ajustados e com maiores chances de ser bem-sucedidos na vida. E quanto aos outros estudantes que haviam tido um bom desempenho, mas não foram escolhidos? Os mesmos professores os descreveram como menos agradáveis e com menores chances de sucesso. O cérebro humano depende de rótulos e padrões; se um pesquisador (ou uma narrativa cultural) oferece aos professores um padrão atraente, a tendência é que o acabem acatando.

O que significava, então, o fato de que nos Estados Unidos respeitados dirigentes educacionais e docentes de faculdades de formação de educadores estavam doutrinando jovens professores com a mentalidade de que a pobreza prevalecia sobre todas as outras coisas? O que significava o fato de que os professores eram levados a acreditar que havia um limite para aquilo que eram capazes de fazer e que a pobreza era geralmente um destino inescapável?

Talvez seja da natureza humana criar estereótipos, mas alguns países reforçavam sistematicamente o instinto, ao passo que algumas nações o inibiam. A meu ver, estava ficando óbvio que o rigor não poderia existir sem o aspecto da igualdade e da imparcialidade, que não era apenas uma questão de categorização ou orçamento; era um *ponto de vista*.

É interessante observar que na Finlândia essa concepção se estendia também à educação especial.[27] Os professores consideravam que a maior parte dos alunos de educação especial apresentava dificuldades de aprendizagem temporárias, e não incapacidades permanentes. Essa postura ajudava a explicar por que a Finlândia tinha uma das mais altas proporções de crianças e adolescentes em educação especial do mundo;[28] o rótulo era temporário e não pejorativo. Os finlandeses partiam do pressuposto de que todos os estudantes eram capazes de melhorar. De fato, aos dezessete anos de idade, *metade* dos estudantes finlandeses já havia recebido algum tipo de serviço de educação especial em algum momento, geralmente nos primeiros anos do ensino fundamental, para que não ficassem muito para trás.

Durante o ano letivo 2009-10, aproximadamente um em cada quatro estudantes finlandeses recebeu algum tipo de educação especial[29] – quase sempre na escola normal, apenas durante parte do dia (em comparação, naquele ano, por volta de um em cada oito estudantes norte-americanos recebeu serviços de educação especial).[30]

Enquanto observava Vuorinen conversar com seus alunos, pensei numa escola pública de Washington que eu havia visitado algumas vezes um ano antes. A escola ficava numa área pobre da cidade, e muitas das famílias lutavam para pagar as contas do mês. Uma professora veterana que lá conheci tinha uma sala de aula bem-arrumada e iluminada. Ela comprara com dinheiro do próprio bolso parte do material usado em aula.

Contudo, quando falava da origem social e familiar de seus alunos do quarto ano, ela salientava acima de tudo a situação de inferioridade das crianças. Falava das suas famílias como se fossem uma causa perdida: "Aqui os nossos pais não têm o conhecimento necessário para criar seus filhos. Não sabem ao certo do que os filhos precisam para vencer na vida".[31]

A professora lamentava sinceramente e sentia pena de seus alunos, mas de que adiantava a compaixão? Depois de um ano em sua classe, as crianças estavam muito fracas em leitura, bem abaixo do nível mínimo esperado para sua série, e com um progresso irrisório com relação ao início do ano. O desempenho da turma era pior do que o de outras crianças de baixa renda que haviam começado o ano na mesma série e na mesma cidade. Contudo, a professora parecia estranhamente otimista com os resultados. A narrativa da diversidade explicava tudo, mesmo quando não explicava.

MEDO E MERCADO

Na escola de Vuorinen, todos os alunos do quinto ano tinham sido submetidos a um teste de matemática dois anos antes. Era uma das maneiras pelas quais o governo finlandês se certificava de que as escolas estavam funcionando. Ao contrário do que acontecia nos Estados Unidos, os testes de responsabilização tinham alvos precisos; o governo testava somente uma amostragem de estudantes. A prova geralmente demorava apenas meia hora.

Em comparação com o restante da Finlândia, os alunos da Tiistilä tinham um desempenho acima da média. Isso era impressionante. Acima da média na Finlândia significava acima da média em praticamente qualquer lugar do mundo.

Os alunos da Tiistilä eram diversos *e* bons em matemática. A escola era inspiradora. E também era diferente da maioria das escolas norte-americanas em quase todos os aspectos. Em primeiro lugar, era *verdadeiramente* diversa, tanto em termos econômicos como étnicos. Seus trezentos alunos vinham de famílias pobres e numerosas, que viviam em apartamentos acanhados, e de famílias ricas com belas casas à beira-mar. Em segundo lugar, o governo dava à escola dinheiro extra para ser gasto com os alunos imigrantes, ajudando a custear cursos intensivos de finlandês.

A outra diferença era que a Tiistilä contava com professores de sólida formação. Vuorinen não havia conseguido uma vaga na faculdade de formação de professores em sua primeira tentativa. Nem na segunda. Suas notas no exame de admissão não foram suficientemente altas.

Por fim, depois de ganhar anos de experiência atuando como professor substituto, Vuorinen foi aceito em sua terceira tentativa. A seu ver, os anos que ele passou na universidade não foram tão úteis para sua carreira no magistério quanto o período de experiência prática como professor substituto, mas ele não se ressentia do processo. Quando lhe perguntei se tinha algum conselho para dar aos Estados Unidos, ele disse: "Vocês deveriam começar a selecionar seus professores de maneira mais cuidadosa e a motivá-los mais. Uma forma de motivação é dinheiro. Outra é respeito. Punição nunca é um bom modo de lidar com escolas". Para Vuorinen, autonomia era tão importante quanto dinheiro.

Em quinze anos, Vuorinen tinha trabalhado em dez escolas diferentes, mas a de que ele mais gostava era Tiistilä. E o motivo era o mesmo citado por professores felizes em todos os lugares do mundo: "Eu gosto da diretora; ela sabe o que fazer", disse-me ele. "Sinto que ela confia em mim e, toda vez que preciso de ajuda, posso ter a certeza de que ela vai estar lá."

A diretora, Mirja Pirinen, trabalhava na escola havia quinze anos, desde o tempo em que Tiistilä tinha muito menos diversidade. Ela me mostrou as instalações, que terminavam no playground, onde um grupo de meninas muçulmanas usando coloridos *hijabs* (lenços para a cabeça) brincavam de pular corda ao sol.

Em seus oito anos como diretora, Pirinen não demitira nenhum dos professores permanentes de tempo integral de Tistilä. Como nos Estados Unidos, os docentes finlandeses raramente perdiam o emprego em razão de seu desempenho. Eram protegidos por um forte contrato sindical. Contudo, era mais fácil lidar com uma mão de obra inflexível quando, desde o seu primeiro dia de trabalho, os funcionários tinham sólida formação educacional, passavam por treinamento rigoroso e recebiam um salário decente.

Para mim, Tiistilä parecia uma escola-modelo. Pirinen era inteligente e organizada. De todas as diretoras que conheci em todos os continentes, foi a única capaz de me dizer quanto dinheiro o governo gastava por estudante (na maior parte das escolas, essa informação era uma cifra misteriosa que exigia um sem-número de telefonemas para ser descoberta). Por qualquer indicador que se levasse em conta, Pirinen tivera êxito ao conduzir Tiistilä a uma transição de grande envergadura, adaptando a escola a uma leva de famílias que não sabiam falar uma única palavra de finlandês.

Mas nem todo mundo na região depositava tanta confiança na escola.

"Alguns pais aqui da área disseram que não queriam seus filhos nesta escola", Pirinen contou-me sem rodeios e sem demonstrar emoção. E às vezes os pais que optavam por matricular os filhos em Tiistilä tinham de justificar sua decisão perante os outros pais.

Por quê? Os pais preocupavam-se com as crianças imigrantes. Se já se preocupavam quando havia 6% de estrangeiros, agora que esse número chegava a 30% sua inquietação era ainda maior. Pirinen tinha de se desdobrar para convencê-los de que a escola era boa apesar da diversidade.

Na Finlândia praticamente não havia escolas particulares, tampouco *vouchers* ou *charter*.* Contudo, fui descobrindo que a escolha da escola assumia muitas formas. Crianças e adolescentes que viviam nos arredores da Tiistilä podiam candidatar-se a uma vaga em escolas internacionais especiais, de ciências, de música ou de línguas estrangeiras, que eram escolas públicas que aceitavam somente alunos de alto desempenho (uma prática que às vezes favorecia famílias de alta renda ou de melhor formação). Os adolescentes finlandeses podiam também optar por escolas de ensino médio de formação profissional, e cerca de metade deles fazia isso. Havia pouco, o governo finlandês distribuíra entre as escolas técnicas/profissionalizantes generosas verbas e polpudas bonificações por desempenho, de modo que as escolas regulares como a de Kim tinham de trabalhar com afinco redobrado para manter seus alunos.

* Surgidas nos Estados Unidos no início da década de 1990, as *charter schools* são escolas de ensino fundamental e médio financiadas pelo setor público e administradas por associações, universidades ou empresas e que têm maior autonomia em relação às escolas públicas tradicionais. Nesse modelo de gestão compartilhada, firmada por um contrato de gestão ("*charter*") entre o governo e uma instituição privada, as escolas *charter* – que funcionam com fundos públicos e, por isso, não podem cobrar mensalidades – devem atingir as metas de qualidade assumidas no contrato que as instituiu e estão livres para propor um projeto pedagógico supostamente inovador, desde que respeitem as diretrizes impostas pelo Ministério da Educação. Além disso, as escolas *charter* têm mais liberdade que os colégios da rede oficial para administrar seus recursos e contratar e demitir professores. Nos Estados Unidos, devido ao elevado número de alunos que pleiteiam um número restrito de vagas, a distribuição é feita por meio de sorteio. O sistema de *voucher schools* consiste no subsídio ("*voucher*") oferecido pelo Estado às famílias, para que elas paguem a escola em que desejam que seus filhos estudem. [N.T.]

Em geral, as escolas finlandesas não divulgavam publicamente os resultados de seus testes, mas Pirinen havia disponibilizado as notas no site da escola como forma de ajudar a tranquilizar os pais. Com a maior diversidade na escola, os dados dos testes tinham se tornado mais valiosos, não apenas para atestar a eficiência da escola, mas para amenizar a ansiedade da família.

Em todos os países, eles tentavam pôr os filhos nas melhores escolas. Essa era outra verdade universal, e quem poderia culpá--los? O problema estava em definir o conceito de *melhor*. Desprovidos de informações, os pais tendiam a julgar as escolas com base em boatos, ou na cor da pele, etnia e nível de renda dos estudantes e suas famílias.

Se todo mundo concordava que todas as escolas atendiam a certos padrões básicos, como na Finlândia, então a competição era no mais das vezes amigável. Entretanto, à medida que foram chegando mais imigrantes, diminuiu a confiança dos pais. Mesmo na Finlândia, com sua longa história de igualdade, houve relatos de pais que se mudaram para outras partes de Helsinque a fim de evitar escolas com 10% de alunos imigrantes apenas.

"Sem dúvida, todos nós queremos viver numa atmosfera multicultural e tolerante", disse uma mãe finlandesa ao jornal *Helsingin Sanomat* em 2011, explicando por que razão sua filha estudava numa escola longe de seu bairro.[32] "Mas o fato é que, se há muitos alunos que não falam finlandês, os professores gastam com eles todo o seu tempo." A mãe não conhecia nenhum estudante na escola local, mas tinha ouvido histórias a respeito.

Fiquei me perguntando o que aconteceria em um mercado livre de verdade, em que os pais tivessem uma visão clara sobre o rigor de uma escola e a qualidade de seus professores, não apenas a estética do prédio ou a etnia dos estudantes. Nos Estados Unidos, alguns políticos e reformistas educacionais estavam convencidos de que uma maior competição levaria justamente a esse tipo de cenário, impulsionando as escolas a alcançar melhores resultados, ou fechar as portas. Na época, 11% das crianças dos Estados Unidos estavam matriculadas em escolas particulares[33] – número abaixo da média do mundo desenvolvido.[34] De acordo com dados do Pisa, as escolas privadas não agregavam muito valor;[35] os alunos de escolas particulares saíam-se melhor no Pisa do que os alunos de escolas públicas, mas seu desempenho não era muito melhor do que seria de esperar caso tivessem frequentado uma escola pública, dado seu status socioeconômico. As escolas *charter* eram responsáveis por outros 5% dos estudantes. Mas aqui também os benefícios variavam tremendamente, dependendo da escola *charter*.

A competição existia em quase todos os lugares, mesmo que às vezes fosse difícil de ver. Em todo o mundo desenvolvido, três quartos dos adolescentes frequentavam escolas de ensino médio que competiam por alunos de uma forma ou de outra.[36] Mas nos Estados Unidos e na maior parte dos outros países a competição era modesta e distorcida pela falta de informações. Até onde eu sabia, havia um único lugar no mundo em que existia um verdadeiro mercado livre para a educação, onde a oferta e a demanda determinavam os preços e onde os clientes contavam com informações que beiravam a perfeição. Esse lugar não eram os Estados Unidos. Tampouco era improvável encontrá-lo em qualquer sistema de escola pública no planeta.

Agora que eu havia compreendido bem a importância do rigor, eu queria ver se o rigor podia ser encetado pela competição. Para descobrir, teria de penetrar as sombras das *hagwons* da Coreia do Sul, um laboratório para o melhor e o pior de tudo ao mesmo tempo.

O professor de
4 milhões de dólares

Nas aulas de inglês que ministrava, Andrew Kim falava baixinho num minúsculo microfone acoplado à orelha. Escrevia com giz em uma lousa antiquada. Não parecia estar fazendo nada de extraordinário, mas em suas aulas, ao contrário do que acontecia em muitas outras escolas sul-coreanas, os alunos não dormiam.

Andrew Kim ganhou 4 milhões de dólares em 2010.[1] Ele era conhecido na Coreia do Sul como o "professor astro do rock", uma combinação de palavras que eu jamais tinha ouvido antes. Kim lecionava havia mais de vinte anos, sempre em *hagwons*, os "cursinhos preparatórios" ou academias de reforço privadas do país. Isso significava que ele era pago de acordo com a demanda por suas habilidades, ao contrário da maior parte dos professores do mundo. E havia uma grande demanda por seus serviços.

Entrevistei Kim em seu escritório num luxuoso arranha-céu de Seul em junho de 2011. Um de seus assistentes recebeu-me na porta e me ofereceu uma garrafinha de água. Nós nos sentamos ao redor de uma mesa e Kim explicou que trabalhava cerca de sessenta horas por semana, embora desse apenas três aulas presenciais. A internet havia transformado suas aulas em *commodities*. As aulas e palestras de Kim eram transmitidas e arquivadas on-line, e os estudantes podiam comprá-las pagando 3,5 dólares a hora. No resto do tempo ele respondia (também on-line) às dúvidas dos estudantes, elaborava planos de aula, escrevia livros didáticos e cadernos de exercícios. Já publicara cerca de duzentos livros. "Quanto mais trabalho, mais eu ganho", ele disse. "Eu gosto disso."

Kim não parecia excessivamente orgulhoso de seu salário, mas tampouco constrangido. A maior parte de seus rendimentos vinha dos 150 mil alunos que assistiam às suas aulas on-line todo ano. Kim era uma marca, com todas as despesas e custos que isso acarretava. Ele dava emprego a trinta pessoas que o ajudavam a administrar seu império do ensino. Era dono de uma editora que publicava seus próprios livros.

Chamar isso de *aulas de reforço* ou *tutorias* era subestimar tresloucadamente a escala e a sofisticação da coisa. A Megastudy, a *hagwon* on-line para a qual Kim trabalhava, tinha ações negociadas na bolsa de valores sul-coreana. Três em cada quatro estudantes sul-coreanos participavam do mercado de ensino privado.[2] Em 2011, seus pais gastaram quase 18 bilhões de dólares em "cursinhos preparatórios",[3] mais do que o governo federal dos Estados Unidos empregava na guerra contra as drogas. O chamado "negócio das academias de reforço privadas" era tão lucrativo que atraiu investimentos de grupos financeiros como Goldman Sachs, Carlyle Group e AIG.[4]

O envolvimento de banqueiros multinacionais na educação era, falando em termos gerais, funesto. Entretanto, havia algo de empolgante em conhecer pessoalmente Andrew Kim. Pela primeira vez, eu estava na presença de um professor que ganhava uma soma em dinheiro que era paga a atletas profissionais. Ali estava um professor – *um professor* – que fazia parte do 1%. Nos Estados Unidos, alguém com sua ambição e capacidade poderia ter se tornado banqueiro ou advogado, mas na Coreia do Sul ele trabalhava como professor e, mesmo assim, era rico.

A ideia era sedutora: havia maneira mais adequada de garantir que os mais capazes e mais brilhantes escolhessem a carreira de educador do que transformar os melhores professores em milionários? No fim das contas, talvez a Coreia do Sul oferecesse um modelo para o mundo.

Todavia, o mundo das *hagwons* era misterioso. Para um forasteiro, era difícil compreender como esse segmento funcionava – e prosperava. A fim de aprender os mecanismos do negócio, marquei um encontro com Lee Chae-yun, dona de uma rede de cinco *hagwons* em Seul, a Academia Myungin. Almoçamos num restaurante sul-coreano tradicional, sentadas sobre almofadas e manuseando *hashis* de metal.

Lee entendia extraordinariamente bem o mundo privado e o público. Ela mesma tinha trabalhado como professora por quase duas décadas em escolas públicas e numa universidade. Mas agora falava como o presidente-executivo de uma corporação.

"Os estudantes são os clientes", ela afirmou.

E estava falando literalmente. Para arrebanhar alunos, as *hagwons* organizavam festas e dias de "escola aberta" para visitação, enviavam e-mails em massa e publicavam na porta de entrada de cada unidade da rede as notas de seus alunos nas provas de conclusão do ensino médio e os índices de aprovação na universidade. No mercado sul-coreano, os resultados eram mais importantes do que qualquer outra coisa.

Assim que os alunos se matriculavam, os funcionários da *hagwon* não perdiam tempo para envolver os pais, e reclamavam quando as famílias dos estudantes não se envolviam; a *hagwon* infiltrava-se na vida de seus clientes. Os pais recebiam mensagens de texto quando os filhos chegavam à *hagwon*. Depois recebiam outra mensagem relatando o progresso deles. Duas ou três vezes por mês os professores telefonavam para a casa dos alunos com informes detalhados sobre seu desempenho.

Se os pais não se envolvessem, isso era considerado uma falha da *hagwon*, e não da família. Vi poucas escolas dos Estados Unidos se desdobrarem tanto, sem medir esforços para servir bem seus "clientes".

A diferença mais acentuada estava no fato de que os estudantes se matriculavam não apenas numa determinada *hagwon*, mas para ter aulas com professores específicos, de modo que os docentes mais respeitados recebiam mais alunos. Andrew Kim tinha cerca de 120 estudantes por aula, embora nas aulas de um professor comum de *hagwon* houvesse um número bem menor de alunos. Na Coreia do Sul, o mercado educacional privado havia desmembrado as partes da educação, reduzindo-a à variável que mais importava: o professor.

Isso era o mais próximo que se podia chegar da meritocracia pura, e era impiedoso. Nas *hagwons* os professores eram "agentes livres", profissionais autônomos e independentes sem contrato de exclusividade que podiam trabalhar em qualquer escola que lhes aprouvesse. Não precisavam de diploma ou certificação. Não tinham benefícios, nem mesmo a garantia de um salário-base; sua remuneração era determinada pelo número de estudantes que se matriculavam para assistir às suas aulas, pela evolução das notas e do desempenho de seus alunos e, em muitas *hagwons*, pelos resultados das pesquisas de satisfação feitas junto aos pais e estudantes.

A fim de encontrar "professores astros", os donos e diretores de *hagwons* como Lee vasculhavam a internet, lendo comentários de pais e assistindo a aulas. As *hagwons* concorrentes viviam tentando roubar os professores mais famosos umas das outras. Porém, assim como estrelas de cinema e atletas de primeira linha, os "professores celebridades" vinham com bagagem.

"Os professores realmente bons são difíceis de manter – e são difíceis de gerenciar. Você precisa proteger o ego deles", Lee disse, abrindo um sorriso.

Contudo, em sua maioria os professores de *hagwons* não eram astros do rock. Os estrangeiros que se mudavam para a Coreia do Sul a fim de dar aulas de inglês contavam como trabalhavam uma quantidade exorbitante de horas em condições inviáveis por salários baixíssimos. Em sua maioria, os docentes das *hagwons* ganhavam menos do que os das escolas públicas, e, uma vez que as faculdades de educação sul-coreanas formavam um excesso de aspirantes a professor, a competição por empregos era intensa.

Nas *hagwons* de Lee, cerca de um em cada cinco aspirantes ao cargo de professor chegava à fase da entrevista, em que se pedia ao candidato que desse duas aulas-teste que a empresária acompanhava de perto, algo que os professores norte-americanos raramente eram solicitados a fazer antes de ser contratados.[5] Dessa maneira, Lee podia ter uma razoável noção acerca da capacidade dos candidatos de dar boas aulas. Era uma estratégia de contratação radicalmente lógica.

Tão logo contratava um professor, Lee monitorava de perto seu desempenho. Se as notas dos alunos de um determinado professor diminuíssem – ou se ele não se mostrasse capaz de angariar novas matrículas –, ela o colocava sob observação. Se os números continuassem baixos depois de seis meses, ela demitia o professor em questão. Todo ano, Lee dispensava cerca de 10% de seus educadores (em comparação, as escolas dos Estados Unidos demitiam anualmente cerca de 2% de seu corpo docente[6] por causa do desempenho insatisfatório).

Na opinião de Lee, essa flexibilidade fazia toda a diferença. Ela podia corrigir seus erros (eliminando as contratações equivocadas) e motivar os outros professores a trabalhar com mais afinco. Os professores de escolas públicas normais, ao contrário, não contavam com esse tipo de incentivo, o que os tornava menos competentes e direcionava a demanda dos pais pelas *hagwons*. "Sem as *hagwons*, a Coreia do Sul seria um desastre no Pisa."

HIGHEST LTDA.

Quando Jenny, a amiga de Eric, se mudou dos Estados Unidos de volta para a Coreia do Sul, ela matriculou-se numa *hagwon*, como todos os seus colegas do oitavo ano. Lá, Jenny via praticamente tudo que, em teoria, estava aprendendo na escola regular durante o dia: coreano, matemática, ciências e estudos sociais. Na maioria das noites, ficava na *hagwon* até as dez da noite; antes das provas, até meia-noite.

Jenny disse que aprendia mais na *hagwon* do que na escola diurna. Quando perguntei por quê, ela me deu uma explicação simples: "Acho que eles são melhores porque ensinam de um jeito mais eficiente".

A maioria dos adolescentes sul-coreanos preferia os professores das *hagwons* aos professores "normais".[7] Em uma pesquisa com 6.600 estudantes de 116 escolas de ensino médio, eles atribuíram aos professores das *hagwons* notas mais altas em todos os quesitos: na sua opinião, os professores das *hagwons* eram mais bem preparados, mais dedicados ao ensino e respeitavam mais as opiniões dos alunos. Segundo os jovens sul-coreanos, os professores das *hagwons* também eram melhores porque tratavam os alunos de modo justo e imparcial, independentemente de seu desempenho acadêmico.

Os incentivos do livre mercado pareciam estar funcionando, pelo menos na opinião dos estudantes. Os professores os tratavam mais como consumidores. Seria a Coreia do Sul a prova de que o florescente modelo norte-americano de escola *charter* podia dar certo? Estava claro que a competição havia levado a lucros e a práticas atraentes e favoráveis para os clientes. Mas as crianças realmente aprendiam mais nas *hagwons*?

Era muito difícil isolar o fator responsável pelas notas da Coreia do Sul no Pisa; as escolas públicas regulares estavam ajudando os adolescentes a se saírem bem, ou era mérito das *hagwons*? Estatisticamente falando, os "cursinhos" ou academias de reforço privadas pareciam de fato levar os estudantes a tirar notas mais altas,[8] em especial em matemática, mas em leitura os benefícios diminuíam conforme os alunos ficavam mais velhos. Os dados do Pisa relativos ao mundo inteiro sugeriam que a qualidade das aulas de reforço escolar era mais importante que a quantidade.[9] Fora da América do Norte e da Europa, os "cursinhos" de reforço e atividades extracurriculares eram uma prática difundida e, em todos os continentes, a qualidade variava – e muito.

Como em muitos mercados livres, o preço estava vagamente atrelado à qualidade. E esse era o problema.

Havia uma hierarquia na procura por aulas de reforço. Os colegas de classe mais endinheirados de Jenny pagavam por aulas particulares individuais, com tutores que cobravam caro. Esse era considerado o serviço "de luxo", de melhor qualidade. Juntamente com outros colegas, Jenny frequentava uma grande *hagwon* chamada Highest [O lugar mais alto], o tipo de "cursinho" que oferecia tutoria para as massas. Não eram baratos, mas mesmo muitos sul-coreanos pobres raspavam as economias para bancar as mensalidades. E havia também os jovens cujos pais não tinham condições de pagar nem uma nem outra opção; estes estudavam por conta própria ou nos programas extracurriculares em suas próprias escolas. Oito em cada dez pais sul-coreanos afirmavam sentir pressão financeira dos custos das *hagwons*.[10] Ainda assim, continuavam pagando as mensalidades, convencidos de que, quanto mais dinheiro gastassem, mais seus filhos aprenderiam.[11]

A desigualdade incomodava Andrew Kim. Embora esse sistema tivesse feito dele um professor milionário, não o via como modelo para ninguém. "Não acho que seja o caminho ideal", ele disse. "Isso leva a um ciclo vicioso de famílias pobres que transmitem a pobreza para seus filhos."

Ele, também, julgava que a demanda pelas *hagwons* refletia o fracasso das escolas públicas normais – crença popular que era difícil de provar ou de refutar. Claramente, os pais pensavam que as escolas regulares eram inadequadas, mas era difícil saber se tinham razão. Em todo caso, assim como o ministro da Educação sul-coreano, Kim acreditava que a Finlândia era um modelo bem melhor para o mundo.

Enquanto isso, ele estava ganhando fortunas com o círculo vicioso, e planejava continuar assim até 2017, quando vencia seu contrato com a Megastudy. Depois disso, seu desejo era retribuir para a sociedade o que recebera, talvez ajudando a preparar professores da rede pública. Kim era pai de um filhinho de seis anos e não queria criá-lo dentro de uma panela de pressão.

A GUERRA ÀS *HAGWONS*

Não conheci ninguém na Coreia do Sul que elogiasse o sistema educacional, nem mesmo as pessoas que estavam enriquecendo com ele. A lição parecia ser a seguinte: sem *igualdade* – ou seja, oportunidades significativas para todo mundo, não apenas para a elite –, o sistema seria manipulado e distorcido. As angústias dos pais levariam a uma corrida armamentista educacional. Na Coreia do Sul a recompensa para a educação tinha se tornado algo grandioso demais e raro demais, baseado numa métrica que era extremamente rígida. Todo ano os jornais sul-coreanos publicavam reportagens sobre escândalos envolvendo estudantes, professores de *hagwons* e, em alguns casos, pais de alunos. Em 2007, cerca de novecentos estudantes sul-coreanos tiveram canceladas as suas notas por causa do vazamento de questões das provas.[12]

Durante décadas o governo sul-coreano tinha tentado domar a cultura de masoquismo educacional do país. Políticos fizeram promessas e ameaças, e chegaram inclusive a banir por completo todas as *hagwons* nos anos 1980, quando a Coreia do Sul era governada por uma ditadura. Porém, em todas as ocasiões as *hagwons* voltaram ainda mais fortes. Depois que o governo regulamentou o valor das mensalidades que as *hagwons* estavam autorizadas a cobrar, metade dos "cursinhos" burlou as regras, cobrando o dobro e às vezes o quíntuplo dos preços permitidos.[13]

Nada funcionou porque os incentivos mais poderosos continuavam sendo os mesmos. Os adolescentes sul-coreanos se matavam de tanto estudar porque queriam uma vaga numa das universidades mais prestigiosas do país. E quem poderia culpá-los? Em 2007, nove em cada dez juízes da Suprema Corte e dos tribunais de Justiça eram ex-alunos da Universidade Nacional de Seul, uma das três mais respeitadas da Coreia do Sul.[14] Quatro em cada dez presidentes das maiores empresas sul-coreanas estudaram na mesma instituição.

Para mudar esses incentivos, os empregadores sul-coreanos – e não apenas as escolas – tinham de mudar. Aparentemente, a meritocracia pura que regia a vida das crianças não se estendia à vida dos adultos.

Era impossível dizer com certeza, mas essa hierarquia talvez pudesse ajudar a explicar os índices de suicídio na Coreia do Sul, que seguiam um padrão inesperado. Apesar do excesso de estudo, entre os adolescentes sul-coreanos as taxas de suicídio não eram altas. Na verdade, o percentual de suicídios dos adolescentes entre quinze e dezenove anos na Coreia do Sul[15] era menor do que na Finlândia, Polônia, Estados Unidos e pelo menos catorze outros países. Contudo, entre os adultos sul-coreanos essa taxa era bastante alta. Feitas as contas, as estatísticas de suicídio no país estavam entre as mais altas do mundo.[16] As razões por trás dos índices de suicídio são misteriosas e complexas, mas parece que os pontos de estrangulamento do sistema sul-coreano eram os locais de trabalho e as universidades dos adultos, e não apenas as salas de aula de crianças e jovens.

Enquanto o restante da sociedade não mudasse, os políticos sul-coreanos continuariam lançando ataques quixotescos contra a cultura dos estudos 24 horas por dia. Era como uma brincadeira infinita de Pirata Vermelho,* em que os burocratas do governo desferiam repetidos ataques contra uma muralha de mães e pais sul-coreanos dez vezes mais fortes.

Quando cheguei à Coreia do Sul, a mais recente manobra do governo tinha sido impor às *hagwons* um toque de recolher,

---

* O jogo infantil Pirata Vermelho (Red Rover) tem origem na Inglaterra e faz referência à coragem dos marinheiros britânicos que desafiavam os ataques dos piratas. A brincadeira consiste em duas filas de crianças de mãos dadas; uma das filas desafia a outra a enviar um participante, que deve tentar quebrar a corrente em determinado ponto. Se conseguir, ele escolhe um dos dois lados que se dividiram para se juntar ao seu time. Se não conseguir, deve juntar-se ao time adversário. Ganha o time que conseguir juntar todas as crianças, sobrando apenas uma do outro lado. [N.T.]

organizando rondas e batidas nos "cursinhos" no meio da noite e mandando os alunos de volta para casa, instruindo-os a dormir. Era impossível imaginar agentes do governo vencendo esse braço de ferro, mas eu quis ver de perto a ação da polícia do estudo.

NA PATRULHA COM A POLÍCIA DO ESTUDO[17]

Numa chuvosa noite de quarta-feira de junho, o esquadrão noturno da polícia do estudo de Seul reuniu-se para uma ronda. Os preparativos para a patrulha foram amenos. Tomamos chá e comemos biscoitos de arroz numa sala de reuniões iluminada por lâmpadas fluorescentes, rodeada de cubículos do governo.

O líder do pelotão era Cha Byoung-chul, um burocrata de nível intermediário da Secretaria de Educação do distrito de Gangnam. Ele usava pequenos óculos ovais e um paletó de risca de giz por cima de uma camisa amarela e branca.

Por volta das 22h20, Cha foi fumar um cigarro no estacionamento. "Nós não saímos às 22 horas em ponto", ele explicou, enquanto um trovão ribombava no céu. "Queremos dar a eles uns vinte minutos. Dessa maneira, não há desculpas."

As hagwons que fossem flagradas funcionando depois das 22 horas recebiam três avisos. Depois eram obrigadas a fechar as portas por uma semana. Se o flagrante ocorresse depois da meia-noite, a hagwon era lacrada imediatamente e deixava de funcionar por duas semanas. A fim de encontrar os infratores, o governo tinha começado a pagar recompensas para cidadãos que fornecessem informações. Segundo boatos, um informante sul-coreano teria recebido 250 mil dólares simplesmente denunciando diversas hagwons.[18] Por sua vez os empresários das hagwons, sempre ágeis para farejar uma oportunidade, começaram a oferecer novas aulas sobre como os cidadãos poderiam descobrir e denunciar violações das *hagwons*. Não tinha fim o ciclo de punições e lucro. Até aquele momento o governo já pagara 3 milhões de dólares em recompensas.

Por fim nos amontoamos num Kia Sorento prata e rumamos para Daechi-dong, um dos mais movimentados distritos de *hagwons* de Seul. As ruas estavam apinhadas de centenas de pais e mães que tinham ido buscar os filhos nas inúmeras *hagwons* que, obedecendo ao toque de recolher, fecharam na hora certa. Os seis inspetores andavam pela calçada procurando réstias de luz suspeitas atrás das venezianas cerradas.

Por volta das onze da noite eles se dirigiram para um estabelecimento sobre o qual, no passado, já haviam recebido denúncias por telefone. Subiram a escada encardida, pisando em um saquinho de batatas fritas vazio. No segundo andar, a única mulher do esquadrão bateu à porta: "Oi? Oi?", ela chamou. Uma voz abafada respondeu: "Só um minuto!".

Os inspetores entreolharam-se. Cha fez sinal para um de seus colegas, instruindo-o a descer de novo a escada e bloquear o elevador.

Um instante depois, um senhor já curvado pela idade abriu a porta. Tinha no rosto uma expressão preocupada, mas permitiu que os inspetores entrassem. Eles tiraram os sapatos e esquadrinharam as dependências.

Tecnicamente, o estabelecimento era uma biblioteca de estudo individual, e não uma *hagwon*. Num covil de saletas com teto baixo e lâmpadas fluorescentes, havia cerca de quarenta adolescentes sentados em minúsculos cubículos, concentrados e queimando as pestanas. Quando passamos por eles, mal levantaram o rosto, pouco interessados, com um olhar meio vidrado. O lugar era claustrofóbico, como uma oficina de costura clandestina pós-moderna, mas que em vez de camisetas produzia conhecimento em massa.

As bibliotecas de estudo individual tinham autorização para funcionar após o horário do toque de recolher, mas Cha sentiu que alguma coisa estava errada. Todos os estudantes estavam usando folhas de exercícios idênticas, e havia um punhado de adultos andando de um lado para o outro. Cha desconfiou que se tratasse de uma *hagwon* disfarçada, em uma tentativa engenhosa de burlar o toque de recolher.

Um dos adultos, uma mulher de meia-idade de camiseta verde, começou a discutir com Cha. "Estamos apenas fazendo o nosso trabalho aqui. Nós não damos aulas", ela alegou, franzindo o cenho. Cha balançou a cabeça.

"Eu vi você com os alunos", ele disse.

Nesse momento, um menino gorducho, que parecia ter uns quinze anos, saiu de um dos cubículos. Pendendo a cabeça de lado, encarou os inspetores de alto a baixo e depois, arrastando os pés em seus chinelos próprios para ser usados dentro de casa, caminhou até a mulher de verde, entregou-lhe a folha de exercícios e esboçou uma pergunta. Ela pediu que ele se calasse e voltasse para uma das saletas.

Cha informou ao senhor idoso que provavelmente a biblioteca seria suspensa, e instruiu-o a comparecer a um órgão do governo competente no dia seguinte. O homem ouviu tudo em silêncio, com a mesma expressão aflita no rosto.

Mais tarde o esquadrão fez mais algumas paradas em outras bibliotecas de estudo individual, mas aparentemente os agentes não encontraram irregularidades. Por volta da meia-noite,

Cha parou numa esquina e acendeu um último cigarro, fitando as luzes de uma cidade que ainda estava bastante desperta. Depois voltou para casa e foi dormir, confortado pela satisfação de ter libertado quarenta adolescentes num universo de 4 milhões.

ESCAPANDO DA RODA DE HAMSTER

Eric teria ido a qualquer lugar, teria feito qualquer coisa para escapar da escola de ensino médio sul-coreana. A fim de cumprir as exigências de seu programa de intercâmbio, contudo, ele precisava continuar formalmente vinculado aos estudos. Por isso, quando ouviu falar de uma faculdade técnica que aceitava estrangeiros, pediu aos responsáveis por seu programa de intercâmbio que autorizassem a transferência. Para conseguir uma vaga, Eric teria de cursar chinês comercial, mas não hesitou. Para fugir da panela de pressão, teria estudado até chinês para jogar boliche.

Seu primeiro dia de aula foi em março. A faculdade ficava numa colina e era construída ao redor de um enorme chafariz que funcionava de maneira intermitente. Os edifícios eram sem graça, não muito diferentes da escola. Eric entrou na sala do curso de chinês comercial e encontrou estudantes conversando e rindo, animados. Um rapaz estava de jeans tipo *skinny* e botas. Sentados em torno de uma mesa, os alunos esperaram o professor. Uma moça chamada Go-un apresentou-se a Eric e perguntou o que ele vinha fazendo desde que tinha chegado à Coreia do Sul.

"Eu estava na escola de ensino médio."

Ela fitou-o durante alguns segundos.

"Durante quanto tempo?"

"Seis meses."

Ela arregalou os olhos. Depois inclinou a cabeça, com uma expresão solidária. "Oh, eu sinto muito. Ninguém deveria ser obrigado a estudar na escola de ensino médio sul-coreana."

Depois da aula os estudantes ficaram na faculdade, batendo papo. Perguntaram e anotaram o número do celular de Eric, depois saíram a pé para almoçar, tranquilamente. Na faculdade os alunos tinham tempo para conversar com o garoto norte-americano. Pensavam em outra coisa além das notas das provas. Tinham uma vida, e agora Eric também tinha.

Voltando para casa

Estava nevando quando Tom recebeu o e-mail. Hospedado num albergue na Polônia, ele leu e releu inúmeras vezes as palavras: "Esperamos que você celebre em grande estilo a sua admissão no Vassar College".

A tradicional faculdade Vassar, em Poughkeepsie (no estado de Nova York), tinha sido sua primeira opção, a mesma instituição onde sua mãe e seu irmão haviam se formado. Ele se imaginou estudando literatura ali, assim como havia sonhado com aprender a tocar Chopin na Polônia. Tom queria estudar literatura inglesa, e Vassar oferecia um curso para calouros sobre Virginia Woolf, sua escritora predileta. Na Polônia, naquela primavera, relera *Mrs. Dalloway* e *Ao farol*. Mal podia esperar para começar o ensino superior.

No verão de 2011, os alunos de intercâmbio norte-americanos voltaram para casa. Foi um período estranho da vida desses jovens, uma elipse antes da idade adulta. Kim, Eric e Tom tinham muito pela frente, muita coisa a aguardar com ansiedade, supondo que cursariam a faculdade até o final. Quando retornaram aos Estados Unidos, o valor de uma educação superior lá era maior do que em praticamente qualquer outra parte do mundo. Podia até demorar, mas, assim que conseguissem um diploma, eram boas as chances de que arranjassem um emprego decente. Naquele verão, os índices de desemprego eram de moderados 4%. O mundo era vasto e estava ávido por norte-americanos com diploma universitário e capacidade de mudar e se adaptar.

OS ESTADOS UNIDOS REVISITADOS
Se os estados fossem países, que países seriam?

Mapa derivado da análise de desempenho em matemática comparado por estados e países, em PETERSON, Paul E. et al. *Globally Challenged: Are U.S. Students Ready to Compete? The Latest on Each State's International Standing in Math and Reading*. Relatório PEPG n. 11-03, agosto/2011.

Se não fossem para a faculdade, receberiam metade do salário. Teriam de lidar com um índice de desemprego duas vezes maior. Talvez até conseguissem arranjar um emprego decente, embora isso fosse improvável. Quando voltassem para casa à noite, continuariam pagando o preço: os norte-americanos que não se formavam na faculdade tendiam a se divorciar e acabavam criando sozinhos os filhos. E inclusive morriam mais cedo que os diplomados.

Se abandonassem os estudos no ensino médio, entrariam num mundo de labuta perpétua, com salários baixos, benefícios parcos e 14% de desemprego. Era um destino improvável para Kim, Eric e Tom, mas um desfecho determinado de antemão para cerca de um quarto de seus pares. Quando Kim completasse vinte anos, haveria mais ou menos 6 milhões de norte-americanos sem diploma de ensino médio[1] e sem emprego.

Em outras palavras, dependendo do que acontecesse a seguir, Kim, Eric e Tom poderiam essencialmente viver em países diferentes daquele em que residiam os jovens que haviam frequentado com eles o ensino fundamental. Muita coisa acerca de seu futuro permanecia desconhecida, mas estava ficando mais difícil mudar o destino de uma pessoa nos Estados Unidos. As categorizações que haviam começado a separar e classificar as crianças no ensino fundamental continuavam em vigor também na vida adulta. A menos que houvesse alterações drásticas no modo como o país funcionava, os caminhos já traçados jamais se alterariam.

TÃO NORTE-AMERICANO QUANTO TORTA POLONESA

Quando Tom foi embora da Polônia, outra norte-americana estava desembarcando no país. Paula Marshall partiu de Oklahoma, não muito longe de onde Kim morava. Mas ela não estava na Polônia para estudar e tampouco para fazer turismo; estava lá para inaugurar uma fábrica.

Marshall era executiva-chefe da Bama Companies, uma instituição de Oklahoma.[2] Sua avó havia começado a vender tortas caseiras para os restaurantes locais na década de 1920. Então, o pai de Paula vendeu para o McDonald's uma ideia brilhante: tortinhas "portáteis" que os fregueses podiam comer no próprio carro; era uma história de sucesso profundamente norte-americana: um jovem que transformava em ouro maçãs fritas mergulhadas em óleo fervente.

Décadas depois, Paula assumiu a empresa, abrindo novas fábricas em Oklahoma e na China. Os negócios tinham crescido exponencialmente, e a Bama passou a fornecer também *breadsticks* [torradas em forma de bastão] para a Pizza Hut e pãezinhos para o McDonald's. A maior parte de seus mil funcionários ainda trabalhava em Oklahoma.

Mas agora ela estava na Polônia para abrir sua nova fábrica. Havia uma porção de razões para isso, uma delas o fato de que os empregos nas fábricas modernas exigiam funcionáros qualificados, capazes de pensar criticamente em seu trabalho. Os poloneses tinham garantido a Paula que ela não teria problemas em preencher as vagas na filial do país. "Ouvimos dizer que há muita gente instruída aqui", ela disse.

Quando me encontrei pessoalmente com Paula para um café, ela falou em termos muito práticos sobre as dificuldades de preencher vagas de emprego nos Estados Unidos. "Veja, por exemplo, o caso dos empregos na área de manutenção", disse Paula. Eram colocações que pagavam de 25 a 30 dólares por hora, mas que exigiam mais qualificação do que o nome do cargo sugeria. Hoje em dia, técnicos de manutenção tinham de ser capazes de compreender plantas e esquemas técnicos, comunicar por escrito tudo que se passava em seu turno, testar soluções possíveis para problemas dinâmicos e complexos e, é claro, diagnosticar e reparar complicados sistemas mecânicos.

A Bama Companies tinha dificuldades para encontrar técnicos em manutenção em Oklahoma. Havia anos em que era difícil arranjar funcionários até para as funções menos qualificadas da linha de produção, porque mesmo esses funcionários tinham de ser capazes de pensar e se comunicar. Marshall estava disposta a pagar pelo treinamento técnico de seus funcionários, mas descobriu que muitos candidatos eram incapazes de ler ou realizar operações matemáticas básicas. Ela constatou que não podia confiar em alguém com um diploma de ensino médio; variava tremendamente o nível de conhecimento dos alunos formados em diferentes escolas de ensino médio de uma mesma delegacia de ensino de Oklahoma. (É interessante apontar que os militares constataram a mesma coisa. Um quarto dos concluintes do ensino médio de Oklahoma que tentavam se alistar não conseguia passar nos testes de aptidão da seleção militar.) Para corroborar o diploma, o pessoal da área de recursos humanos da Bama teve de aprender a pedir que as pessoas preenchessem os formulários e documentos na frente dos responsáveis pela seleção, de modo que estes pudessem ver se os candidatos realmente compreendiam os enunciados e as informações solicitadas. Depois pediam aos candidatos que respondessem a questões sobre situações hipotéticas para verificar se eram capazes de articular seus pensamentos e solucionar problemas. Por fim os candidatos eram submetidos a um exame toxicológico, uma verificação de antecedentes criminais e um teste físico; após todas essas etapas, sobrava pouca gente.

Em 2012, Marshall começou a contratar duzentas pessoas para trabalhar na nova fábrica na Polônia. Seu discurso era otimista. "A Polônia me parece ser o que devem ter sido os Estados Unidos no século XIX", ela disse. "Tive a mesma sensação em Xangai. As pessoas são atarefadas."

PRIMEIRO DIA

Depois do ano que passou na Finlândia, Kim voltou para Oklahoma cheia de emoções complexas. Dessa vez, pensou consigo mesma, ela seria diferente, mesmo que todo o resto continuase igual. Em seu primeiro dia de volta à escola de ensino médio norte-

-americana, Kim usou pantufas felpudas com orelhas de cachorro. Bebeu café numa xícara que ela tinha trazido da Finlândia. Depois, instalou-se confortavelmente numa poltrona com seu gato George para estudar biologia on-line.

Kim adorou a ideia da Oklahoma Virtual High School. Dessa forma, pensou, poderia recriar a autonomia que havia experimentado na Finlândia. Poderia decidir a que horas acordar e quando estudar geometria. E poderia almoçar com garfos e facas de verdade da sua própria cozinha, exatamente como fizera no refeitório de sua escola finlandesa.

A liberdade ajudaria a motivá-la, era essa a sua esperança. Kim não tinha como controlar aspectos como igualdade ou qualidade do ensino, mas talvez conseguisse evocar autonomia e ímpeto. Se conseguisse, estaria a meio caminho da Finlândia, teoricamente falando.

Em seu primeiro dia na escola virtual, Kim fez login, acessou sua área e verificou seu progresso num painel. Até ali o gráfico de barras permanecera totalmente verde, o que significava que ela estava no rumo certo, avançando conforme o planejado. Kim ainda tinha 149 dias pela frente. Ela assistiu a vinte minutos de videoaulas sobre geometria básica. Os professores estavam disponíveis cinco dias por semana, 24 horas por dia. Ela podia comunicar-se com eles por e-mail, telefone ou mensagens. Era um novo tempo, nada terrível.

Ao longo de oito horas ela não conversou com ninguém, não teve interação alguma com outras pessoas. Às 15h30, sua mãe chegou em casa, de volta do trabalho. À meia-noite, Kim ainda estava acordada, lendo sobre faculdades on-line na Irlanda, seu novo sonho. Nem de longe parecia algo mais inconcebível do que a ideia da viagem para a Finlândia. O relógio marcava uma da manhã quando Kim começou a estudar o tema Mesopotâmia para sua aula de história geral.

"Eu estou gostando muito, de verdade", ela me disse no segundo dia, pouco depois de escrever um texto sobre pombos-correio. "Não sinto falta de pessoas, nem um pouco."

"Não se preocupa que possa acabar ficando isolada?", indaguei. "Sempre me perguntam isso", ela respondeu. "Mas as pessoas se esquecem de que eu era muito isolada na minha escola de ensino médio norte-americana."

Dessa forma, comecei a compreender. Kim era solitária em seus próprios termos. O único aspecto negativo que ela tinha notado era a tendência a personificar seu cachorro e seu gato. "Eu converso muito com eles", admitiu. "Tudo que eles fazem passa a ser adorável."

Para combater a insanidade, Kim juntou-se a um clube de escritores que se reunia num café numa cidadezinha vizinha. E se matriculou em aulas de dança irlandesa, uma noite por semana. Sua mãe a levava e buscava de carro, grata por ter a filha de volta, mas sem saber ao certo até quando a menina ficaria. Nesse esquema, Kim ainda via outras pessoas com frequência. Sentia saudade da Finlândia, mas por enquanto, para ela, a realidade virtual era melhor do que uma escola convencional.

A escola de Kim era administrada pela Advanced Academics, empresa sem fins lucrativos baseada na cidade de Oklahoma que oferecia cursos on-line em trinta estados. Essa empresa era parte da DeVry, uma corporação com ações negociadas na bolsa de valores que em 2011 divulgou lucros de 2 bilhões de dólares. Para Kim, a escola virtual era gratuita, assim como a escola pública; o dinheiro do estado que normalmente iria para a Sallisaw High Scholl ia para a Advanced Academics.

Em três anos, o número de estudantes da rede pública de Oklahoma participando em alguma forma de educação virtual tinha aumentado 400%.[3] Contudo, ninguém sabia se as escolas virtuais eram melhores ou piores do que as regulares. Situação mais ou menos parecida com os primeiros tempos das *hagwons*. Sem a obsessão cultural pelos resultados, porém, a analogia caía por terra. Um mercado livre era de fato livre se ninguém sabia a qualidade do produto ou se nem sequer havia consenso sobre qual deveria ser o produto?

Aquele ano letivo trouxe outro marco para o estado de Kim. Depois de décadas de debate, Oklahoma finalmente decidiu exigir um teste de conclusão de curso, exatamente como faziam na Finlândia, Polônia e Coreia do Sul. Pela primeira vez, para obterem o diploma os alunos do último ano do ensino médio teriam de ser aprovados em provas de matemática, inglês, biologia e história, acertando quatro de sete questões. O jornal *The Oklahoman* apoiou a mudança, que vinha sendo planejada havia sete longos anos. "Não é esperar muito que os estudantes de Oklahoma tenham um conhecimento funcional e dominem conteúdos básicos de matemática, ciências e inglês."

As provas não eram difíceis. A expectativa era de que nove em cada dez alunos do último ano do ensino médio fossem aprovados. Os que não conseguissem poderiam refazer a prova pelo menos três vezes por ano, fazer uma prova alternativa ou apresentar um projeto. Os alunos de educação especial não precisavam tirar notas tão altas quanto as dos demais.

Contudo, os legisladores de Oklahoma passaram o ano combatendo o exame de conclusão de curso. Alguns chegaram a considerar rígido demais esse minúsculo passo na direção de uma educação mais rigorosa. Jerry McPeak, professor e legislador do Partido Democrata, introduziu um projeto de lei para revogar a obrigatoriedade da prova,[4] comparando o teste a abuso infantil: "Vamos brutalizar e intimidar esses jovens porque eles não possuem a capacidade intelectual de outros jovens?".[5]

Na Finlândia a prova era obrigatória havia 160 anos; era uma maneira de motivar alunos e professores no sentido de um objetivo claro e comum, e fazia com que o diploma do ensino médio significasse alguma coisa. A Coreia do Sul redirecionava o tráfego aéreo no dia da sua prova. Os estudantes poloneses passavam as noites e os finais de semana se preparando para suas provas, e compareciam ao exame usando terno, gravata e vestido.

Nos Estados Unidos, porém, muitas pessoas ainda acreditavam em um padrão diferente, que explicava muita coisa sobre a longeva e persistente mediocridade educacional do país. De acordo com essa lógica, os estudantes que fossem aprovados nas matérias obrigatórias e fossem para a escola no número requerido de dias letivos deveriam receber seu diploma, independentemente do que tivessem aprendido ou do que aconteceria com eles quando se candidatassem a um emprego na Bama Companies. Esses jovens mereciam uma chance de fracassar mais tarde, não agora. Era uma espécie perversa de compaixão, destinada a um século diferente.

Dessa vez, Janet Barresi, a superintendente de ensino de Oklahoma, manteve-se firme. "Se recuarmos e continuarmos empurrando para trás os limites, os estudantes não levarão a coisa a sério", ela disse.[6] "Estou mais preocupada com a capacidade do estudante de arranjar um emprego do que de caminhar pelo palco com seus colegas no dia da formatura."

Naquela primavera, menos de 5% dos 39 mil alunos do último ano do ensino médio de Oklahoma[7] foram malsucedidos e não conseguiram atender às novas exigências para a obtenção do diploma, um número bem menor do que muitos superintendentes haviam previsto. Os adolescentes de Oklahoma tinham sido absurdamente subestimados. (É interessante observar que o índice de reprovação foi mais ou menos semelhante aos 6% de alunos finlandeses do último ano do ensino médio que não conseguiam ser aprovados num exame bem mais rigoroso.)[8]

Alguns estudantes de Oklahoma recorreram dos resultados, alegando um ou outro tipo de circunstância estressante, e seus conselhos escolares locais acabaram concedendo-lhes os diplomas. A flexibilidade estava inserida no sistema. Contudo, muitos conselhos escolares do estado protestaram contra os testes, aprovando resoluções e pedindo misericórdia. "Há alguns jovens que simplesmente não conseguem ir bem nos testes. E isso é terrivelmente injusto com eles", declarou a presidente do conselho escolar de Owasso ao jornal *Tulsa World*.[9] O fato de os estudantes terem opções diferentes, incluindo elaborar um projeto em vez de fazer a prova, não atenuava as preocupações dela.

Quando Kim concluiu seu primeiro ano letivo já de volta aos Estados Unidos, o país figurou na sétima posição na lista de competitividade global do Fórum Econômico Mundial.[10] Era uma posição muito boa, sem dúvida, embora o país viesse caindo pelas tabelas por quatro anos consecutivos. E qual era o país número 3 da lista? Uma pequena e remota terra nórdica com poucos recursos, a não ser uma coisa que os locais chamavam de *sisu*.

UM CALOURO NOS ESTADOS UNIDOS

Quando retornou da Polônia para Gettysburg, Tom se autoimpôs um rigoroso regime em que se obrigava a ler pelo menos cem páginas por dia. Naquele verão, encarou Michel Foucault, apenas para ver se era capaz. Parou de fumar. Mas sentia falta da liberdade de poder zanzar à vontade pelas ruas de uma cidade grande e beber cerveja morna com os amigos enquanto o sol se punha sobre

Wrocław. Em sua primeira noite de volta a Gettysburg, Tom quis chamar os amigos para visitá-lo em casa à meia-noite, e seus pais se perguntaram se o rapaz tinha perdido o juízo. Tom queria ficar batendo papo ou lendo nos cafés, mas os cafés de Gettysburg fechavam assim que anoitecia. Ele pedia à sua mãe – a chefe da defensoria pública da cidade – que lhe comprasse cerveja, mas ela se recusava.

No outono, Tom pegou seus livros e suas camisetas de bandas *indie* e se mudou de mala e cuia para Poughkeepsie, Nova York. No Vassar College, foi morar num dormitório, um prédio antigo de tijolos vermelhos e teto pontudo, num quadrilátero gramado. Era, em todos os sentidos, a quintessência de um ambiente acadêmico. Seu colega de quarto decorou as paredes com luzes de Natal e bandeiras de orações tibetanas. Tom matriculou-se no curso sobre Virginia Woolf, conforme o planejado.

Entretanto, quando as aulas começaram ele teve uma sensação desconfortável. Sentado no seminário sobre Virginia Woolf, percebeu que não estava tão bem preparado como esperava. Quatro em cada dez alunos da faculdade Vassar tinham estudado em escolas particulares, inclusive internatos de elite no nordeste do país. Pareciam ter uma fluência em análise literária que ele não possuía. Faziam referências casuais à mitologia grega que Tom não entendia. Segundo a descrição de um de seus colegas de curso, o romance *O quarto de Jacob* começava *in media res*, como se todo mundo soubesse do que ele estava falando. Eles tinham lido Virgílio; Tom, não.

Enquanto isso, a 1.300 quilômetros dali, Eric estava sentindo na pele exatamente o contrário.

Ele tinha se mudado para Chicago a fim de frequentar a Universidade DePaul. Graças ao ano que havia passado na Coreia do Sul, sabia que se sentia melhor e mais vivo no clamor de uma cidade grande, um lugar onde pudesse comer sushi às quatro da manhã

285

– mesmo que nunca decidisse sair de casa a essa hora para ir a um restaurante japonês. Estava ansioso para estudar política e filosofia.

Mas, naquele outono, quando se sentou no curso de redação obrigatório para todos os calouros, descobriu algo surpreendente. Na verdade, ele estava preparado *demais*.

Não era como o curso sobre Virginia Woolf na Vassar. As aulas da turma de Eric eram ministradas por alunos de pós-graduação, e seu objetivo era equiparar todos os estudantes em um mesmo nível básico de competência. Eric estava entediado. Era como fazer de novo o ensino fundamental, quando para se entreter ele respondia aos problemas de matemática desenhando as iniciais de seu nome.

Eric já tinha aprendido a formular uma tese e realizar pesquisas básicas em sua escola de ensino médio em Minnesota; ele supunha que todos os demais estudantes também tivessem aprendido essas coisas. Sentado na aula na DePaul, com o caderno em branco, ele sentiu-se vazio, como um balão murcho caindo do céu.

Na universidade, Eric e Tom estavam testemunhando em primeira mão a mesma variação que definia as escolas de uma ponta a outra dos Estados Unidos e do mundo, e a razão de ser deste livro. Quando os estudantes começaram a revisar e editar o trabalho dos colegas, Eric pôde ler os textos dos seus pares. Descobriu que muitos não sabiam estruturar um ensaio, desenvolver um argumento ou comunicar com clareza uma ideia. Os textos eram desconjuntados e desconexos, e a gramática era sofrível. Não que os estudantes não estivessem dispostos ou fossem incapazes de fazer melhor; é que nunca tinham aprendido a fazer aquilo.

Eric encontrou outras matérias e turmas menores, de que gostou mais. Esquadrinhou Chicago, e começou a pensar em se transferir para outra faculdade. Isso tinha funcionado na Coreia do Sul; talvez desse certo nos Estados Unidos também.

No caso de Tom, a adaptação foi fácil; ele leu Virgílio. Pesquisou o significado de *in media res* e descobriu que era uma expressão latina ("no meio das coisas") que se referia a uma técnica literária em que a narrativa começa no meio da história, e não no início. Ele aprendia rápido e logo alcançou os outros, e na primavera já era capaz de disparar suas próprias alusões à mitologia grega nas aulas de literatura inglesa. Tom constatou que boa parte dos comentários e gracejos não passava de baboseira, mas precisava aprender o vernáculo. No fim de seu ano como calouro, estava trabalhando a quatro mãos com seu professor de literatura clássica em um artigo sobre o poeta romano Catulo.

Mas Tom teve um vislumbre do que poderia ter acontecido. Se sua mãe não tivesse feito das visitas à Barnes & Noble um ritual de todas as noites de sexta-feira, se ele não tivesse devorado literatura por conta própria, talvez não acabasse adquirindo o hábito tão arraigado de ler todo santo dia. Sem essa prática, ele se deu conta, certamente teria sido massacrado na Vassar. De nada adiantaria ter cursado literatura avançada na Gettysburg High School; de nada teriam adiantado suas boas notas. Tom precisava de mais rigor do que suas escolas tinham a oferecer. Por sorte, ele acabou descobrindo isso sozinho.

UMA SUL-COREANA EM NOVA JERSEY

Como Kim, quando voltou para os Estados Unidos Jenny ainda estava no ensino médio. Ambas tinham mais dois anos de escola pela frente antes de se formarem. Jenny já havia se revezado entre a Coreia do Sul e os Estados Unidos antes, de modo que fazia alguma ideia do que esperar quando, no verão de 2011, sua família se mudou para a região central de Nova Jersey. Jenny imaginava que a sua escola norte-americana seria muito mais benevolente do que a situação que ela e Eric encontraram na Namsan High School, e estava certa. Suas aulas eram menos puxadas, os professores e colegas de classe mais tranquilos.

Porém, havia surpresas.

Durante o primeiro teste de álgebra II naquele outono, a menina sentada ao lado de Jenny queixou-se de que não havia entendido um dos problemas – que Jenny resolveu num piscar de olhos, provavelmente porque já aprendera a matéria dois anos antes. Mas a garota insistia em dizer que precisava de ajuda. Então aconteceu uma coisa inacreditável: a professora foi ajudá-la! Na frente de todos os outros alunos, orientou a aluna até que ela chegasse à solução – *durante a prova.*

Jenny assistiu a tudo atônita. Ela se perguntou o que aconteceria quando a menina fizesse o SAT sem a professora lá para ajudá-la. Então um garoto da mesma turma fez a mesma coisa e, mais uma vez, a professora foi ajudá-lo. Jenny revirou os olhos. Ela gostaria que seus amigos sul-coreanos vissem aquilo; ficou ansiosa para contar-lhes a história pelo Skype, assim que chegasse em casa.

Nem tudo era mais fácil na escola de ensino médio norte-americana. Isso foi outra surpresa. Naquela primavera, Jenny descobriu que nas escolas de todo o país faziam – nas aulas de educação física – algo chamado Teste Presidencial de Aptidão Física, que era aplicado havia décadas, e todas as vezes os padrões eram impressionantemente altos, de maneira quase inexplicável.

Para dar conta do recado, Jenny e seus colegas de classe tinham de correr 1,6 quilômetro em oito minutos e fazer 44 flexões abdominais em sessenta segundos. Era estritamente proibido trapacear fazendo o quadril saltar do chão entre as flexões; ao contrário da prova de álgebra, no teste de aptidão física não havia atalhos. Os meninos tinham de fazer treze flexões de braço na barra fixa, e as meninas, 25 flexões de braço no chão. O desempenho no teste não contava para compor a nota de educação física, mas alunos e professores levavam a coisa extremamente a sério, como se estivessem treinando para uma competição de verdade.

Jenny mal podia acreditar. Fazer 25 flexões de braço no chão não era brincadeira. Por que as expectativas eram tão altas? E por que, mesmo com um nível de exigência tão elevado, os Estados Unidos tinham um problema tão gritante de obesidade?

Na Coreia do Sul, Jenny havia feito um teste de aptidão semelhante na aula de educação física, mas os padrões eram mais baixos. Em vez de oito minutos para correr 1,6 quilômetro, os alunos dispunham de nove minutos e meio. E, em todo caso, nenhum deles dava a mínima; simplesmente caminhavam pela pista. Os estudantes sul-coreanos preocupavam-se mesmo era com os testes de matemática.

Jenny não deixou a ironia passar em branco, e contou aos seus amigos sul-coreanos sobre a intensidade maluca do teste físico nos Estados Unidos. "Para as coisas físicas, os padrões são mais altos aqui. Para os estudos, os padrões são mais altos na Coreia do Sul!"

Felizmente, Jenny estava confiante de que seria aprovada no teste físico de Nova Jersey. Afinal de contas, vinha treinando para isso, da mesma forma como costumava treinar para as suas provas de matemática na Coreia do Sul. A essa altura ela sabia que fazer jus a altas expectativas era o mais das vezes uma questão de trabalho árduo.

Quando voltei aos Estados Unidos no final do ano letivo, passei um bom tempo tentando atribuir sentido a tudo que havia visto. Fiquei espantada de constatar como muitos dos nossos problemas eram universais. Em todos os lugares aonde eu tinha ido, os professores reclamavam dos testes, dos diretores de escola e dos pais; por sua vez, os pais se angustiavam com a educação dos filhos, baseando-se em medo e emoção quando não conseguiam encarar ou entender os fatos. Os políticos desfaziam-se em lamúrias ao falar dos sindicatos, e os líderes sindicais lamentavam a atuação dos políticos.

Enquanto isso, adolescentes eram adolescentes, como Jenny dissera a Eric no ônibus naquele dia em Busan, na Coreia do Sul. Havia os professores de que eles gostavam, e os professores de que eles não gostavam. E em todos os países que visitei, eles jogavam videogame, escreviam mensagens de texto no celular durante as aulas e assistiam televisão. O que era diferente, mais do que qualquer outra coisa, era o grau de seriedade com que encaravam a sua educação. Essa dedicação flutuava como uma linha de eletrocardiograma, dependendo do lugar onde eles viviam.

Por que eles se importam tanto? Kim tinha feito a pergunta na Finlândia, destilando e resumindo a indagação deste livro numa única frase. Depois de ir até lá visitar Kim, comecei a desconfiar que a resposta era absolutamente simples e direta: eles levavam a escola mais a sério porque a escola *era* mais séria. E era mais séria porque todo mundo concordava que devia ser.

Na Finlândia, na Coreia do Sul e na Polônia havia o consenso de que todos os estudantes deviam aprender a articular o pensamento de ordem superior de modo a prosperar no mundo. Em todos os casos, o consenso havia nascido da crise: imperativos econômicos que tinham mobilizado e norteado a mente nacional de uma maneira que as boas intenções jamais seriam capazes de fazer. Esse consenso acerca do rigor havia mudado tudo.

Na Finlândia, na Coreia do Sul e na Polônia o ensino médio tinha um propósito, assim como nos Estados Unidos tinha um propósito a prática de futebol americano no ensino médio. No fim havia uma grande e importante disputa, um teste cuja nota contava. Os professores também eram mais sérios; tinham excelente formação acadêmica, eram bem preparados e cuidadosamente escolhidos. Dispunham de autonomia suficiente para realizar um trabalho sério; isso significava que eram maiores e melhores as suas chances de se adaptarem e mudar ao longo do caminho juntamente com seus alunos e a economia. Os estudantes também tinham mais independência, o que fazia com que a escola fosse mais suportável e cultivasse alunos mais motivados, cheios de iniciativa e autossuficientes. Quanto mais perto eles chegavam da vida adulta, mais tinham de agir como adultos.

Nos Estados Unidos e outros países, postergávamos esse ajuste de contas, convencidos de que nossos jovens sempre teriam segundas e terceiras chances até depois da entrada na vida adulta. Tínhamos a mesma atitude com relação aos educadores: qualquer um poderia se tornar professor, contanto que aparecesse para dar aulas, obedecesse às regras e tivesse boas intenções. Em certo sentido, tínhamos as escolas que queríamos. Os pais não estavam inclinados a ir até a escola exigindo que seus filhos fossem incumbidos de ler livros mais instigantes ou que suas crianças ainda na pré-escola aprendessem matemática enquanto ainda amavam números. Mas tendiam a visitar a escola ou para reclamar de notas baixas ou, munidos de câmeras de vídeo e cadeiras de praia, para assistir de bom grado aos campeonatos esportivos dos filhos.

Essa mentalidade tinha funcionado muito bem para a maioria das crianças e adolescentes norte-americanos, historicamente falando. A maioria deles nunca havia precisado de uma educação muito rigorosa, e não recebera uma. Nos Estados Unidos a prosperidade tinha tornado o rigor opcional. Mas tudo havia mudado. Numa economia globalizada e automatizada, eles precisavam ser estimulados; precisavam saber se adaptar, uma vez que fariam isso a vida inteira. Precisavam de uma cultura de rigor.

Havia diferentes maneiras de alcançar o rigor, e nem todas eram boas. Na Coreia do Sul, a roda de hamster criava problemas tanto quanto os resolvia. A aprendizagem destituída de prazer resultava em boas notas, mas não gerava uma população resistente à adversidade. Era impossível manter aquele tipo de estudo incessante, e havia evidências de que o famoso empenho dos jovens sul-coreanos diminuía drasticamente assim que eles entravam na faculdade.

Entretanto, se eu tivesse de optar entre a roda de hamster e o faz de conta que caracterizava muitas escolas nos Estados Unidos e outros países – uma falsa escolha, nem é preciso dizer –, creio que, relutantemente, escolheria a roda de hamster. Sim, ela era implacável e excessiva, mas também me parecia mais honesta. As crianças dos países da roda de hamster sabiam o que era enfrentar ideias complexas e pensar fora de sua zona de conforto; comprendiam o valor da persistência. Sabiam o que era fracassar, trabalhar com mais afinco e fazer melhor. Estavam preparadas para o mundo moderno.

No faz de conta, os estudantes estavam sendo iludidos. Na maior parte do tempo, eram alimentados com uma dieta insípida por profissionais medíocres. Se fracassassem, havia poucas consequências óbvias. Somente mais tarde, após o ensino médio, descobririam que tinham sido enganados. O mundo real nem sempre dava segundas ou terceiras chances; ele não concedia créditos para uma pessoa simplesmente porque ela deu as caras. Nos momentos difíceis, na hora do aperto, na hora do "vamos ver", nenhuma professora de matemática se materializava para fornecer as respostas. A aprendizagem tinha se tornado uma moeda corrente que comprava a liberdade. Aprender não era tudo que importava na vida, mas era mais importante do que nunca. Nesse sentido, países como a Finlândia – e o Canadá e a Nova Zelândia – tiravam proveito do recurso natural mais essencial e definitivo. Em muitos aspectos, suas crianças e adolescentes eram mais livres do que os dos países da roda de hamster, porque tinham ficado mais inteligentes sem sacrificar o resto da vida.

No tocante à felicidade, a Finlândia figurou em segundo lugar (atrás da Dinamarca) no Relatório Mundial da Felicidade encomendado pela ONU em 2012.[11]

Os finlandeses tinham muitas razões para ser felizes, incluindo o fato de que a educação aumentava a renda, e a renda aumentava a felicidade. "Se você quiser o sonho americano", disse Ed Miliband, líder do Partido Trabalhista inglês numa conferência sobre mobilidade urbana em 2012, "vá para a Finlândia."[12] No século XXI, para uma pessoa pobre era mais fácil obter uma excelente educação na Finlândia do que em qualquer outro país do mundo, inclusive os Estados Unidos (11º lugar em felicidade).

Quando eu pensava no futuro da educação, ficava preocupada com adolescentes como Kim, que durante anos receberam do sistema um serviço de péssima qualidade e nem um pouco inspirador. Eu me perguntava o que aconteceria com os estudantes "chapados" da Finlândia – e de Oklahoma. Porém, eu me senti também mais esperançosa do que antes de ter viajado mundo afora. Era óbvio que nenhum país havia solucionado esse problema; todos os lugares tinham problemas, na maior parte passíveis de conserto.

Uma coisa estava clara: para darmos aos nossos estudantes o tipo de educação que eles mereciam, primeiro tínhamos de concordar que o rigor era o aspecto mais importante de todos; que a escola existia para ajudá-los a pensar, a trabalhar com afinco e, sim, a fracassar. Esse era o consenso essencial que tornava possível todo o resto. Voltei para um país humilhado pela recessão e dilacerado pela política. Será que o momento representava uma crise suficiente para os Estados Unidos? Seria nossa "hora da Finlândia"? Nossa epifania sul-coreana? Em que decidiríamos de uma vez por todas que uma educação de verdade é uma educação *rigorosa* para todo mundo, incluindo professores, estudantes ricos e estudantes pobres? Mudanças nas diretrizes políticas educacionais fixadas de cima para baixo, do programa Nenhuma Criança Será Deixada para Trás do presidente George W. Bush à Corrida ao Topo do presidente Barack Obama, haviam tentado impor o rigor ao sistema, injetá-lo na marra nas escolas e lares titubeantes de todo o país. Isso poderia até dar conta de assentar o assoalho, mas não de construir o teto. As pessoas tinham de acreditar no rigor; tinham de decidir, talvez sob coerção, que era hora de levar as coisas a sério. As pessoas até poderiam ser forçadas a enxergar essa revelação, mas precisavam senti-la na pele.

Mas elas seriam capazes disso?

Quando regressei, a maioria dos norte-americanos parecia sentir a urgência, a inquietante proximidade da mudança e da competição. Historicamente falando, isso não era o suficiente. Afinal de contas, a maior parte dos países que passaram por crises econômicas não havia feito o que a Coreia do Sul, a Finlândia e a Polônia tinham feito. Faltara-lhes a liderança ou a sorte de ver que o bem-estar econômico e social dependia da saúde intelectual dos cidadãos comuns, e que a única maneira de ficar mais inteligente era trabalhar com afinco e aprender bem.

Em 2014, entraria em vigor em Oklahoma um conjunto de padrões mais claros, rigorosos e coerentes, os Parâmetros do Núcleo Comum [Common Core Standards]. Essas normas, adotadas em 44 outros estados, foram elaboradas com o intuito de ensinar os estudantes a pensar. Foram moldadas de acordo com referenciais internacionais acerca do que eles deveriam saber. Entretanto, essa mudança também foi alvo de ataques dos legisladores de Oklahoma. "Os Parâmetros do Núcleo Comum são a federalização da educação, e isso viola o controle local", declarou a deputada estadual do Partido Republicano Sally Kern a seus colegas da Assembleia, exortando-os a rejeitar os novos padrões.[13]

Enquanto Kim, Eric e Tom concluíam seu primeiro ano letivo depois da volta aos Estados Unidos, ninguém poderia dizer que havia consenso quanto ao rigor. Em uma cultura assolada por distrações, de lousas digitais interativas, passando pela construção da autoestima até o futebol americano nos colégios de ensino médio, essa clareza de propósito era difícil de encontrar. Mas não impossível.

MENINOS SEM MOCHILAS, MENINAS SEM NOTA F

William Taylor lecionava matemática numa escola pública tradicional de Washington.[14] Ele tinha sido criado na capital do país e sempre adorou matemática. Assim que se formou, acabou indo trabalhar numa escola cuja diretora entendia a importância do rigor. Ela não era perfeita, mas ensinou coisas importantes ao professor recém-chegado. Ensinou-lhe, por exemplo, a jamais punir os alunos bagunceiros expulsando-os da sala de aula para o corredor, encontrando outra maneira de fazer que eles se comportassem.

A escola não era uma fábrica de bom comportamento; era uma fábrica de aprendizagem. Essa era a visão muito clara da diretora. Se os alunos ficassem no corredor ou no pátio, não estariam aprendendo. Ela também o ensinou a jamais permitir que um aluno fosse embora da escola sem carregar uma mochila. Onde estava o dever de casa deles? A escola girava em torno da aprendizagem; fazer o dever de casa era importante. Aqueles meninos e meninas viviam num bairro onde um em cada cinco adultos estava desempregado; todos os alunos daquela escola eram afro-americanos, e a maioria era pobre ou quase isso. Aqueles jovens tinham de aprender muita coisa se quisessem vencer na vida. Suas mochilas eram seus coletes salva-vidas, sem os quais certamente morreriam afogados.

Depois de alguns anos, Taylor tornou-se um professor excepcionalmente competente. Ano após ano, o conhecimento de seus alunos avançava mais um nível acima de sua série. Quando se formavam, estavam no nível de sua série ou acima dele. E também haviam aprendido a estudar com afinco, o que era igualmente importante.

Taylor acreditava no rigor e o inseria em sua sala de aula. Ele não era um herói. Simplesmente acreditava que os estudantes eram mais inteligentes e mais tenazes do que outras pessoas supunham, e agia em conformidade com essa convicção. Ele também era bom no seu trabalho, e tinha uma chefe que o ajudava a tornar-se ainda melhor. Conforme o complexo esquema de avaliação de Washington, Taylor era pago de acordo com seu valor, uma raridade nas escolas do mundo inteiro. Ele tinha sido classificado como um professor "altamente eficiente" por três vezes consecutivas, uma façanha insólita e imponente. Graças ao controverso sistema de bonificações implantado pela ex-secretária de Educação Michelle Rhee, Taylor estava recebendo um salário de seis dígitos. Tinha acabado de comprar sua primeira casa.

Em 2011, Taylor se transferiu para uma nova escola pública em uma região igualmente complicada da capital. Estava empolgado por trabalhar lá. O diretor era simpático e apoiava os professores, que, por sua vez, eram entusiasmados, e os pais pareciam relativamente envolvidos. Ele demorou um pouco para descobrir que no lugar que deveria ser ocupado pelo rigor havia somente um vácuo.

Taylor fez o que sempre tinha feito: ensinou aos seus alunos todo tipo de jogos, gestos manuais e sistemas para ajudá-los a aprender sem perder tempo. Usou truques para se certificar de que estava atendendo a todos os alunos, e agrupava-os de maneira estratégica para que pudessem ajudar-se uns aos outros quando ele não podia.

Nas primeiras semanas, Taylor teve de gastar mais tempo do que o habitual para fazer com que os estudantes levassem a sério suas aulas e para controlar o comportamento deles. Mas, assim que conquistou o respeito dos alunos, nunca mais teve de pedir silêncio de novo.

Até que, um dia, uma menina que raramente abria a boca foi até a mesa dele e disse algo importante.

"A minha mãe quer saber por que o senhor me deu um F."

Taylor encarou os minúsculos óculos com armação de arame da menina e, sem pestanejar, argumentou:

"Eu não te dei um F. Você mereceu um F."

"Bom, eu estou tentando", ela alegou, em voz baixa.

"Eu não dou nota para o seu esforço. Eu dou nota para os resultados."

O professor não mudou a nota da menina. Ele não acreditava em ajudar os alunos a fracassar. Acreditava em dizer-lhes a verdade.

Taylor averiguou junto aos outros professores e descobriu que seus colegas estavam baseando 60% da nota dos alunos somente no esforço – 60%. Quem ia dizer para os adolescentes que o esforço de nada valia no SAT? O que contava era matemática, e a resposta certa.

Não demorou para que Taylor começasse a ouvir outras reclamações dos pais. Ele estava mandando os alunos para casa com livros, e nem os pais nem os alunos gostavam disso. Os livros eram pesados demais, e o dever de casa era difícil demais. Ele perguntou aos outros professores por que razão também não mandavam os alunos levarem os livros para casa. Seus colegas alegaram que os estudantes não cuidavam dos livros. Taylor ergueu as sobrancelhas. Como os alunos poderiam aprender sem livros?

Taylor começou a reparar em outras coisas. Quando andava pelos corredores da escola, quase sempre via alunos do lado de fora das salas de aula, à toa. Geralmente eram meninos, jovens afro-americanos que o faziam se lembrar de si mesmo na juventude. Ele perguntou aos garotos o que estavam fazendo, e a resposta foi que tinham sido expulsos da aula por mau comportamento.

Certa tarde, observando os alunos que saíam pela porta da frente da escola para o mundo – alguns arrastando os pés, outros correndo, outros andando sorrateiramente –, Taylor percebeu algo que lhe causou um aperto no coração: a maioria não estava carregando mochila.

Naquele semestre, a menininha tirou um F no boletim. Mas, depois disso, foi como se ela tivesse acordado. Começou a fazer o dever de casa e a dar menos desculpas. Formou um grupo de estudos com alguns dos colegas, e na hora do almoço ficava na sala de aula para estudar. No semestre seguinte ela tirou D. No final do ano, sua nota em matemática era C.

Quando Taylor a informou da nota, a menina começou a chorar. "Não acredito que eu fiz isso", ela disse. E Taylor pôde dizer, com toda a honestidade: "*Você* fez".

Existem professores como Taylor em todo o país. Há inclusive escolas inteiras construídas em torno dos ideias de aprendizagem rigorosa e da vontade de dizer a verdade aos alunos. São espaços diferenciados, cujos líderes dedicam bastante tempo a convencer os pais de que seus filhos são melhores do que eles pensam.

Nas escolas *charter* públicas BASIS no Arizona e em Washington,[15] os professores preparam os estudantes para conquistas acadêmicas da mesma forma que a maioria das escolas de ensino médio dos Estados Unidos treina jogadores de futebol americano para as partidas das noites de sexta-feira. No dia dos exames de Colocação Avançada, os alunos entram em fila na classe ao som de "Eye of the Tiger", a música-tema da série de filmes *Rocky*.

Em 2012, adolescentes de duas escolas BASIS do Arizona foram submetidos a uma nova e especial versão do Pisa criada com o objetivo de comparar estabelecimentos de ensino segundo parâmetros internacionais.[16] Até então o Pisa havia mostrado somente resultados em termos de países ou estados, não de instituições de ensino individuais.

Os resultados foram de tirar o fôlego. O estudante médio das escolas BASIS não apenas tinha um desempenho superior ao dos estudantes norte-americanos típicos (de quase *três anos* a mais em leitura e ciências e *quatro anos* a mais em matemática), mas também deixava para trás o aluno médio da Finlândia, da Coreia do Sul e da Polônia. Esses jovens se saíram melhor inclusive do que o aluno médio de Xangai (China), a região que havia figurado na posição número 1 do mundo no Pisa em 2009.

Sem dúvida, estudantes americanos podem ter um desempenho de campeões do mundo em um sofisticado teste de pensamento crítico. Alunos de escolas públicas tradicionais de Fairfax, Virgínia, também fizeram o teste e bateram adolescentes do mundo todo.

No mesmo exame, contudo, estudantes de outra escola de ensino médio norte-americana de um estado da Costa Oeste tiveram um desempenho em matemática pior do que o de alunos de 23 outros países. Os organizadores do Pisa não divulgaram o nome dessa escola, mas não havia desculpas óbvias. Nela predominavam alunos brancos e de classe média; somente 6% dos estudantes viviam perto da linha da pobreza. O estado havia acabado de agraciar a escola em questão com uma nota A.

Mesmo assim, menos de um em cada dez estudantes tinha alto nível de pensamento crítico em matemática, em contraste com seis em cada dez estudantes BASIS. As notas dos adolescentes dessa escola ficaram abaixo das dos adolescentes da Finlândia, da Coreia do Sul e da Polônia, sem mencionar a Eslováquia e a Estônia.

Os pais dos alunos dessa escola talvez nunca venham a tomar conhecimento dos resultados, mas os estudantes vão descobrir, de uma forma ou de outra. Se não for no primeiro ano da faculdade, quando serão colocados em turmas de reforço e cursos de nivelamento em matemática ou terão de se esforçar para acompanhar uma aula de física básica, então será no mercado de trabalho, quando interpretarem de maneira equivocada um gráfico no banco onde forem funcionários ou quando, trabalhando no posto de enfermagem do hospital, calcularem errado uma dose de medicamento. Essa revelação – de que lhes faltam instrumentos que se tornaram essenciais na economia moderna – provavelmente se manifestará de forma particular, uma espécie de desconfortável sentimento de vergonha que eles não conseguirão explicar direito. Talvez eles sintam isso na pele como uma sensação de fracasso pessoal. Mas espero que não ocorra.

Espero que, em vez disso, eles encarem a situação como um ultraje. Talvez, ao contrário das gerações que os precederam, esses jovens norte-americanos decidam que seus filhos, como os estudantes da Finlândia, merecem ser ensinados pelos melhores e mais bem preparados profissionais do mundo. Quem sabe eles se deem conta de que, se os adolescentes sul-coreanos podem aprender a fracassar e a tentar de novo antes de abandonar a escola no ensino médio, seus filhos também podem. Talvez concluam que a Polônia não é o único lugar do mundo onde a mudança é possível.

A história nos mostra que grandes líderes são importantes, bem como a sorte. A política é fundamental, assim como o poder. Contudo, todas as grandes mudanças exigem também um sentimento que se espalha entre as pessoas como um juramento sussurrado, mesa a mesa, até que um número suficiente de pessoas esteja de acordo que alguma coisa precise ser feita.

As histórias da Finlândia, da Coreia do Sul e da Polônia são complexas e inacabadas. Mas revelam o que é possível. Para prosperarem no mundo moderno, todos os estudantes devem aprender o pensamento de ordem superior. A única maneira de fazer isso é criar uma cultura intelectual séria nas escolas, algo que os alunos possam sentir que é real e verdadeiro. Se escolas e países seguirem divulgando quantidades cada vez maiores de dados e os próprios estudantes continuarem buscando maneiras de dizer ao mundo que eles podem fazer muito mais, essas contranarrativas se tornarão, espero, barulhentas demais para não serem ouvidas.

Apêndices

I. Como identificar uma educação de alta qualidade

Como a maioria dos jornalistas, não gosto de dar conselhos. Prefiro simplesmente relatar histórias de outras pessoas e deixar que cada um tire suas próprias conclusões. Isso é melhor para todo mundo. Mesmo assim, aonde quer que eu vá, pais me pedem sugestões de ação específicas que eles possam efetivamente usar na vida real. Eles me indagam no supermercado, no playground. É como se eles, ao contrário de mim, vivessem no mundo real, onde o falatório não é tudo que importa.

Na maioria dos países, boa parte dos pais tem alguma opção na hora de mandar os filhos para a escola. Contudo, essa é uma decisão muito complicada, e é muito difícil encontrar informações úteis. Por isso, exponho aqui a minha tentativa mais empenhada para dar às pessoas o que elas querem.

Todas as crianças e adolescentes são diferentes uns dos outros. Uma escola espetacular para uns talvez seja o inferno na Terra para outros. Entretanto, no que diz respeito a encontrar uma escola que seja ao mesmo tempo rigorosa e cheia de vida, plena de entusiasmo e aprendizagem, há algumas perguntas certas que precisam ser feitas. Aqui está a minha "colinha" para quem quiser encontrar uma escola de primeira qualidade, com base no que vi em minhas andanças por escolas em diferentes continentes, quando ouvi alunos, professores e pais e estudei as pesquisas feitas por outras pessoas, mais inteligentes que eu. É uma receita incompleta, mas é um começo.

Se você está tentando entender uma escola, pode ignorar a maior parte das informações que recebe. Dias de "escola aberta" para visitação de pais e filhos? Completamente inúteis. Gastos por estudante? Além de um certo nível básico, o dinheiro não se traduz em qualidade de educação em nenhum lugar. Os países mais inteligentes do mundo gastam menos por aluno do que os Estados Unidos. O número de alunos por sala de aula?[1] Não é tão importante quanto pensa a maior parte dos pais, exceto nos primeiros anos de escolarização. Na verdade, geralmente os países de melhor desempenho acadêmico do mundo têm salas de aula com mais estudantes do que nos Estados Unidos. As pesquisas mostram que a qualidade do ensino é mais importante que o número de alunos por classe.

Dados sobre testes? São mais úteis, mas extremamente difíceis de decifrar na maioria dos lugares. Até que ponto o teste é bom? Quanto valor a escola agrega além do que as crianças já estão aprendendo em casa? Cada vez mais as diretorias de ensino norte-americanas dispõem de informações desse tipo, mas não as divulgam publicamente.

Em vez disso, a melhor maneira de medir bem a qualidade de uma escola é gastar um tempo – mesmo que sejam apenas vinte minutos – visitando salas de aula enquanto a escola estiver em pleno funcionamento.

Contudo, quando você chegar lá, é importante saber para onde olhar. Os pais tendem a passar muito tempo encarando quadros de avisos nas salas de aula. Aqui vai uma sugestão melhor: em vez disso, observe os estudantes.

Procure sinais de que *todos* os alunos estão prestando atenção, interessados no que estão fazendo e trabalhando com afinco. Não procure sinais de ordem; às vezes a aprendizagem ocorre em lugares barulhentos, em que os estudantes trabalham em grupos sem receber muita informação dos professores. Algumas das piores salas de aula são ambientes silenciosos e bem-arrumados, que aos olhos dos adultos parecem reconfortantemente calmos. Lembre-se de que a aprendizagem rigorosa parece de fato rigorosa. Se os alunos estão escrevendo às pressas e em cima das pernas em uma folha de exercícios, isso não é aprendizagem. Isso é preencher um formulário. Eles devem se sentir desconfortáveis de vez em quando; não há problema nisso. Não devem se sentir frustrados nem desesperados; pelo contrário, devem receber ajuda quando precisarem, e muitas vezes um colega deve ajudar o outro. O ideal é que não passem períodos longos e vazios fazendo fila para o almoço, sentados em círculo para atividades de "roda de conversa" ou distribuindo folhas de exercícios. Deve haver uma sensação de urgência que seja palpável.

Resista ao impulso de concentrar todas as atenções na figura do professor. Nas melhores salas de aula do mundo, talvez o docente seja uma pessoa calma. Ou um sujeito carismático ou mesmo um pouco maluco (é assim que a maioria de nós se lembra dos nossos próprios tempos de escola). O que você pensa do professor durante uma breve visita não é tão importante quanto o que os alunos – que convivem com o professor o ano inteiro – acham dele.

Fiz isso em todos os países que visitei. Até que ponto os estudantes se interessaram por minha presença? Os alunos atarefados e comprometidos com os estudos não prestavam muita atenção em mim; tinham coisas mais importantes para fazer. Os alunos entediados me olhavam de relance e sorriam, ensaiavam um aceno tímido e me ofereciam um lenço de papel quando eu espirrava. Estavam desperdiçando seu tempo, e desesperados por uma distração.

Vi estudantes entediados em todos os países. O tédio é o espectro que assombra meninos e meninas da pré-escola à formatura, nos quatro cantos do mundo. Em salas de aula norte-americanas, vi uma aluna desenhando uma rosa no braço com caneta esferográfica; era uma tatuagem feita com vagar e meticulosidade, como se a garota estivesse cumprindo pena de prisão perpétua. Vi um menino dançar em silêncio, remexendo seus tênis brancos de cano alto debaixo da carteira. A parte de cima de seu corpo nem sequer se mexia.

Na Finlândia, vi um adolescente se interessar de maneira insólita pela corda da persiana ao seu lado, como se fosse a corda de um paraquedas que talvez pudesse levá-lo para algum outro lugar. Na Coreia do Sul, vi fileiras inteiras de estudantes dormindo – a sono solto – com a cabeça pousada sobre a carteira. Alguns tinham travesseiros. A Coreia do Sul era o país onde o tédio ia dormir, e mais tarde acordava para passar a noite estudando.

O tédio variava tremendamente de uma sala de aula para outra, em geral dentro de uma mesma escola. Nas melhores escolas, entretanto, o tédio era a exceção, e não a regra. Nelas, o observador entra em cinco salas de aula e vê apenas um ou dois alunos – e não oito ou dez – desgarrados dos demais, à deriva, "boiando" física ou mentalmente. É assim que você sabe que está em um local de aprendizagem.

CONVERSE COM OS ESTUDANTES

Raramente as pessoas, incluindo os jornalistas, se dão ao trabalho de conversar com os estudantes a fim de lhes perguntar sobre suas ideias e impressões. Todo mundo concentra as atenções no professor, no diretor, no prédio ou nos quadros de avisos. As crianças pequenas são tidas como novas demais para entender as coisas; as mais velhas já estão, supostamente, exaustas, saturadas. Na minha experiência, nada disso é verdade. Contanto que você faça perguntas inteligentes, os estudantes são as fontes de informação mais sinceras, imparciais e úteis em qualquer escola.

Não pergunte coisas como "você gosta desse professor?" ou "você gosta da sua escola?". E se um desconhecido sorridente entrasse no seu escritório e perguntasse "você gosta do seu chefe?". É bem provável que você pensaria tratar-se de um consultor incumbido de demitir você. As crianças e os adolescentes têm a mesma reação. E, de qualquer modo, gostar de um professor não é o mesmo que aprender com um professor. Em vez disso, faça perguntas que sejam específicas, respeitosas e significativas.

Geralmente a primeira coisa que pergunto é bem direta: "O que você está fazendo agora? Por quê?".

Você ficaria espantado de ver o número de alunos que conseguem responder à primeira pergunta, mas não são capazes de responder à segunda. Porém, a segunda pergunta é imperativa. Para acreditarem na escola e se interessarem por ela, os estudantes precisam ser lembrados da razão de estarem ali o dia inteiro, todo dia.

Em 2011, um gigantesco estudo financiado pela Fundação Gates[2] constatou que as respostas dos alunos para perguntas específicas eram surpreendentemente proféticas a respeito do aumento das notas dos estudantes nos testes, e eram mais confiáveis a longo prazo do que as observações feitas nas salas de aula por analistas treinados. Nessa investigação – a Pesquisa Tripod, idealizada por Ronald Ferguson, da Universidade Harvard –, dezenas de milhares de alunos de todas as idades responderam a um questionário em que se pedia que concordassem ou discordassem de 36 itens diferentes. Quando você visitar uma escola, obviamente não terá condições de realizar um inquérito cientificamente válido como esse. Mas, em todo caso, as questões do referido estudo que mais se relacionavam à aprendizagem dos estudantes talvez nos ajudem a formular perguntas que valem a pena fazer. Por exemplo:

1. Nessa aula você aprende bastante todo dia?
2. Nessa aula os alunos geralmente se comportam como o professor quer?
3. Nessa aula os alunos estão sempre ocupados e não perdem tempo?

Esse é o tipo de pergunta a que os estudantes – e somente os estudantes – podem responder.

Algumas escolas começaram a usar variações do mesmo questionário de pesquisa para ajudar os professores a melhorar, uma ideia inteligente e relativamente barata. Se um diretor ou professor usa esse tipo de levantamento na sala de aula *e* dedica um tempo considerável à análise dos resultados, é um sinal promissor.

E aqui apresento mais uma pergunta a ser feita aos estudantes, esta formulada por Dwan Jordon, ex-diretor da John P. Sousa Middle School em Washington, D. C.: "Quando você não entende alguma coisa, o que você faz?".

Em salas de aula rigorosas, os alunos sabem a resposta.

OUÇA OS PAIS

Em 2011, fui conhecer de perto as instalações de uma escola particular de Washington, D. C., em que era difícil conseguir uma vaga e que custava cerca de 30 mil dólares por ano. Na verdade eu não tinha condições de pagar essa instituição de ensino, mas já havia visitado muitas escolas públicas e escolas *charter*, e queria saber o que meu filho podia estar perdendo.

A luz do sol entrava pelas claraboias. Quando desci para o hall, o som de meninas e meninos aprendendo em diferentes línguas enchia os corredores. Na sala da diretora havia *muffins*. O lugar parecia um spa de aprendizagem – o sonho de todos os pais.

Mas coisas estranhas aconteceram nessa visita. Quando a diretora falou sobre a escola, nada do que ela disse fez sentido para mim. Em seu discurso havia uma porção de jargões sobre o currículo e vagas promessas de maravilhosas excursões de estudo do ambiente e projetos holísticos. Todos os pais que me acompanhavam na visita assentiram; fiquei com a sensação de que ninguém queria dizer algo dissonante que pudesse prejudicar as chances dos filhos de conseguir uma vaga na tal escola.

Depois uma mãe com três filhos matriculados ali nos conduziu em um passeio pelas dependências. Vimos pisos reluzentes, paredes e murais coloridos e repletos de projetos de arte emoldurados e outros emblemas sedutores. Por fim, um dos pais fez uma boa pergunta: "Toda escola tem seus pontos fracos. Qual é o ponto fraco desta?".

Ergui a cabeça, aguçando os ouvidos num esforço para escutar o que a nossa guia tinha a dizer.

"Sabe de uma coisa? Eu diria que o programa de matemática é fraco."

Fiquei perplexa. Imagine visitar um hospital particular grã-fino que aceita somente pacientes suficientemente ricos para pagar por seus serviços, e descobrir que nesse hospital de luxo a prática de cirurgia é fraca. O que significava um programa de matemática fraco numa escola que exigia que crianças pequenas fizessem teste de QI antes mesmo de serem aceitas? Aquela mãe em particular preenchia um cheque de 90 mil dólares todo ano para pagar as despesas com a educação dos três filhos. Ela não tinha de exigir em troca boas aulas de matemática?

Mas ninguém disse nem uma palavra sequer. Talvez todos os pais estivessem atônitos, como eu. Por fim, a mãe-guia acrescentou mais uma coisa: "Ah, e eu gostaria que o programa de futebol americano fosse melhor".

De repente, todos os pais despertaram. "Sério? Como assim? A escola não tem time de futebol americano? Com que idade as crianças começam a jogar?"

Saí de fininho para o estacionamento, espantada. Talvez aquilo explicasse por que a maior parte dos nossos estudantes mais abastados – em comparação com crianças ricas de outros países – figurava na 18ª posição no ranking dos testes internacionais em matemática: mesmo os pais endinheirados dos Estados Unidos se preocupavam mais com futebol americano do que com matemática.

Havia uma grande diferença entre Estados Unidos e Finlândia, Coreia do Sul e Polônia. Nas superpotências educacionais do mundo os pais concordavam que uma educação rigorosa era fundamental para as oportunidades que seus filhos teriam na vida.

Onde quer que você viva, se conseguir encontrar uma comunidade ou escola em que os pais e educadores compartilhem dessa convicção básica, então você já encontrou algo mais valioso para os seus filhos do que o melhor programa de futebol americano do planeta.

Em sua busca por uma escola de primeira qualidade, peça aos pais de cada lugar que falem dos pontos fracos da escola. Ouça com atenção. Se os pais disserem que são muito envolvidos com a escola, pergunte-lhes *como*. Os pais norte-americanos tendem a se envolver mais com a escola do que os pais das superpotências educacionais; porém, de modo geral, não de maneiras que resultam em aprendizagem.

Arrecadar dinheiro, ir a partidas de futebol e integrar comitês de organização de eventos no Dia do Professor são coisas maravilhosas que as pessoas podem fazer. Entretanto, não costumam ter impacto sobre a qualidade da educação das nossas crianças e adolescentes, conforme foi documentado ao longo deste livro. Em todo o mundo, os pais exercem uma influência tremenda sobre a maneira como seus filhos aprendem. Mas não é nas reuniões da Associação de Pais e Mestres que acontece a aprendizagem. Pesquisas mostram que os pais mais ativos nas escolas dos filhos não são os que criam os filhos mais inteligentes. O verdadeiro impacto se dá em casa.

Os pais que veem a si mesmos como treinadores educacionais tendem a ler todo dia para os filhos pequenos; quando as crianças ficam mais velhas, esses pais conversam com elas sobre como foi seu dia e sobre as notícias do mundo. Deixam que seus filhos cometam erros e depois voltem ao trabalho árduo. Ensinam a eles bons hábitos e lhes dão autonomia. Em outras palavras, também são professores e acreditam no rigor. Querem que os filhos fracassem enquanto ainda são crianças. Sabem que essas lições – sobre trabalho com afinco, persistência, integridade e consequências – serão úteis para o filho durante as décadas vindouras.

Por diferentes razões culturais e históricas, a maior parte dos países mais inteligentes do mundo parece entender a importância da resiliência acadêmica – do mesmo modo como os pais norte-americanos entendem por que os técnicos colocam seus filhos no banco de reservas quando eles faltam ao treino. Um diretor de escola de primeiro nível mantém os pais concentrados no que importa, mesmo que isso signifique perder, todo semestre, 500 dólares de lucro em vendas de bolo na escola.

Uma escola à moda antiga também pode ser uma boa escola. O colégio de ensino médio de Eric em Busan, na Coreia do Sul, tinha salas de aula austeras com laboratórios de informática dos mais simples. Os alunos jogavam futebol num campo de terra. Visto sob certos ângulos, o lugar parecia uma escola norte-americana da década de 1950. A maioria das salas de aula de Kim na Finlândia era igual: fileiras de carteiras diante de uma lousa simples ou um quadro branco antiquado, do tipo que só tem conexão com uma coisa: a parede.

Na escola de Tom na Polônia não havia sequer refeitório, muito menos um teatro moderníssimo como o da escola pública de sua cidade natal na Pensilvânia. Em sua escola nos Estados Unidos, *todas* as salas de aula tinham uma lousa digital interativa, como a que se tornou onipresente em tantas escolas norte-americanas (na verdade, quando visitei o colégio de ensino médio de Tom em 2012, elas já estavam sendo substituídas por modelos de última geração). Na escola polonesa, nenhuma sala de aula contava com lousa digital.

Infelizmente, há poucos dados disponíveis para uma comparação dos investimentos em tecnologia feitos por cada país. Mas as evidências baseadas na observação sugerem que os norte-americanos gastam extraordinárias somas de dinheiro dos contribuintes em brinquedos de última geração para professores e alunos, equipamentos em sua maioria sem valor educacional comprovado. Como em todas as outras áreas, computadores são mais úteis quando poupam tempo ou dinheiro, ajudando a descobrir o que os estudantes sabem e em que precisam de ajuda. Inversamente, municiá-los com controles remotos sem fio para que eles possam votar nas aulas seria algo impensável na maioria dos países (em boa parte do mundo os alunos simplesmente levantam o braço, e isso funciona muito bem).

"Na maioria dos países de alto desempenho educacional, a tecnologia está espantosamente ausente da sala de aula", disse-me Andreas Schleicher, o guru internacional da OCDE. "Não tenho explicação para isso, mas de fato parece que esses sistemas concentram seus esforços essencialmente na prática pedagógica, e não em equipamentos eletrônicos."

Na pesquisa realizada para este livro, sete em cada dez estudantes de intercâmbio estrangeiros e norte-americanos concordaram que as escolas dos Estados Unidos tinham mais tecnologia. Nenhum estudante norte-americano que respondeu ao questionário de pesquisa afirmou que nas escolas do país havia consideravelmente menos tecnologia.

Os países mais inteligentes priorizam os salários e a isonomia dos professores (canalizando mais recursos para os estudantes que mais precisam). Quando você procurar uma educação de primeira qualidade, lembre-se de que pessoas são sempre mais importantes do que objetos.

FAÇA AO DIRETOR AS PERGUNTAS DIFÍCEIS

Quando você conversar com um diretor de escola, faça as perguntas que faria a um potencial empregador. Tente formar uma ideia das prioridades e da cultura da escola. Não tenha medo de ser tão assertivo como seria na hora de comprar um carro ou aceitar um emprego.

Quando se trata de procurar uma escola, o diretor é o fator mais importante de todos. Sim, os professores também são absolutamente relevantes, mas no nosso sistema você não pode escolher o professor do seu filho. Por isso, tem de confiar no diretor da escola para fazer isso por você.

Como você escolhe seus professores?

Finlândia, Coreia do Sul e todas as superpotências educacionais selecionam seus professores de maneira relativamente eficiente, exigindo que os aspirantes aceitos pelas faculdades de formação de educadores se formem entre os 30% melhores de suas turmas de ensino médio. Essa seletividade não é suficiente por si só, mas garante um nível de prestígio e formação educacional que torna possíveis outras medidas e iniciativas.

Uma vez que a maior parte dos países *não* dá esse passo lógico, o diretor é ainda mais importante. Esse líder age como um filtro que substitui a faculdade ou o sistema de certificação dos professores, que na maioria dos países não é robusto. Nada é mais importante do que as decisões que o diretor toma acerca de quem contratar, como treinar e preparar os professores, e quais deles dispensar. "Uma grande visão sem grandes pessoas é irrelevante", escreveu Jim Collins em seu clássico livro *Empresas feitas para vencer*.[3]

Descubra se o diretor pode escolher que candidatos entrevistar e contratar. Esse tipo de autonomia de bom senso é raro em muitas escolas. Depois pergunte se o diretor assiste de fato a *aulas--teste* dos candidatos à vaga de professor. Em muitos países, inclusive os Estados Unidos, essa prática não é comum – embora seja uma maneira óbvia de saber se o aspirante a professor tem as extraordinárias habilidades necessárias para ser um ótimo educador, um dos empregos mais complexos e exigentes da era moderna. Mesmo que, como parte do processo de contratação, o candidato apenas finja que está dando uma aula – para uma plateia adulta –, isso é bem melhor que nada.

O que você faz para tornar os seus professores ainda melhores?
Quanto mais detalhes específicos você ouvir em resposta a essa pergunta, melhor. A maioria dos professores atua de maneira isolada, sem receber retorno pertinente, comentários ou opiniões significativos. Isso é indefensável hoje em dia. O desenvolvimento profissional, que é o jargão para o treinamento no mundo educacional, deveria ser customizado para os pontos fortes e fracos de cada um dos professores. Não deveria consistir em uma centena de professores sentados num auditório, ouvindo uma palestra.

Nenhum país solucionou de vez esse problema, mas algumas nações se saem melhor do que outras. Na Finlândia, os professores são mais propensos a assistir às aulas de seus colegas – durante o treinamento e ao longo da carreira. Muitos países dão aos docentes mais tempo para trabalhar de forma colaborativa e planejar em conjunto; nesse quesito o desempenho norte-americano é pífio. Nos Estados Unidos os anos letivos são relativamente curtos, mas na maioria das escolas os professores têm pouco tempo para compartilhar ideias e receber retorno. Pergunte aos diretores de escola de que maneira eles ajudam os professores a trabalhar em conjunto e que tipo de papel de liderança atribuem aos seus melhores profissionais.

Como você mede o seu sucesso?
Líderes fortes sabem explicar com clareza sua visão. Se você ouvir uma resposta longa, vaga, repleta de disparates, talvez acabe descobrindo que foi parar numa escola sem um objetivo – ou seja, uma escola mediana. Nos Estados Unidos, a maioria dos diretores vai mencionar dados sobre notas em testes como medida de sucesso, o que é justo, mas insuficiente. Talvez o diretor mencione também índices de formatura ou pesquisas de satisfação dos pais.

Tudo bem. Mas como medir resultados intangíveis que são igualmente importantes? Como eles sabem se estão preparando os estudantes para lidar com o pensamento de ordem superior e solucionar problemas que jamais viram antes? A maior parte dos testes padronizados não mede essas habilidades. Como os diretores julgam se estão ensinando aos alunos os segredos por trás das maiores histórias de sucesso do mundo, habilidades como persistência, autocontrole e integridade?

Eles perguntam aos seus alunos o que precisa ser melhorado? Essas opiniões mudam em aspectos fundamentais a maneira como a escola funciona – a cada semestre? Educadores de primeira qualidade possuem uma visão clara sobre o caminho que estão seguindo, ferramentas para determinar se acabaram se perdendo e uma cultura de perpétua mudança a fim de fazer melhor.

De que forma você se certifica de que o trabalho está suficientemente rigoroso? Como você continua elevando o nível de exigência para descobrir o que os alunos são capazes de fazer?

Na rede de escolas *charter* Success Academy na cidade de Nova York, os estudantes passam uma hora e meia por dia lendo e discutindo livros. Depois passam mais uma hora e meia escrevendo. As crianças começam a aprender ciências ainda na pré-escola, diariamente. Isso é rigor. Na maioria das escolas públicas da cidade de Nova York, os alunos começam a estudar ciências somente na *middle school*, os últimos anos do ensino fundamental.

E isso não é tudo. Os alunos da Success Academy também têm aulas de arte, música e dança; aprendem a jogar xadrez. Quase nunca deixam de aproveitar o recreio, mesmo com mau tempo – diretriz que compartilham com a Finlândia. Chamam sua estratégia de "rigor prazeroso".[4]

Isso funciona? Todos os alunos do quarto ano das escolas Success Academy são proficientes em ciências, de acordo com o teste da cidade de Nova York, e 95% apresentam desempenho de nível avançado. O nível de competência da unidade Success Academy Harlem i, onde em sua maior parte os alunos de baixa renda são aceitos aleatoriamente por um sistema de sorteio, equipara-se ao das escolas de alunos habilidosos e talentosos de toda a cidade. Nessas escolas exige-se que os professores sejam intelectualmente fascinantes e hiperpreparados. Em vez de se preocuparem com a autoestima dos alunos, eles são treinados para superestimar o que estes são capazes de fazer. Lá os professores da pré-escola são proibidos de conversar com as crianças pequenas usando uma vozinha infantilizada. É difícil respeitar as crianças quando se fala com elas de maneira condescendente.

"É um insulto à inteligência dos estudantes", escreveu a fundadora e executiva-chefe Eva Moskowitz e Arin Lavinia, coautoras do livro *Mission Possible* (2012). "O que o professor diz deve ser tão interessante que os alunos fiquem sentados na ponta da cadeira, ávidos por cada palavra. É uma centelha intelectual que chama e prende a atenção deles, e não conversa fiada."

Nas escolas Success Academy, o significado de "envolvimento dos pais" é algo diferente; não se pede a eles que façam quitutes ou vendam papel de presente. Em vez disso, pede-se que leiam para os filhos seis noites por semana. Deles espera-se que ajudem a acelerar a aprendizagem em casa e preparem seus filhos para a faculdade, assim como fazem os pais sul-coreanos. Os pais têm o número do telefone celular dos professores dos filhos e do diretor da escola.

Em 2011, a rede Success Academy abriu uma nova unidade no Upper West Side em Manhattan, uma área bem mais abastada do que a de seus endereços anteriores. Ao contrário da maioria das escolas dos Estados Unidos, incluindo as melhores escolas *charter* públicas, essa nova escola era de fato *diversificada*, no sentido literal do termo. Moskowitz queria uma mistura de estudantes brancos, asiáticos, afro-americanos e hispânicos, numa variada gama de níveis de renda, e conseguiu. É assim que crianças e adolescentes aprendem melhor – juntos, com um amálgama de expectativas, vantagens e complicações –, de acordo com as lições aprendidas a duras penas em países de todo o mundo.

Há histórias como essa espalhadas por todo o país: as escolas *charter* Success Academy na cidade de Nova York, o que existe nos Estados Unidos de mais parecido com a Finlândia; William Taylor, professor de escola pública que tem expectativas quase sul-coreanas para seus alunos de baixa renda em Washington, D. C.; e Deborah Gist, em Rhode Island, líder que ousou elevar o nível de exigência com relação ao que os professores devem saber, como fizeram os reformadores na Coreia do Sul e na Polônia.

Esses educadores de primeira qualidade existem, mas estão lutando contra a corrente, a cultura e as instituições. Essa batalha os deixa extenuados, exaure sua energia e seu tempo. Se um dia chegarem a vencer, terá sido porque os pais e estudantes se mobilizaram para lutar ao seu lado, convencidos de que os nossos educandos não apenas são capazes de dar conta de uma educação rigorosa, mas anseiam por ela como nunca antes.

II. Questionário de pesquisa sobre a experiência do estudante de intercâmbio do American Field Service (AFS)

INTRODUÇÃO

Nenhum país do mundo encontrou uma solução para como ajudar todas as crianças e adolescentes a atingir na plenitude seu potencial de aprendizagem. Assim como os sistemas de saúde, os sistemas educacionais são extraordinariamente complexos e sempre precisam de mudança. Para melhorarem, os países podem aprender uns com os outros; o truque é descobrir quais das nossas diferenças são as mais importantes.

Testes podem medir habilidades e competências, e estudos e pesquisas no âmbito de um mesmo país podem mensurar atitudes. Entretanto, é difícil comparar resultados de diferentes países, porque cada população pesquisada vive em um contexto cultural único.

Contudo, as pessoas que viveram e estudaram em mais de um país podem transcender algumas barreiras culturais e identificar distinções significativas. Suas vozes, em combinação com a pesquisa quantitativa, podem nos ajudar a diminuir a dimensão desse mistério.

Todo ano, dezenas de milhares de adolescentes arrojados de todo o planeta saem de casa para viver e estudar em outros países por meio de programas de intercâmbio. Durante o ano letivo de 2011-12, 1.376 norte-americanos rumaram para o exterior,[1] e outros

27.688 estudantes estrangeiros desembarcaram nos Estados Unidos. Imersos em novas culturas, famílias e escolas, esses jovens estudantes tiveram condições de comparar sistemas educacionais de uma maneira de que nenhum pesquisador adulto seria capaz.

A ELABORAÇÃO DO QUESTIONÁRIO DE PESQUISA

Em maio de 2012, eu e Marie Lawrence, pesquisadora da New America Foundation, trabalhamos em conjunto com o AFS Intercultural Programs, uma das mais antigas e mais respeitadas organizações de intercâmbio do mundo, a fim de tentar aprender com esse batalhão de jovens viajantes. O AFS (antigo American Field Service) é uma entidade sem fins lucrativos que facilita e intermedeia intercâmbios em mais de cinquenta países.

Realizamos uma pesquisa on-line com todos os estudantes de intercâmbio do AFS que deixaram os Estados Unidos para viver no exterior ou que vieram de outros países para estudar nos Estados Unidos durante o ano letivo de 2009-10 (escolhemos esse período em parte porque todos os intercambistas teriam mais de dezoito anos e poderiam participar sem precisar da permissão dos pais).

O objetivo primordial da pesquisa era entender se as diferenças observadas pelos intercambistas que protagonizam este livro também haviam sido percebidas por um número maior de estudantes. Queríamos também descobrir se as opiniões dos intercambistas tinham mudado desde uma pesquisa anterior realizada em 2001 e 2002, antes de uma década de reformas no sistema educacional norte-americano. Por fim, estávamos curiosos para investigar, na medida do possível, se as diferenças nas experiências dos estudantes poderiam estar associadas às diferenças de desempenho no Pisa.

Já foi demonstrado que os estudantes são observadores extremamente confiáveis de seus professores e de seu ambiente de sala de aula. O Measures of Effective Teaching Project [Projeto Medidas de Ensino Eficaz],[2] iniciativa da Fundação Bill & Melinda Gates para compreender o ensino de boa qualidade, constatou que as avaliações e opiniões de diferentes grupos de estudantes educados por um mesmo professor se mantêm consistentes e têm forte relação com ganhos em termos de desempenho escolar. Faz sentido perguntar aos estudantes o que eles sabem.

Para iniciar a pesquisa, o AFS-EUA enviou por e-mail um convite a 242 estudantes norte-americanos que haviam deixado o país para estudar no exterior (em 33 países), ao passo que o AFS Internacional enviou o convite a 1.104 estudantes de 19 diferentes países que haviam optado por estudar nos Estados Unidos.

O questionário de pesquisa incluía treze perguntas (o texto completo aparece no final deste apêndice). A maioria das questões evoluiu a partir de dezenas de conversas que a autora manteve com outros estudantes de intercâmbio no decorrer de vários anos. Duas perguntas, acerca das dificuldades gerais da escola no exterior e da importância dos esportes, foram reelaboradas a partir das pesquisas realizadas pelo Instituto Brookings com estudantes intercambistas norte-americanos e estrangeiros em 2001 e 2002.[3] O questionário de pesquisa incluía duas oportunidades para respostas abertas, com o intuito de captar observações que poderiam não ter sido expressas nas respostas às questões fechadas. Por razões de privacidade, nenhuma das questões solicitava informações que pudessem identificar os participantes.

Para fins de análise das respostas, nós as dividimos em dois grupos com base no país dos estudantes (Estados Unidos *versus* estudantes estrangeiros) e, entre os estudantes estrangeiros, por país de alto desempenho (PAD) e país de baixo desempenho (PBD). Cada país foi categorizado com base na média de suas notas em matemática no Pisa. Escolhemos essa disciplina porque o desempenho nela é mais fácil de comparar entre diferentes países e porque as habilidades em matemática, melhor do que outras matérias e conteúdos, tendem a funcionar de modo mais objetivo para prever rendimentos futuros e outros resultados econômicos.[4]

Os países com notas em matemática no Pisa significativamente acima da média das nações desenvolvidas foram classificados como de alto desempenho; os países cujas notas em matemática não eram significativamente diferentes da média e tampouco consideravelmente abaixo da média foram classificados como de baixo desempenho.

Entre os países participantes desse projeto, os de alto desempenho foram: Dinamarca, Finlândia, Alemanha, Hong Kong, Islândia, Japão, Holanda, Nova Zelândia e Suíça. Os países de baixo desempenho foram: Brasil, Colômbia, Costa Rica, França, Honduras, Índia, Itália, Letônia, Filipinas e Rússia.

LIMITAÇÕES DOS DADOS

Dos 1.346 estudantes convidados, um total de 202 respondeu ao questionário de pesquisa (ver tabela nas páginas 324-5), um índice de respostas de 15%. Há várias razões possíveis para explicar por que um número maior de estudantes não participou, incluindo o fato de que muitos haviam mudado seu endereço de e-mail desde a última vez que o AFS entrara em contato com eles. Ainda assim, o índice de respostas foi suficientemente alto para formar conclusões mais amplas acerca das percepções dos estudantes, com algumas ressalvas.

Dos norte-americanos que responderam ao questionário de pesquisa, um número significativo (19%) tinha ido estudar na Itália. Dos participantes estrangeiros, um grupo grande (37%) saiu da Alemanha para estudar nos Estados Unidos. Essas proporções refletiam a distribuição dos estudantes do AFS em termos gerais, mas é preciso considerar os resultados tendo em mente essas tendências.

A Alemanha, por exemplo, foi incluída entre os países de alto desempenho porque as notas de matemática dos adolescentes alemães no Pisa ficaram acima da média. Isso significa que 54% da nossa amostragem internacional de alto desempenho veio da Alemanha. Contudo, a Alemanha não está no mesmo nível da Finlândia ou da Coreia do Sul, dois países que figuram no topo do ranking mundial de desempenho em matemática, leitura e ciências no teste Pisa.

Além do mais, em geral os estudantes de intercâmbio estrangeiros não são necessariamente representativos de seus pares no país de onde vieram, é claro. Alguns intercambistas (mas não todos) vêm de famílias de nível de renda mais alto e frequentaram escolas de alto rendimento. Também têm níveis mais altos de motivação e audácia do que os estudantes que não participavam de programas de intercâmbio. Em seus países anfitriões, esses estudantes não são tratados da mesma maneira que seus colegas de classe; essa distinção, combinada às óbvias barreiras linguísticas, talvez limite a capacidade dos intercambistas de avaliar as culturas e os sistemas educacionais de outros países.

Apesar dessas ressalvas, as observações desses 202 estudantes revelam padrões intrigantes. Eles concordaram mais do que discordaram. Somos gratos a eles e ao AFS por nos ajudarem a compilar dados da experiência de um dos atores da educação que raramente é consultado nos debates educacionais em todo o mundo – os próprios estudantes.

ÍNDICE DE RESPOSTAS DE ESTUDANTES NORTE-AMERICANOS E ESTRANGEIROS*

País nativo/ anfitrião	Estudantes dos EUA			Estudantes estrangeiros		
	N	n	%	N	n	%
Alemanha (I)	16	3	18,8%	334	61	18,3%
Argentina	16	0				
Áustria	9	1	11,1%			
Bélgica	12	1	8,3%			
Brasil (II)	4	2	50,0%	47	4	8,5%
Chile	3	0	0,0%			
China	5	0	0,0%			
Colômbia (II)				19	2	10,5%
Costa Rica (II)	3	0	0,0%	5	0	0,0%
Dinamarca (I)	4	0	0,0%	51	6	11,8%
Egito	3	0	0,0%			
Equador	6	1	16,7%			
Espanha	28	4	14,3%			
Filipinas (II)				14	0	0,0%
Finlândia (I)	4	2	50,0%	38	10	26,3%
França (II)	29	3	10,3%	62	14	22,6%
Holanda (I)	8	3	37,5%	24	4	16,7%
Honduras (II)				4	0	0,0%
Hong Kong (I)	2	1	50,0%	22	3	13,6%
Hungria	1	0	0,0%			
Índia (II)	1	1	100,0%	15	0	0,0%
Islândia (I)	1	0	0,0%	11	4	36,4%
Itália (II)	33	7	21,2%	234	30	12,8%
Japão (I)				136	6	4,4%
Letônia (II)				5	1	20,0%
Noruega	5	0	0,0%			
Nova Zelândia (I)	1	0	0,0%	3	1	33,3%

	Estudantes dos EUA			Estudantes estrangeiros		
País nativo/ anfitrião	N	n	%	N	n	%
Panamá	4	0	0,0%			
Paraguai	9	4	44,4%			
Peru	1	0	0,0%			
Portugal	8	0	0,0%			
Rep. Dominicana	2	0	0,0%			
República Tcheca	2	0	0,0%			
Rússia (II)	2	1	50,0%	7	0	0,0%
Suécia	7	1	14,3%			
Suíça (I)	10	2	20,0%	73	19	26,0%
Tailândia	2	0	0,0%			
Turquia	1	0	0,0%			
Total dos países de alto desempenho				692	114	16,5%
Total dos países de baixo desempenho				412	51	12,4%
TOTAL**	242	37	15,3%	1104	165	14,9%

* Pesquisa sobre experiência educacional realizada durante o ano letivo de 2009-10 com estudantes intercambistas dos Estados Unidos no exterior e estrangeiros nos Estados Unidos. A Sérvia e o Canadá concordaram em participar, mas não enviaram estudantes para os Estados Unidos por meio do programa AFS de intercâmbio em número relevante durante o ano letivo 2009-10.

** Exclui respostas de quatro estudantes. Três estudantes não indicaram os Estados Unidos nem como país nativo nem como anfitrião. Um assinalou os Estados Unidos como ambos, país nativo e anfitrião.

N número total de estudantes convidados a participar do questionário.
n número total de estudantes que completaram o questionário.

(I) Países de alto desempenho que enviaram estudantes para os Estados Unidos.
(II) Países de baixo desempenho que enviaram estudantes para os Estados Unidos.

Em nome da clareza, invertemos as perguntas e respostas para as diferentes populações ou universos. Por exemplo, aos estudantes estrangeiros perguntamos: "Em comparação com a escola de seu país de origem, quanta tecnologia (computadores, laptops, lousas digitais etc.) você viu em uso em sua escola nos Estados Unidos?". Aos estudantes americanos fizemos a mesma pergunta, formulada de forma inversa: "Em comparação com a escola nos Estados Unidos, quanta tecnologia (computadores, laptops, lousas digitais etc.) você viu em uso em sua escola no exterior?". A fim de compararmos facilmente os resultados, entretanto, expressamos todas as respostas em termos das opiniões dos estudantes do sistema educacional norte-americano em comparação com sua experiência no exterior.

Tecnologia

Os estudantes estrangeiros e os norte-americanos concordaram que havia mais tecnologia nas escolas dos Estados Unidos. No total, 70% dos estudantes estrangeiros e 73% dos estudantes americanos afirmaram isso; todavia, na comparação com os estrangeiros, os norte-americanos eram mais propensos a dizer que havia um pouco mais de tecnologia do que muito mais tecnologia (ver Gráfico 1). Nenhum estudante norte-americano disse que havia muito menos tecnologia nas escolas dos Estados Unidos.

Até o momento são extraordinariamente escassas as pesquisas comparando os investimentos relativos em tecnologia nas escolas no mundo. Sabemos pouca coisa acerca de quanto os países gastam em tecnologia, e menos ainda se esses gastos resultam efetivamente na aprendizagem dos alunos.

GRÁFICO 1

**VIRAM MAIS TECNOLOGIA EM USO
NAS ESCOLAS DOS ESTADOS UNIDOS**

Opinião de estudantes norte-americanos e estrangeiros

ESTUDANTES NORTE-AMERICANOS

43% muito mais   **13%** um pouco menos   **30%** um pouco mais

3% não sabem ao certo   **11%** mais ou menos igual

ESTUDANTES ESTRANGEIROS

46% muito mais   **11%** um pouco menos   **24%** um pouco mais

4% muito menos   **15%** mais ou menos igual

Nossos resultados sugerem que os Estados Unidos investem pesadamente em tecnologia nas salas de aula, mais até do que os países de alto desempenho (na nossa pesquisa, 61% dos estudantes dos países de alto desempenho – PADs – afirmaram que nos Estados Unidos havia mais tecnologia nas salas de aula). Isso não necessariamente significa que a tecnologia tem uma correlação negativa com a performance educacional; muitas coisas interagem para levar a resultados educacionais, e nossos cômputos sugerem que os países de baixo desempenho usam ainda menos tecnologia do que os países de alto desempenho (quase três quartos dos estudantes dos PBDs afirmaram que os Estados Unidos tinham "muito mais" tecnologia, em contraste com um terço dos estudantes dos PADs).

Entretanto, essa diferença talvez ajude a explicar (em parte) por que os Estados Unidos gastam mais dinheiro por estudante do que praticamente qualquer outro país do mundo. Faz muito tempo que o nosso romance com a tecnologia educacional tem sido uma distração cara e unilateral.

Dificuldade

Os estudantes estrangeiros e os norte-americanos tiveram a mesma opinião e afirmaram que a escola nos Estados Unidos era mais fácil do que a escola no exterior. No total, 92% dos estudantes estrangeiros e 70% dos estudantes norte-americanos afirmaram que as aulas nos Estados Unidos eram mais fáceis do que em outros países. Os americanos eram mais propensos a dizer que a escola nos Estados Unidos era "um pouco mais fácil" do que "muito mais fácil" (ver Gráfico 2).

Esses resultados corroboram as constatações das pesquisas realizadas pelo Instituto Brookings com estudantes de intercâmbio norte-americanos e estrangeiros em 2001 e 2002.[5] Naquelas pesquisas, 85% dos estudantes estrangeiros e 56% dos estudantes norte-americanos achavam que as aulas nos Estados Unidos eram mais fáceis.

A semelhança nos resultados sugere que, no âmbito da nossa amostragem, os dez anos de reformas educacionais sob o programa federal Nenhuma Criança Será Deixada para Trás não fizeram a escola norte-americana ficar nem um pouco mais difícil em comparação com as escolas do exterior.

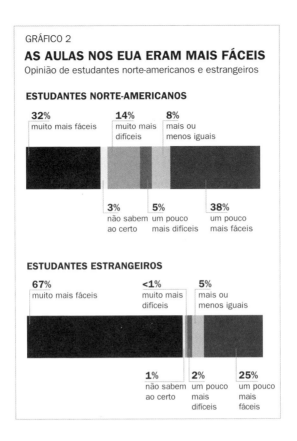

GRÁFICO 2

AS AULAS NOS EUA ERAM MAIS FÁCEIS

Opinião de estudantes norte-americanos e estrangeiros

ESTUDANTES NORTE-AMERICANOS

32% muito mais fáceis

14% muito mais difíceis

8% mais ou menos iguais

3% não sabem ao certo

5% um pouco mais difíceis

38% um pouco mais fáceis

ESTUDANTES ESTRANGEIROS

67% muito mais fáceis

<1% muito mais difíceis

5% mais ou menos iguais

1% não sabem ao certo

2% um pouco mais difíceis

25% um pouco mais fáceis

Outra descoberta interessante aponta para a falta de rigor no trabalho em sala de aula nos Estados Unidos. Os estudantes estrangeiros tanto dos países de alto desempenho como dos de baixo desempenho concordaram que a escola norte-americana era mais fácil. Contudo, os estudantes estrangeiros dos países de alto desempenho tendiam a dizer que a escola nos Estados Unidos era "muito mais fácil" do que a escola em seu país de origem. Especificamente, 73% dos estudantes dos países de alto desempenho disseram que a escola nos Estados Unidos era "muito mais fácil", em contraste com 53% dos estudantes dos países de baixo desempenho. Essa descoberta é compatível com a hipótese deste livro: em países com sistemas educacionais fortes, a escola é de fato mais difícil. O rigor perpassa o modo como esses países pensam a aprendizagem e a criação dos filhos e molda tudo, da formação e do treinamento dos professores à confecção dos testes padronizados.

É interessante notar, contudo, que mesmo os estudantes dos países de baixo desempenho responderam de maneira esmagadora que a escola nos Estados Unidos era mais fácil. Talvez eles tivessem certo pendor no sentido de defender o rigor da educação de seu país de origem, mas isso não explica por que os participantes norte-americanos também disseram que as aulas em sua terra natal eram mais fáceis.

Essa diferença talvez tenha a ver com a maneira como os estudantes percebem a dificuldade na escola. Em muitos países, de alto e de baixo desempenho, a escola é um ambiente mais formal e estruturado do que a escola nos Estados Unidos. Os códigos de conduta são mais rígidos, e as consequências do fracasso acadêmico são mais sérias, particularmente no ensino médio. Em alguns casos, os estudantes talvez estivessem reagindo a essas diferenças de cultura escolar em oposição aos efetivos níveis de desafio que encontravam. Seja como for, uma vez que outras pesquisas mostram falta de rigor nos livros didáticos, currículos escolares e formação e treinamento de professores nos Estados Unidos, essa diferença acerca do rigor percebido merece pesquisas adicionais mais aprofundadas.

Liberdade dada pelos pais

Os estudantes estrangeiros e os norte-americanos mostraram-se de acordo também quanto ao fato de que os pais americanos davam aos filhos menos liberdade dos que os pais de outros países. De todos os estudantes que responderam ao questionário de pesquisa, 63% dos estrangeiros e 68% dos americanos concordaram com essa afirmação (ver Gráfico 3).

De maneira interessante, os estudantes estrangeiros de países de alto desempenho estavam muito mais inclinados do que os de países de baixo desempenho a dizer que os pais norte-americanos davam aos filhos muito menos liberdade. Especificamente, 70% dos estudantes estrangeiros de países de alto desempenho disseram que os pais dos Estados Unidos davam aos filhos menos liberdade, em contraste com 45% de estudantes de países de baixo desempenho.

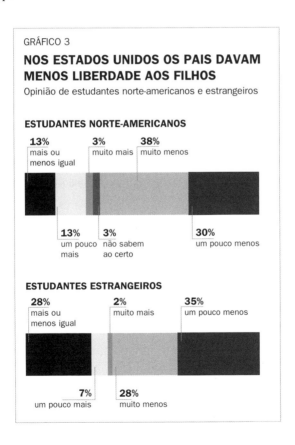

GRÁFICO 3

NOS ESTADOS UNIDOS OS PAIS DAVAM MENOS LIBERDADE AOS FILHOS
Opinião de estudantes norte-americanos e estrangeiros

ESTUDANTES NORTE-AMERICANOS

13%
mais ou menos igual

3%
muito mais

38%
muito menos

13%
um pouco mais

3%
não sabem ao certo

30%
um pouco menos

ESTUDANTES ESTRANGEIROS

28%
mais ou menos igual

2%
muito mais

35%
um pouco menos

7%
um pouco mais

28%
muito menos

Esses resultados corroboram a literatura existente que sugere que crianças e adolescentes norte-americanos levam vida muito controlada.[6] As razões para essas diferenças são um emaranhado difícil de desenredar. A atitude mais protetora dos pais americanos com relação aos filhos talvez se deva a preocupações onipresentes com a criminalidade e a violência, por exemplo. Em algumas áreas dos Estados Unidos, em especial bairros de baixa renda, essas preocupações quem sabe sejam baseadas em evidências concretas; em outras regiões, de nível de renda mais alto, os índices de criminalidade podem até ser baixos, mas ainda assim a inquietação dos pais quanto à violência talvez seja alta.

Independentemente das razões, o que significa em termos de resultados educacionais se os pais norte-americanos *de fato* concedem aos filhos menos autonomia? Mais uma vez, é difícil especular, mas a literatura existente acerca da criação de filhos resilientes sugere que é bastante saudável deixar que eles tomem decisões e cometam erros (dentro de certos limites) enquanto ainda são crianças. Do contrário, adolescentes criados em escolas de ensino médio e lares muito controlados só descobrem os perigos e emoções da independência quando já estão crescidos, e em larga medida por conta própria.

Importância dos esportes

Os estudantes estrangeiros e os norte-americanos concordaram quanto à importância dos esportes na vida dos adolescentes americanos. De todos os que responderam ao questionário, 91% dos estrangeiros e 62% dos norte-americanos disseram que os estudantes dos Estados Unidos davam mais importância que os de outros países a um bom desempenho nos esportes do (ver Gráfico 4).

GRÁFICO 4

ALUNOS DAVAM MAIS IMPORTÂNCIA A DESEMPENHO NOS ESPORTES NOS EUA

Opinião de estudantes norte-americanos e estrangeiros

ESTUDANTES NORTE-AMERICANOS

43% muito mais · **8%** muito menos · **16%** mais ou menos igual

3% não sabem ao certo · **11%** um pouco menos · **19%** um pouco mais

ESTUDANTES ESTRANGEIROS

69% muito mais · **1%** muito menos · **5%** mais ou menos igual

1% não sabem ao certo · **2%** um pouco menos · **22%** um pouco mais

Os estrangeiros eram mais propensos a dizer que os norte-americanos se importavam "muito mais" com a performance esportiva.

Esses resultados corroboram as constatações das pesquisas realizadas pelo Instituto Brookings, de acordo com as quais 85% dos estudantes estrangeiros e 82% dos estudantes norte-americanos julgavam que os estudantes americanos davam mais importância do que os estudantes de outros países a um bom desempenho nos esportes.

Nem de longe está claro se atribuir muita importância ao desempenho esportiva tem associações negativas com a performance acadêmica. Entre os estudantes estrangeiros, 88% dos oriundos de países de alto desempenho disseram que os adolescentes norte--americanos davam mais importância do que os de outros países ao êxito nos esportes, ao passo que praticamente todos os estudantes (96%) de países de baixo desempenho afirmaram que os adolescentes dos Estados Unidos davam mais importância ao sucesso na prática esportiva. Isso sugere que os estudantes de países de alto desempenho se importavam mais com esportes do que os de países de baixo desempenho – embora, ao que tudo indica, nem um nem outro se importem tanto quanto os estudantes norte-americanos.

Em todo caso, a importância sem paralelo que se atribui ao desempenho esportivo nas escolas de ensino médio norte-americanas deveria ser tema de um sério debate. A despeito de seu valor, os esportes também tiram dinheiro e atenção da aprendizagem em sala de aula. O que é preocupante é a sua importância relativa – e não a sua existência absoluta.

Elogios

Os estudantes estrangeiros e norte-americanos concordaram que os professores de matemática nos Estados Unidos eram mais propensos a elogiar os alunos com mais frequência do que os de outros países. Cerca de metade dos estudantes estrangeiros *e* norte--americanos afirmaram que seus professores de matemática nos Estados Unidos tendiam a elogiar o trabalho dos alunos; aproximadamente um terço dos estudantes julgou que seus professores de matemática elogiavam os alunos na mesma medida em ambos os países; e menos de 10% de ambos os grupos afirmaram que seus professores de matemática estrangeiros costumavam elogiar o trabalho dos alunos (ver Gráfico 5).

Note-se que essa pergunta foi feita a uma amostra ligeiramente menor. Pedimos aos estudantes especificamente que comparassem suas experiências nas aulas de matemática em seu país de origem e no exterior. Dos estudantes internacionais que responderam ao questionário de pesquisa, 82% tiveram aulas de matemática nos Estados Unidos, o que lhes permitiu responder à pergunta. Dos estudantes americanos, 89% cursaram matemática e responderam à pergunta.

Os resultados suscitam a seguinte questão: é justificável que os professores de matemática norte-americanos elogiem tanto assim

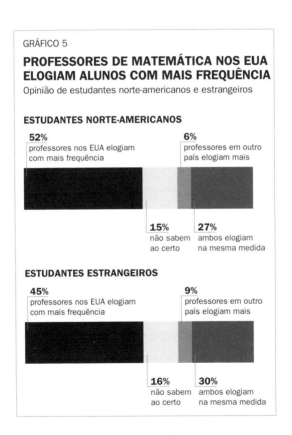

GRÁFICO 5

PROFESSORES DE MATEMÁTICA NOS EUA ELOGIAM ALUNOS COM MAIS FREQUÊNCIA
Opinião de estudantes norte-americanos e estrangeiros

ESTUDANTES NORTE-AMERICANOS

52%
professores nos EUA elogiam com mais frequência

6%
professores em outro país elogiam mais

15%
não sabem ao certo

27%
ambos elogiam na mesma medida

ESTUDANTES ESTRANGEIROS

45%
professores nos EUA elogiam com mais frequência

9%
professores em outro país elogiam mais

16%
não sabem ao certo

30%
ambos elogiam na mesma medida

seus alunos, na proporção demonstrada por esse questionário de pesquisa? Os Estados Unidos figuram solidamente entre os países de baixo desempenho em matemática, e ainda assim as crianças americanas são muito mais propensas a dizer que tiram notas altas em matemática, conforme foi discutido em outra parte deste livro. Quais são os efeitos de elogiar os estudantes por um trabalho que não consegue alcançar o desempenho médio de estudantes de outras nações desenvolvidas? De que forma a prática do elogio disseminado exerce impacto sobre o ambiente de aprendizagem e as expectativas que os estudantes criam para si mesmos? Os elogios estão relacionados à tendência (também sugerida por esse questionário de pesquisa) dos pais norte-americanos de dar aos seus filhos menos liberdade? Os professores e pais americanos tratam suas crianças e adolescentes como seres mais frágeis do que realmente são? Ou os outros países é que tratam suas crianças e adolescentes com muito *menos* cuidado?

Os elogios não são de todo ruins, para dizer o óbvio. A verdade é que os números mostram uma relação complexa entre elogios e resultados: os estudantes dos países de baixo desempenho eram muito mais propensos do que os de países de alto desempenho a dizer que nos Estados Unidos os professores eram mais elogiosos. Dos estudantes internacionais, 38% dos oriundos de países de alto desempenho afirmaram que os seus professores norte-americanos elogiavam com mais frequência os alunos; por sua vez, 62% dos estudantes dos países de baixo desempenho disseram isso. Os elogios talvez não levem à aprendizagem, mas a ausência de elogios não necessariamente faz bem.

Na verdade, alguns dos estudantes que participaram desta pesquisa celebraram explicitamente – em suas respostas abertas – a cultura positiva de suas salas de aula norte-americanas. Um intercambista italiano que foi estudar nos Estados Unidos deu a seguinte definição: "[Nos Estados Unidos] os professores acreditam na gente, no nosso potencial, e nunca nos criticam ou nos humilham".

Um estudante francês contrastou desta maneira as duas experiências: "Na França, os professores fazem muito mais pressão nos alunos – com relação ao dever de casa, às notas. Nos Estados Unidos, os professores geralmente parabenizam os alunos por seu trabalho". Posto isso, o elogio é uma moeda corrente arriscada. Para funcionar, ele deve ser específico, sincero, pontual – e usado com moderação. Esses resultados sugerem que a distribuição de elogios praticada nas salas de aula dos Estados Unidos talvez não corresponda a essas exigências. Elogios excessivos, vagos ou vazios têm efeitos corrosivos,[7] conforme já foi demonstrado por múltiplos estudos, uma vez que incentivam as crianças a se arriscarem menos e a desistir com mais facilidade. A autoestima é importante, mas vem do trabalho árduo e da realização autêntica, e não da adulação.

RESULTADOS CONTRADITÓRIOS OU INCONCLUSIVOS

As respostas dos estudantes norte-americanos e as dos estrangeiros foram discrepantes e inconclusivas em quatro perguntas, que giravam em torno dos seguintes tópicos:

A importância de ir bem na escola
A maior parte dos estudantes estrangeiros disse que os estudantes nos Estados Unidos e no exterior atribuíam a mesma dose de importância ao bom desempenho escolar, ao passo que a maioria dos estudantes norte-americanos disse que seus pares davam *menos* importância à questão de ir bem na escola. O único ponto em que houve claro consenso foi quanto ao fato de que os

estudantes americanos *não* se importavam "muito mais" com a necessidade de ir bem na escola. Apenas 4% dos estudantes estrangeiros e 3% dos norte-americanos escolheram essa resposta. Não está imediatamente claro por que os estudantes americanos e os estrangeiros não concordaram quanto a essa questão, embora seja possível supor que os participantes tiveram dificuldade de avaliar a importância que outros estudantes dão à escola em um contexto transcultural.

O nível de exigência das aulas de matemática

As respostas dos estudantes norte-americanos foram contraditórias nessa questão, mas os estudantes estrangeiros mostraram uma preferência mais clara por uma das respostas em detrimento de outras. Especificamente, 58% dos estudantes estrangeiros disseram que suas aulas de matemática no exterior eram mais exigentes e estimulantes do que nos Estados Unidos.

Tendência da aula de matemática de "manter os alunos atarefados e não desperdiçar tempo"[8]

Nessa questão as respostas tanto dos estudantes norte-americanos como dos estrangeiros foram incompatíveis. Em ambos os grupos, cerca de um terço dos participantes disse que se mantinha atarefado nas aulas de matemática nos Estados Unidos, um terço escolheu "no exterior", e um terço informou que sua experiência de salas de aula atarefadas foi mais ou menos igual tanto nos Estados Unidos como em outros países.

Tendência dos professores de matemática de não aceitar "nada menos do que o nosso esforço máximo"[9]

Assim como no caso imediatamente anterior, os estudantes norte-

-americanos e os estrangeiros não mostraram preferência acentuada por nenhuma das opções de resposta. Parece provável que o enunciado da questão não tenha ficado claro, já que um número significativo de participantes respondeu "não sei ao certo". No total, 18% dos estudantes estrangeiros e 12% dos norte-americanos escolheram a resposta "não sei ao certo".

QUESTIONÁRIO DE PESQUISA

No início do questionário de pesquisa, os participantes foram divididos em dois grupos separados – estudantes norte-americanos e estudantes estrangeiros – após a pergunta: "Qual foi o seu país anfitrião?". Dessa maneira as questões puderam ser formuladas com maior clareza para cada grupo, uma preocupação fundamental para os falantes de inglês não nativos.

No questionário, apresentado a seguir, as perguntas dirigidas aos estudantes estrangeiros aparecem em caracteres regulares; as dirigidas aos estudantes norte-americanos, em *itálico*. Nos enunciados em que não aparece itálico, o texto da questão não foi alterado para os dois grupos.

Adicionalmente, o questionário indaga aos estudantes se fizeram algum curso de matemática durante seu intercâmbio. Os estudantes que respondiam "sim" eram direcionados para a página seguinte de questões a fim de comparar suas aulas de matemática em seu país de origem e no exterior; os estudantes que respondiam "não" eram automaticamente direcionados para a última página de questões concernentes a sua experiência educacional geral.

Obrigado por sua ajuda nesta pesquisa! As questões a seguir devem levar cerca de cinco minutos para serem respondidas. Por favor, responda ao maior número possível de questões. Se você não souber alguma resposta, escolha "não sei ao certo". Clique em "página anterior" para voltar.

O objetivo deste questionário de pesquisa é aprender sobre as suas experiências educacionais em seu país de origem e no país anfitrião em que você foi estudar. Os resultados serão publicados em um livro sobre educação internacional de autoria de Amanda Ripley, jornalista da revista *Time* e bolsista da New America Foundation, organização não partidária de pesquisas em políticas públicas nos Estados Unidos.

Ao clicar em "próximo", você confirma que concorda em participar desta pesquisa, e autoriza o AFS e Amanda Ripley a coligir e processar as respostas. Os resultados deste questionário de pesquisa serão mantidos em completo anonimato, e o AFS não divulgará a terceiros o nome ou o endereço de e-mail dos participantes. Se, a qualquer momento, você desejar interromper a sua participação, basta clicar na opção "sair desta pesquisa", no canto superior direito da janela do seu navegador.

Assim que o estudo estiver concluído, o AFS entrará em contato com você para compartilhar os resultados. Você também pode ler sobre os resultados no livro de Amanda Ripley, a ser publicado no início de 2013, nos Estados Unidos.

Perguntas, dúvidas ou problemas técnicos? Por favor, envie um e-mail para lawrence@newamerica.net.

Esta pesquisa se encerrará na sexta-feira, 4 de maio de 2012, às 23h59.

Você pode ler sobre a política de privacidade da Survey Monkey aqui: http://www.surveymonkey.com/mp/policy/privacy-policy/.

INFORMAÇÕES BÁSICAS

1. Você se formou no ensino médio antes de deixar o país e partir para o seu programa de intercâmbio?

Sim | Não

2. Você recebeu créditos acadêmicos por seu ano de intercâmbio?

Sim | Não

3. Qual era seu país nativo quando você fez seu intercâmbio?

Alemanha | Brasil | Canadá | Colômbia | Costa Rica | Dinamarca | Estados Unidos | Filipinas | Finlândia | França | Holanda | Honduras | Hong Kong | Índia | Islândia | Itália | Japão | Letônia | Nova Zelândia | Rússia | Suíça

4. Qual foi o seu país anfitrião?

Alemanha | Brasil | Canadá | Colômbia | Costa Rica | Dinamarca | Estados Unidos | Filipinas | Finlândia | França | Holanda | Honduras | Hong Kong | Índia | Islândia | Itália | Japão | Letônia | Nova Zelândia | Rússia | Suíça | outro (por favor especifique)

EXPERIÊNCIA DO ESTUDANTE

1. Em comparação com a escola de seu país nativo, quanta tecnologia (computadores, laptops, lousas digitais etc.) você viu em uso em sua escola nos Estados Unidos?

Muito mais tecnologia nos Estados Unidos | Um pouco mais de tecnologia nos Estados Unidos | Mais ou menos a mesma tecnologia em ambos os lugares | Um pouco menos de tecnologia nos Estados Unidos | Muito menos tecnologia nos Estados Unidos | Não sei ao certo

2. Compare as aulas na escola do seu país de origem e nos Estados Unidos. As aulas eram...

Muito mais fáceis nos Estados Unidos | Um pouco mais fáceis nos Estados Unidos | Mais ou menos iguais em ambos os lugares | Um pouco mais difíceis nos Estados Unidos | Muito mais difíceis nos Estados Unidos | Não sei ao certo

3. Em comparação com os pais em seu país de origem, quanta liberdade os pais norte-americanos geralmente davam aos filhos?

Muito mais liberdade nos Estados Unidos | Um pouco mais de liberdade nos Estados Unidos | Mais ou menos a mesma liberdade em ambos os lugares | Um pouco menos de liberdade nos Estados Unidos | Muito menos liberdade nos Estados Unidos | Não sei ao certo

[AS QUESTÕES EM ITÁLICO ERAM DIRIGIDAS AOS ESTUDANTES NORTE-AMERICANOS]

1. Em comparação com a escola nos Estados Unidos, quanta tecnologia (computadores, laptops, lousas digitais etc.) você viu em uso em sua escola no exterior?

Muito mais tecnologia no exterior | Um pouco mais de tecnologia no exterior | Mais ou menos a mesma tecnologia em ambos os lugares | Um pouco menos de tecnologia no exterior | Muito menos tecnologia no exterior | Não sei ao certo

2. *Compare as aulas na sua escola dos Estados Unidos e as suas aulas no exterior. As aulas eram...*

Muito mais fáceis no exterior | Um pouco mais fáceis no exterior | Mais ou menos iguais em ambos os lugares | Um pouco mais difíceis no exterior | Muito mais difíceis no exterior | Não sei ao certo

3. *Em comparação com os pais nos Estados Unidos, quanta liberdade os pais estrangeiros geralmente davam aos filhos?*

Muito mais liberdade no exterior | Um pouco mais de liberdade no exterior | Mais ou menos a mesma liberdade em ambos os lugares | Um pouco menos de liberdade no exterior | Muito menos liberdade no exterior | Não sei ao certo

EXPERIÊNCIA DO ESTUDANTE (CONTINUAÇÃO)

1. Em comparação com os estudantes de seu país de origem, o quanto seus amigos nos Estados Unidos consideravam importante ir bem na ESCOLA?

Muito mais importante nos Estados Unidos | Um pouco mais importante nos Estados Unidos | Mais ou menos a mesma importância em ambos os lugares | Um pouco menos importante nos Estados Unidos | Muito menos importante nos Estados Unidos | Não sei ao certo

2. Em comparação com os estudantes de seu país de origem, o quanto seus amigos nos Estados Unidos consideravam importante ir bem nos ESPORTES?

Muito mais importante nos Estados Unidos | Um pouco mais importante nos Estados Unidos | Mais ou menos a mesma importância em ambos os lugares | Um pouco menos importante nos Estados Unidos | Muito menos importante nos Estados Unidos | Não sei ao certo

1. *Em comparação com os estudantes dos Estados Unidos, o quanto seus amigos no exterior consideravam importante ir bem na* ESCOLA?

Muito mais importante no exterior | Um pouco mais importante no exterior | Mais ou menos a mesma importância em ambos os lugares | Um pouco menos importante no exterior | Muito menos importante no exterior | Não sei ao certo

2. *Em comparação com os estudantes dos Estados Unidos, o quanto seus amigos no exterior consideravam importante ir bem nos* ESPORTES?

Muito mais importante no exterior | Um pouco mais importante no exterior | Mais ou menos a mesma importância em ambos os lugares | Um pouco menos importante no exterior | Muito menos importante no exterior | Não sei ao certo

EXPERIÊNCIA DO ESTUDANTE (CONTINUAÇÃO)

1. Você frequentou aulas de MATEMÁTICA durante o seu intercâmbio?

Sim | Não

EXPERIÊNCIA DO ESTUDANTE – AULAS DE MATEMÁTICA

1. Pense nas suas aulas de matemática nos Estados Unidos e na última aula de matemática a que você assistiu na sua própria escola em seu país de origem antes do intercâmbio. Para cada afirmativa, escolha a aula que melhor se encaixa na descrição.

Nosso trabalho em sala de aula era exigente e instigante.

Aula de matemática no meu país de origem | Aula de matemática nos Estados Unidos | A frase descreve ambas as aulas igualmente | Não sei ao certo

Em nossa aula os alunos se mantinham atarefados e não desperdiçavam tempo.

Aula de matemática no meu país de origem | Aula de matemática nos Estados Unidos | A frase descreve ambas as aulas igualmente | Não sei ao certo

Nosso professor não aceitava nada menos do que o nosso esforço máximo.

Aula de matemática no meu país de origem | Aula de matemática nos Estados Unidos | A frase descreve ambas as aulas igualmente | Não sei ao certo

Nosso professor elogiava frequentemente o trabalho dos estudantes.

Aula de matemática no meu país de origem | Aula de matemática nos Estados Unidos | A frase descreve ambas as aulas igualmente | Não sei ao certo

1. *Pense nas suas aulas de matemática no exterior e na última aula de matemática a que você assistiu nos Estados Unidos antes do intercâmbio. Para cada afirmativa, escolha a aula que melhor se encaixa na descrição.*

Nosso trabalho em sala de aula era exigente e instigante.

Aula de matemática no exterior | Aula de matemática nos Estados Unidos | A frase descreve ambas as aulas igualmente | Não sei ao certo

Em nossa aula os alunos se mantinham atarefados e não desperdiçavam tempo.

Aula de matemática no exterior | Aula de matemática nos Estados Unidos | A frase descreve ambas as aulas igualmente | Não sei ao certo

Nosso professor não aceitava nada menos do que o nosso esforço máximo.

Aula de matemática no exterior | Aula de matemática nos Estados Unidos | A frase descreve ambas as aulas igualmente | Não sei ao certo

Nosso professor elogiava frequentemente o trabalho dos estudantes.

Aula de matemática no exterior | Aula de matemática nos Estados Unidos | A frase descreve ambas as aulas igualmente | Não sei ao certo

EXPERIÊNCIA DO ESTUDANTE (CONTINUAÇÃO)

1. Qual foi a maior diferença entre a escola que você frequentou nos Estados Unidos e a escola em que você estudava em seu país de origem imediatamente antes do intercâmbio?

[resposta aberta]

2. Durante o seu intercâmbio, onde se deu a maior parte de sua aprendizagem?
Dentro da sala de aula | Fora da sala de aula | Não sei ao certo

Opcional: Por favor, explique sua resposta.

1. Qual foi a maior diferença entre a escola que você frequentou no exterior e a escola em que você estudava em seu país de origem imediatamente antes do intercâmbio?

[resposta aberta]

2. *Durante o seu intercâmbio, onde se deu a maior parte de sua aprendizagem?*

Dentro da sala de aula | Fora da sala de aula | Não sei ao certo

Opcional: Por favor, explique sua resposta.

OBRIGADO

Obrigado por responder ao questionário de pesquisa! Por favor, clique em "pronto" para enviar suas respostas.

Notas

PRÓLOGO – O MISTÉRIO

1 Ripley, "Rhee Tackles Classroom Challenge".

2 Idem, "What Makes a Great Teacher?". A informação acerca da taxa de desemprego do Distrito 7 vem do Plano de Investimento da Força-Tarefa Estratégica do Distrito de Columbia.

3 O gráfico, atualizado em julho de 2012 para este livro, também deverá ser publicado na próxima obra de Hanushek e Woessmann *The Knowledge Capital of Nations*.

4 OCDE, *Pisa 2009 Results (v. II)*, Tabela II.1.1, 152.

5 O Pisa, o mais sofisticado teste internacional de habilidades de pensamento crítico de adolescentes, é administrado pela OCDE. Para este livro, fiei-me essencialmente, mas não de forma exclusiva, em dados do Pisa. Em um esforço de manter a consistência e a imparcialidade, não incluí não países (por exemplo, Hong Kong, Xangai e Macau-China) quando me baseei nos dados desse teste para extrair rankings.

Além disso, considerei que países que obtiveram exatamente a mesma nota média no Pisa ocupavam uma mesma posição no ranking (em outras palavras, uma vez que os adolescentes mais ricos da Austrália e da Alemanha tiveram a mesma pontuação em matemática, defini que ambos os países ocupavam a décima posição no ranking mundial, e não décima e 11ª).

O teste Pisa não coleta dados sobre a renda dos pais dos estudantes, em parte porque estes geralmente não sabem quanto dinheiro seus pais ganham. Entretanto, o teste mede o status socioeconômico, perguntando aos estudantes sobre o nível de instrução dos pais, sua profissão e o número de livros e computadores que possuem em casa, e assim por diante. Essas respostas compõem o que a OCDE chama de índice de status econômico, social e cultural dos estudantes. As respostas deles para esse tipo de pergunta tendem a ser surpreendentemente precisas – e os resultados podem funcionar como um fator capaz de prever, melhor do que a renda por si só, o sucesso educacional.

Esse índice revela que os estudantes norte-americanos que figuram no quartil mais alto ocupavam em 2009 a 18ª posição no ranking de matemática, na comparação com estudantes do quartil mais alto do resto do mundo (ver Departamento de Educação dos Estados Unidos, *Tabela B.1.71*, disponível em: http://nces.ed.gov/surveys/international/tables/B_1_71.asp).

Em 2003, quando a matemática era o foco primordial do teste Pisa (que a cada três anos enfatiza um assunto ou matéria diferente), os estudantes mais favorecidos dos Estados Unidos figuraram na 25ª posição (ver Departamento de Educação dos Estados Unidos, *Tabela B.1.70*, disponível em: http://nces.ed.gov/surveys/international/tables/B_1_70.asp).

Exceto por um punhado de pesquisadores da OCDE e do Departamento de Educação dos Estados Unidos, poucas pessoas parecem ter tomado conhecimento desse índice, possivelmente porque ele era bastante difícil de encontrar. Em vez disso, vários blogueiros e comentadores educacionais apoderaram-se de outra análise, de mais fácil acesso. Esses dados mostram a diferença de desempenho das *escolas* no Pisa no âmbito dos Estados Unidos, levando-se em conta a porcentagem de alunos que recebiam almoço grátis ou a preço reduzido naquelas escolas. Nada de errado com isso. E, de fato, esses dados, incluídos numa publicação do Departamento de Educação dos Estados Unidos, mostram que as escolas norte-americanas com um reduzido número de alunos de baixa renda se saíram muito bem no Pisa quando comparadas a escolas com grande número de crianças de baixa renda. É uma maneira útil de comparar as escolas *dentro* dos Estados Unidos.

Contudo, esses mesmos blogueiros concluíram que os alunos de escolas americanas abastadas tiveram um desempenho melhor que o de *todos os estudantes* da Finlândia ou de outro país do topo do ranking. Autoridades educacionais e a cientista e pesquisadora da Universidade de Nova York Diane Ravitch afirmaram isso reiteradas vezes – na televisão e em textos. "Se olharmos para as notas dos testes internacionais mais recentes, nossas escolas em que há pouca pobreza são as melhores do mundo", declarou Ravitch no comício Save Our Schools em 2011, no National Mall. "Elas estão à frente da Finlândia! Estão à frente da Coreia do Sul. São as número 1. A escolas em que há menos de 10% de pobreza e as escolas em que há 25% de pobreza são iguais às escolas da Finlândia e da Coreia do Sul, os líderes mundiais. Nosso problema é a pobreza, não as nossas escolas."

Isso é besteira. Outros países não possuem dados sobre quais estudantes estão aptos a receber almoço gratuito ou a preço reduzido sob as leis dos Estados Unidos; essa é uma diretriz política norte-americana com definições norte-americanas. Essa análise das notas do Pisa vem de um levantamento junto a diretores conduzido *somente* nos Estados Unidos. A OCDE não coleta dados comparáveis de diretores de nenhum outro país. Assim, não podemos usar os dados do almoço gratuito como parâmetro para comparar resultados de diferentes países.

Por exemplo, a Finlândia tem menos de 5% de pobreza infantil levando-se em conta uma definição padrão de pobreza (isto é, a porcentagem de pessoas que recebem menos de 50% da renda média para a *Finlândia*). Essa definição de pobreza é totalmente diferente e não tem relação com os critérios usados para qualificar estudantes para o almoço gratuito ou a preço reduzido nos Estados Unidos (ou seja, país que recebem menos de 185% do nível de pobreza *norte-americano*).

Em suma: a única maneira existente de comparar o desempenho de estudantes de diferentes níveis de renda no Pisa é usar o índice de status socieconômico do próprio Pisa. São esses os dados que citei aqui e ao longo de todo o livro. Tais dados não mostram que as escolas norte-americanas com baixos índices de pobreza figuram na primeira posição em muita coisa, exceto talvez nos gastos por estudante.

6 Greene e McGee, "When the Best is Mediocre".

7 Conselho Nacional de Ciência, *Science and Engineering Indicators*. Em valores absolutos, os Estados Unidos ainda investem mais dinheiro em pesquisa e desenvolvimento do que qualquer outra nação do mundo. Vale observar, contudo, que em termos de porcentagem do PIB os Estados Unidos agora ficam atrás de outras potências educacionais, como Finlândia e Coreia do Sul.

8 Entrevistas da autora com Craig Barrett, ex-presidente e diretor-executivo da Intel, 27/3/2012; sir James Dyson, fundador da Dyson Company, 1/6/2011; Bill Gates, presidente da Microsoft, 18/8/2010; sir John Rose, ex-diretor-executivo da Rolls-Royce, 5/12/2011; executivos da Adecco, agência global de recursos humanos, recrutamento e seleção, 14/12/2011; bem como com economistas, funcionários públicos e outros grandes nomes do mundo corporativo ao redor do mundo.

9 Entrevistas da autora com Paula Marshall, executiva-chefe da Bama Companies, em 9/11/2011, e Shelly Holden, vice-presidente dos sistemas de pessoal e recursos humanos da Bama Companies, em 16/12/2011.

10 Joerres, debate da revista *The Atlantic*: "O nível de exigência aumentou", afirmou Joerres. "O pessoal de vendas é o mais difícil de encontrar – não apenas porque as pessoas não querem fazer isso. As empresas mudaram totalmente a definição do que é vender."

11 Os índices de formatura no ensino médio para 2009 são extraídos de OCDE, *Education at a Glance 2011*, Tabela A2.1.

12 Os índices de pobreza infantil constam do Estudo de Renda Luxemburgo (Luxembourg Income Study, LIS), uma análise da pobreza no mundo. Uma criança é considerada pobre se vive numa família cuja renda é inferior a 50% da renda familiar média do país em que ela reside. Os números sobre a alfabetização científica são extraídos de OCDE, *Pisa 2009 Results (v. I)*. A escala média da Noruega foi de 500, contra 502 dos Estados Unidos.

13 Em seu discurso do Estado da União de 2011, o presidente Obama elogiou a reputação dos professores sul-coreanos como "construtores da nação". Em 2009, ele falou em tom admirado dos pais sul-coreanos em comentários para a campanha "Educação para Inovar".

14 Esta pesquisa, realizada em colaboração com o AFS na primavera de 2012, incluiu 202 ex-estudantes de intercâmbio de quinze países. Marie Lawrence, da New America Foundation, ajudou-me a elaborar e administrar o questionário e analisar os resultados. Um resumo detalhado da metodologia e dos resultados podem ser encontrados no Apêndice.

O MAPA DO TESOURO

1 Os detalhes sobre a história do Pisa vêm de muitas entrevistas com Andreas Schleicher, pessoalmente, por telefone, via e-mail e Skype, entre 2010 e 2012; entrevistas com Thomas Alexander; e recortes de jornal de diversos países. Mais detalhes sobre Schleicher podem ser encontrados no artigo "The World's Schoolmaster", de Ripley.

2 OCDE, *Messages from Pisa 2000*. A questão sobre as moedas está em *Pisa Released Items*, OCDE.

3 Existem outros testes além do Pisa, e cada um fornece dados valiosos por seus próprios méritos. Para os propósitos deste livro, eu estava interessada principalmente em saber quais países preparavam os estudantes para pensar, aprender e prosperar na economia moderna. O Pisa foi criado com esse objetivo em mente. O relatório da OCDE de 1999, *Measuring Student Knowledge and Skills*, descreve da seguinte maneira a diferença entre o Pisa e outros testes internacionais: "O conhecimento e as habilidades testados [...] são definidos não primordialmente em termos de [...] currículos escolares nacionais, mas em termos de que competências são consideradas essenciais para a vida futura. Essa é a característica nova mais fundamental e ambiciosa do

OCDE/Pisa [...]. O Pisa examina o nível de preparação dos jovens para a vida adulta e, até certo ponto, a eficácia dos sistemas educacionais. Sua ambição é avaliar o êxito em relação aos objetivos subjacentes (definidos pela sociedade) dos sistemas educacionais, não em relação ao ensino e aprendizagem de um conjunto de conhecimentos. Tais medições de resultados autênticos são necessárias se o intuito é estimular os sistemas educacionais a priorizar os desafios modernos".

4 Taylor, "Finns Win, But Australian Students Are a Class Act".

5 Entrevista da autora com Jouni Välijärvi, professor do Instituto Finlandês de Pesquisa Educacional, Universidade de Jyväskylä, em 13/5/2011. Välijärvi participou da entrevista coletiva em Helsinque e mais tarde foi entrevistado na televisão.

6 "Bildungsstudie – Durchweg schlechte Noten", *Focus*, e Bracey, "Another Nation at Risk".

7 Heckmann, "Schlechte Schüler wegen schlecht gebildeter Lehrer?".

8 Os dados sobre o desempenho de adolescentes mais ricos e menos ricos nos Estados Unidos e ao redor do mundo no Pisa 2000 estão no gráfico 6.1, à p. 141 do relatório da OCDE "Knowledge and Skills for Life".

9 Paige, "U.S. Students Average among International Peers".

10 OCDE, *Strong Performers and Successful Reformers in Education*, 29.

11 Na comparação com muitos outros países, os Estados Unidos não têm uma grande proporção de estudantes em escolas particulares. Contudo, a amostragem do Pisa para os Estados Unidos inclui os alunos matriculados na rede privada. OCDE, *Strong Performers and Successful Reformers in Education*, p. 47.

12 OCDE, *Strong Performers*, p. 28.

13 Entrevista da autora com Arne Duncan, secretário de Educação dos Estados Unidos, em 21/3/2011.

14 Gove, "The Benchmark for Excellence".

15 Para uma crítica originalíssima do Pisa, ver Schneider, *Education Next*. Minha própria conclusão é que esses críticos levantaram pontos importantes, particularmente acerca das dificuldades de extrapolar a causalidade dos dados do Pisa. É claro que Schleicher e seus colegas da OCDE dispõem de informações incompletas e suas próprias tendências e preconceitos. Entretanto, pesando tudo na balança, os dados do Pisa representam um importante portal para um problema amplo e complexo. Parece melhor tentar

entender o que diferencia os sistemas de educação (com cautela) do que nos abstermos completamente da conversa.

16 OCDE, *Take the Test.*

17 Idem, ibidem.

18 Idem, *Pisa Released Items.*

19 O pessoal do Pisa recusou-se a traduzir o meu desempenho para uma nota numérica precisa, já que a nota média de um país normalmente deriva da nota agregada de todas as crianças que fizeram o teste. Existem diferentes versões do livreto de questões dado aos diferentes estudantes para definir uma amostragem equilibrada. Por isso, não posso dizer com precisão de que maneira comparei todos os estudantes da Finlândia ou da Coreia do Sul. Contudo, parece seguro afirmar que estamos no mesmo nível, uma vez que acertei todas as questões, menos uma. Evidentemente, sou muito mais velha que os estudantes que fazem o Pisa, portanto isso não é grande coisa. Porém, falando com base mais numa observação casual do que em análise científica rigorosa, posso dizer que no teste não havia coisa alguma que eu não gostaria que meu filho soubesse e fosse capaz de resolver aos quinze anos de idade. O Pisa é muitas coisas, mas não é nenhum bicho de sete cabeças.

20 Scott, "Testimony by Professor Joan Wallach Scott".

21 OCDE, *2009 Results (v. I)*. Vale notar que os estudantes de Xangai, que faz parte da China, obtiveram na média a nota mais alta do mundo no Pisa em 2009. Não incluí Xangai nos meus rankings para este livro porque não se trata de um país e não representa a China como um todo (milhões de crianças chinesas ainda não têm acesso à educação básica, apesar do exagerado alarde da mídia sobre o domínio da China na educação). Se eu tivesse incluído Xangai e Hong Kong, os Estados Unidos ficariam numa posição ainda mais baixa no ranking em todas as matérias.

Os dados do Pisa podem ser facilmente acessados por meio do Pisa International Data Explorer, disponível em: http://nces.ed.gov/surveys/pisa/idepisa.

22 Idem, *2009 Results (v. IV)*, Tabela IV.3.21b. Há muitas maneiras de comparar gastos em educação, todas elas imperfeitas. Depois de examinar as opiniões, pareceu mais proveitoso e imparcial fiar-me em dados da OCDE sobre os gastos cumulativos por instituições educacionais por estudante entre seis e quinze anos de idade. As cifras equivalem a dólares norte-americanos, convertidos usando a paridade do poder de compra.

Um aspecto negativo dessa cifra é que ela não inclui todo o ensino médio (ou a educação infantil). Uma vez que as notas do Pisa são baseadas em crianças de quinze anos, esses números correspondem aos anos mais relevantes para os nossos propósitos.

Um aspecto ainda mais negativo é que esses números não incluem os gastos das famílias com aulas particulares de reforço e outros complementos educacionais (embora incluam os gastos com *escolas* privadas na maior parte dos países, inclusive nos Estados Unidos). Conforme foi discutido com mais detalhes nos trechos do livro dedicados à Coreia do Sul, esses gastos podem ser bastante elevados nos países asiáticos em especial. Mas, em todos os casos, a maior parte dos gastos com educação flui através dos sistemas escolares, que é de onde vêm esses números.

23 Robelen, "Study Links Rise in Test Scores to Nations' Output", e OCDE, *The High Cost of Low Educational Performance*.

24 McKinsey & Company, *Economic Impact*.

25 O poder profético do Pisa foi analisado em um estudo longitudinal de 30 mil adolescentes canadenses que fizeram o teste em 2000. OCDE, *Pathways to Success*.

INDO EMBORA

1 Ingram, "Family Plot".

2 Os índices de pobreza da diretoria de ensino de Sallisaw são provenientes do Departamento de Censo, levantamento do relatório anual *American Community Survey, Tabelas 2005-09*, geradas usando-se o American FactFinder.

3 Em 2009, quando Kim estava terminando o oitavo ano do ensino fundamental, seis em cada dez de seus colegas de classe de Sallisaw foram considerados proficientes ou tiraram nota ainda melhor no teste padronizado de Oklahoma. Departamento de Educação do Estado de Oklahoma, "Sallisaw Public School No Child Left Behind Act Annual Report Card 2008-2009".

4 Peterson e Lastra-Anadón, "State Standards Rise in Reading, Fall in Math".

5 Aqui estou falando da Avaliação Nacional de Progresso Educacional (National Assessment of Educational Progress), o maior teste de âmbito nacional aplicado de maneira contínua nos Estados Unidos. Em Oklahoma e outros Estados, a amostragem não inclui um número suficiente de estudantes para oferecer resultados em nível de diretoria de ensino. Porém, uma vez que as notas de Sallisaw não difeririam drasticamente das médias estaduais em outros testes, é razoavelmente seguro supor que os resultados de Sallisaw na avaliação seriam comparáveis aos resultados em âmbito estadual (se esses resultados existissem).

Para contextualizar a experiência de Kim, aqui lidei com os resultados do teste de 2009. Naquele ano, 23% dos alunos do oitavo ano do ensino fundamental de Oklahoma alcançaram proficiência ou tiraram notas avançadas em matemática. Em 2011, esse número subiu ligeiramente, para 27%, ainda abaixo da média nacional de 34%. Departamento de Educação dos Estados Unidos, *Avaliação Nacional de Progresso Educacional*.

6 A posição de Oklahoma no ranking mundial vem do relatório *Globally Challenged* (Peterson et al., 2011), que cria um cruzamento estatístico entre dados do Pisa e da Avaliação Nacional de Progresso Educacional para classificar o desempenho dos estados com relação aos países. A figura nas pp. 8-9 do relatório mostra que Oklahoma ocupa a posição de número 81 na lista de países e estados (não incluindo os territórios).

7 Em leitura crítica, Kim saiu-se melhor do que 40% dos alunos do último ano do ensino médio de Oklahoma que pretendiam ir para a faculdade. Mas seu desempenho foi melhor do que colossais 69% dos alunos do último ano do ensino médio determinados a cursar uma faculdade. Por que uma diferença tão grande? Acontece que somente 6% dos formandos do ensino médio de Oklahoma prestaram o SAT (em âmbito nacional, foram 48%). Assim, as notas médias de Oklahoma no SAT foram mais altas do que as médias nacionais. A maioria dos estudantes de Oklahoma preferiu prestar o ACT.

Por outro lado, Kim foi muito pior em matemática, como ela já esperava. Em matemática, teve notas melhores do que somente 5% dos estudantes de Oklahoma que prestaram o SAT e 15% dos estudantes em âmbito nacional. Em escrita, seu desempenho foi pouca coisa melhor, com notas mais altas do que 14% dos estudantes do último ano do ensino médio de Oklahoma e 34% de todo o país.

Em alto nível, os pontos fortes e fracos de Kim não eram tão diferentes daqueles dos estudantes norte-americanos do país como um todo. Ela era excelente em leitura e um desastre em matemática.

8 O aumento dos investimentos de Oklahoma em educação está expresso em dólares constantes e vem das estatísticas do Departamento de Educação dos Estados Unidos sobre gastos por estudante.

9 Durante o ano letivo de 1986-87 (os dados mais antigos disponíveis), Oklahoma tinha 3.825 auxiliares educacionais; no ano letivo 2010-11, o estado

empregava 8.362 auxiliares. Justiça seja feita, durante o mesmo período a população estudantil cresceu 11%. Mas a proporção estudante/professor foi de 155:1 para 79:1. Enquanto isso, no mesmo período a proporção estudante/professor em Oklahoma foi de 17:1 para 16:1. Tabelas compiladas por meio dos Dados da Base Curricular Comum do site Construa uma Tabela, Centro Nacional de Estatísticas Educacionais (http://nces.ed.gov/ccd/bat/).

10 Trabalhando junto ao Departamento de Educação do Estado de Oklahoma, os dados mais antigos que pude encontrar foram proporções estudante/aluno do ano letivo 1976-77. Desde então, a proporção tinha ido de 20,21 estudantes por professor para 15,01 no ano letivo 2000-01. Desde então, subiu discretamente para 16,11 no ano letivo 2011-12.

11 No orçamento de Oklahoma para o ano fiscal de 2011, a educação bateu na casa dos 3,6 bilhões de dólares – de um total de 6,7 bilhões em gastos.

12 Em todo o mundo desenvolvido, os estudantes de sistemas escolares que exigem exames externos de conclusão de ensino médio com base em padrões obtêm em média 16 pontos a mais no Pisa do que os estudantes de escolas em que tais testes não são exigidos. Esse tipo de exame existe na Finlândia, na Coreia do Sul e na Polônia, entre outros países. Existe também em alguns estados norte-americanos, mas geralmente não é muito rigoroso.

Para a tortuosa e torturada história desse teste em Oklahoma, ver Hinton, "Legislature Junks High School Grad Test Requirement"; Killackey e Hinton, "Outlook Uncertain for Literacy Passport"; Hinton, "Governor to Require 'Literacy Passports'"; e Price e Hoberock, "Legislature Roundup".

Para saber mais sobre como os testes do conclusão do ensino médio exercem impacto no desempenho ao redor do mundo, ver OCDE, *Strong Performers and Successful Reformers in Education*, pp. 49-50 e 243. A meu ver, a parte mais memorável dessa seção do livro é a seguinte: "Nos Estados Unidos, os estudantes do ensino médio podem ser levados a acreditar que o resultado é o mesmo, caso façam um curso fácil e tirem nota D, caso encarem um ensino exigente e tirem A. Seja como for, talvez pensem eles, tanto faz: podem entrar numa faculdade comunitária local e tocar a vida adiante. Comparemos isso com um estudante da mesma idade que mora na cidade de Toyota, no Japão, e quer trabalhar na linha de produção de uma fábrica da Toyota. Esse estudante japonês sabe que precisa tirar boas notas em matérias difíceis e fazer por merecer uma recomendação do diretor da escola, por isso encara as matérias difíceis e estuda com afinco na escola [...]. Uma das características mais marcantes do sistema educacional norte-americano, em contraste com os sistemas educacionais dos países mais bem-sucedidos, é seu fracasso no que tange a oferecer aos alunos medianos incentivos vigorosos para suar a camisa na escola".

13 Killackey, "State Education Secretary Urges High School Graduatin Test".

14 Archer, "Bill Would Lift Required Graduation Testing".

15 Em comparação, a Finlândia tem 399 superintendentes para o país inteiro – uma área bem maior com 1 milhão de habitantes a mais do que Oklahoma. Ver Kanervio, "Challenges in Educational Leadership in Finnish Municipalities".

16 A renda familiar média de Sallisaw entre 2006 e 2010 era de 30.229 dólares, de acordo com o Departamento de Censo. A informação sobre os salários dos superintendentes é do Departamento de Educação do Estado de Oklahoma.

17 Em geral, ninguém presta atenção no retorno dos gastos em educação – embora esse seja um dos itens mais dispendiosos no orçamento de qualquer estado. Numa ruptura radical e sem precedentes, em 2011 Ulrich Boser realizou um estudo sobre a produtividade das diretorias de ensino. Essa análise mostrou uma enorme variação de lugar para lugar, e as diretorias de ensino que mais gastavam figuraram entre as menos eficientes.

Vistos por esse prisma, os resultados da educação de Sallisaw, ainda que pouco impressionantes em termos absolutos, eram uma relativa pechincha, dada a pequena quantia de dinheiro gasta por estudante. Para saber mais, confira o mapa interativo que acompanhava aquele relatório, disponível em: http://www.americanprogress.org.

18 A maneira como os norte-americanos enxergam o envolvimento dos pais (e todas as coisas) varia dependendo de como a pergunta é feita. Mas parece justo dizer que o envolvimento dos pais é uma preocupação muito difundida. Uma pesquisa realizada pela revista *Time* em 2010 com mil adultos norte-americanos incluiu a seguinte pergunta (entre parênteses aparece o percentual de respostas):

"Na sua opinião, que fator tornaria ainda melhor o desempenho educacional dos estudantes?"

Maior envolvimento dos pais (52%)

Professores mais competentes (24%)

Recompensas aos estudantes (6%)

Dias letivos com maior carga horária (6%)

Maior tempo de preparação para as provas (6%)

Não responderam/Não sabem (6%)

19 MetLife, *The MetLife Survey of the American Teacher.*

20 Herrold e O'Donnell, *Parent and Family Involvement in Education, 2006-07 School Year.*

21 Departamento de Educação do Estado de Oklahoma, *Sallisaw Public School No Child Left Behind Act Annual Report Card 2010-2011.*

22 Projeto Indicadores do Ensino Médio em Oklahoma, *Remediation Report, Fall 2010.*
Para os estudantes de Sallisaw que se formaram no ensino médio em 2010 e ingressaram como calouros na universidade, o índice de matriculados em cursos de nivelamento foi de 55%. Levando-se em conta os dados para o estado inteiro, naquele outono o índice de concluintes do ensino médio de Oklahoma que ingressaram em faculdades e universidades estaduais e frequentaram algum curso de nivelamento foi de 38%.
Ainda não estavam disponíveis os dados de âmbito nacional para os formandos do ensino médio em 2010, e comparações entre uma localidade e o país inteiro são sempre complicadas. Porém, à guisa de ponto de referência, cerca de 36% dos primeiranistas universitários de todo o país informaram ter feito algum curso de nivelamento em 2007 e 2008. Em instituições públicas com cursos de dois anos de duração, cerca de 42% alegaram ter frequentado algum curso de nivelamento. Ver Aud et al., *The Condition of Education 2011,* Indicador 22: Cursos de Nivelamento.

23 Denhart e Matgouranis, *Oklahoma Higher Education.*

24 Poehlman, *2011-2012 International Youth Exchange Statistics.*

25 OCDE, *Mathematics Teaching and Learning Strategies in Pisa.*

26 A turma de alunos formados em 2011 em New Hampshire teve mais ou menos o mesmo nível de desempenho dos estudantes da Hungria e da França. Os adolescentes de New Hampshire foram melhores que seus pares de dezoito outros países, incluindo Canadá, Japão, Nova Zelândia e Finlândia. Ver Peterson et al., *Globally Challenged.*

27 Lerner at al., *The State of State Science Standards: Oklahoma.* Nesse relatório a proposta curricular de ciências de Oklahoma recebeu nota F. O documento a que o relatório se refere (e que não menciona a palavra "evolução") é *Priority Academic Student Skills,* parâmetros curriculares que foram atualizados em 2011.

28 "Therma-Tru to Close Oklahoma Manufacturing Facility".

29 Adcock, "Sallisaw: A Blue Town".

A PANELA DE PRESSÃO

1 Antigamente Busan era chamada de Pusan. Os dois nomes referem-se ao mesmo lugar. A grafia foi oficialmente alterada em 2000.

2 O governo sul-coreano baniu os castigos corporais pouco antes da chegada de Eric. Foi uma decisão polêmica, com a qual o diretor da escola de Eric e o superintendente local não concordavam inteiramente. Os professores reclamaram, preocupados com o fato de que teriam ainda menos controle sobre seus sonolentos alunos se não pudessem bater neles.

Mas certos tipos de punições corporais ainda eram permitidos – como dar golpes leves com as chamadas varetas do amor, ou mesmo obrigar os alunos a ficar durante vinte minutos na posição de flexão de braço ou correr em volta de um campo. De vez em quando voltavam à tona hábitos mais draconianos.

Certa tarde, um homem mais velho, que Eric nunca tinha visto, entrou na sala de aula e chamou três meninos que horas antes haviam feito bagunça. Ele perfilou os garotos na frente da classe e pediu que mostrassem as mãos, com as palmas voltadas para baixo. E então golpeou com uma régua os nós dos dedos dos três, um de cada vez. Eric viu os meninos se encolherem de medo. Depois, de cabeça baixa, eles se arrastaram de volta para a respectiva carteira.

No mundo inteiro, as punições corporais nas escolas foram banidas em cerca de cem nações, entre elas Afeganistão, China, Finlândia, Alemanha, Suécia, Reino Unido e Polônia, de acordo com a Iniciativa Global para o Fim de Todo Castigo Corporal a Crianças. Até aqui os Estados Unidos são um desses países, embora em 33 estados a proibição não esteja em vigor.

Mais informações sobre comparações internacionais, incluindo entrevistas com crianças sobre a humilhação causada por castigos corporais na escola, estão disponíveis em: http://www.endcorporalpunishment.org/.

3 Funcionários do alto escalão do Ministério da Educação da Coreia do Sul. Esse número refere-se à parcela de todos os estudantes – de cursos de dois e quatro anos de duração – ingressantes em 2012 nas chamadas universidades SKY sul-coreanas: Universidade Nacional de Seul, Universidade da Coreia do Sul e Universidade Yonsei.

4 Em um levantamento realizado em 2011 pela Scholastic e pela Fundação Gates junto a 10 mil professores de escolas públicas, somente 45% dos professores alegaram que seus alunos levavam a sério os testes padronizados. Ver Scholastic e Fundação Bill & Melinda Gates, *Primary Sources: 2012 – America's Teachers on the Teaching Profession*.

5 Em alguns lugares os professores estavam sujeitos a mais pressão e maiores riscos, mas até 2012 a vasta maioria dos educadores norte-americanos não era avaliada com base em notas de testes, apesar da disseminada ansiedade acerca dessa prática. Em alguns lugares – como Washington, D. C., e Memphis –, uma minoria de professores começou a ser submetida a avaliações em parte com base no aumento das notas de seus alunos em testes no decorrer do tempo (em comparação com outros estudantes que haviam iniciado o ano em um nível de desempenho semelhante). O restante de suas avaliações era baseado em outros elementos, incluindo observações em sala de aula. Em 2011, cerca de 6% dos professores de Washington e menos de 2% dos professores de Memphis perderam o emprego depois de receber avaliações excepcionalmente ruins, de acordo com entrevistas que fiz com dirigentes educacionais de ambas as cidades em 2012.

6 Entrevista da autora com o ministro da Educação sul-coreano, Lee Ju-ho, em 9/6/2011 em Seul.

7 Lee, "The Best of Intentions", p. 23.

8 Sorensen, "Success and Education in South Korea".

9 Cavanagh, "Out-of-School Classes Provide Edge". A atual proporção da Coreia do Sul é de 28:1.

10 Seth, *Education Fever*.

11 Lee, "The Best of Intentions".

12 Os números do PIB são do Serviço Sul-Coreano de Cultura e Informação. *Facts About Korea*, p. 87.

13 Kim, "Consequences of Higher Educational Expansion in Korea".

14 A informação sobre a taxa de evasão escolar da Minnetonka High School é do Centro de Dados do Departamento de Educação do Estado de Minnesota, acessado em novembro de 2012. A taxa de evasão escolar de Namsan, a escola de ensino médio de Eric na Coreia do Sul, foi obtida em minha entrevista com o diretor da escola em junho de 2011.

Justiça seja feita, Namsan aceita somente 70% dos estudantes que se candidatam a uma vaga, ao passo que Minnetonka tem de aceitar todos os estudantes de sua jurisdição. Contudo, mesmo com sua seletividade, Namsan tem um corpo discente mais pobre: cerca de 17% dos alunos estão aptos a receber uma bolsa de estudos integral, subsídio que se deve aos baixos níveis de renda de seus pais (essa fórmula é complexa, mas geralmente as famílias habilitadas devem receber menos de 20 mil dólares). Em contraste, em Minnetonka somente 8% dos estudantes se qualificam para receber almoço gratuito ou a preço reduzido sob normas federais (a renda deve ser de 29 mil dólares ou menos para uma família de quatro membros). Ainda que sejam dois instrumentos de medição totalmente diferentes, eles nos fornecem um indicador aproximado da riqueza relativa do corpo discente de Minnetonka.

15 Os professores de Minnetonka recebiam em média 61 mil dólares, de acordo com estatísticas do Departamento de Educação do Estado de Minnesota. Segundo o diretor da Namsan, a escola de Eric na Coreia do Sul, os professores recebiam em média cerca de 45 mil dólares. Ajustando-se esse valor pela paridade do poder de compra, o salário sul-coreano é de cerca de 61 mil dólares, ou seja, muito próximo ao de Minnetonka.

Existem, é óbvio, diversas maneiras de comparar o salário dos professores. Porém, basta dizer que os professores das duas escolas de Eric tinham condições de bancar um padrão de vida semelhante (embora os sul-coreanos ganhassem menos por hora, uma vez que na Coreia do Sul o ano letivo era mais extenso e a carga horária diária era maior).

16 Rahn, "Student Kills Mother, Keeps Body at Home for 8 Months"; Lee, "18-year-old Murders Mom, Hides Body in Apartment".

17 Jae-yun, "Shadow of Higher Education". A citação sobre a mãe "exigente e agressiva" vem de um editorial não assinado de 2011 do *Korea Times*.

18 *Korea Times*, "Education Warning".

19 Kim, "BAI Finds Several Big Loopholes in Admission System".

20 O próprio ministro Lee confirmou isso de maneira um tanto abrupta numa entrevista a Kang Shin-who, do *Korea Times*: "Nossos professores são melhores que os dos Estados Unidos".

21 Barber e Mourshed, *How the World's Best-Performing School Systems Come Out on Top*, p. 19. Fato interessante é que nem sempre os professores de educação infantil e fundamental sul-coreanos foram escolhidos com tanto cuidado. Durante muitos anos, os aspirantes a professor estudavam em duas faculdades menos prestigiosas. Entretanto, na década de 1980 essas faculdades de educação tornaram-se universidades mais rigorosas com cursos de quatro anos de duração, o que impulsionou o status da profissão. A história é quase idêntica à da Finlândia, que também melhorou a qualidade de seus até então medíocres programas de formação de professores e os consolidou em um sistema universitário mais elitizado (embora lá isso tenha ocorrido uma década antes). Coolahan, *Attracting, Developing and Retaining Effective Teachers*.

Apesar de sua óbvia lógica, esse sistema testado e comprovado – elevar a seletividade e o rigor da atividade docente já no início da carreira dos professores – jamais foi posto em prática nos Estados Unidos.

22 Schmidt et al., *The Preparation Gap*.

23 Idem, *The Economist*, "How to Be the Top".

24 Barber e Mourshed, *How the World's Best-Performing School Systems Come Out on Top*, p. 16.

25 Em 2011, cerca de 750 professores sul-coreanos com desempenho abaixo do esperado foram encaminhados para um período de dois meses de treinamento; outros cinquenta teriam de passar por seis meses de reciclagem e treinamento. Ao todo, oitocentos professores de um universo total de 400 mil receberam o treinamento, o que equivale a meros 0,2%. Stephen Kim, tradutor profissional e colaborador freelancer da revista *Time* em Seul, obteve esses números junto a dirigentes educacionais sul-coreanos do alto escalão em setembro de 2011.

26 Entrevistas da autora com educadores sul-coreanos em Seul, que pediram que não tivessem o nome citado por medo de represálias.

27 Entrevista da autora com o ministro Lee.

28 São surpreendentemente escassos os dados disponíveis sobre os investimentos em tecnologia ao redor do mundo. É possível que ela tenha um grande potencial de uso nas escolas, especialmente porque pode personalizar a aprendizagem. Até aqui, contudo, apesar dos extravagantes aportes financeiros em tecnologia, as escolas norte-americanas ainda não perceberam grandes benefícios em produtividade e eficiência. E os adolescentes americanos que segui para a elaboração deste livro foram unânimes em dizer que não sentiram falta dos equipamentos de tecnologia de ponta de que dispunham em suas salas de aula nos Estados Unidos.

Para mais detalhes sobre o que outros alunos de intercâmbio disseram sobre tecnologia, ver os resultados do questionário de pesquisa no Apêndice e Ripley, "Brilliance in a Box".

29 OCDE, *Pisa 2009 Results (v. IV)*, Tabela IV.3.17b.

30 Yun, "My Dream Is to Reshape Korea's Education".

31 OCDE, *Pisa 2009 Results (v. IV)*, Tabela IV.3.17b.

UM PROBLEMA DE MATEMÁTICA

1 OCDE, *Pisa 2009 Results (v. 1)*.

2 ACT, *Crisis at the Core*, e Hanushek et al., "Teaching Math to the Talented".

3 Departamento de Educação dos Estados Unidos, *Tabela B.1.71*.

4 Leinwand, *Measuring Up*. Esse estudo demonstrou que, mesmo em Massachusetts, o estado de melhor desempenho do país, as crianças do terceiro ano estavam enfrentando questões de matemática bem mais fáceis e muito menos exigentes do que os problemas apresentados às crianças da mesma idade em Hong Kong.

5 ACT, *The Condition of College & Career Readiness 2011*. Somente 45% dos formandos do ensino médio que prestaram o ACT em 2011 atendiam ao parâmetro de proficiência mínima para dar conta das demandas do curso de matemática da faculdade. Esse parâmetro era baseado na nota mínima necessária para que o estudante tivesse 50% de chance de tirar um B ou nota mais alta no curso de matemática do primeiro ano da faculdade (tenha-se em mente que, para começo de conversa, apenas metade dos concluintes do ensino médio prestou o ACT, portanto é de supor que os níveis de competência da população estudantil como um todo fossem significativamente mais baixos).

6 Langworth, *Churchill by Himself*, p. 579.

7 Peterson et al., *Globally Challenged*, pp. 8-9, e SciMathMN, *Minnesota TIMSS*.

8 Schmidt e McKnight, *Inequality for All*.

9 MSU News, "MSU Scholars Help Minnesota Become Global Leader in Math".

10 Em seu livro *The One World Schoolhouse*, Salman Khan, fundador da Academia Khan, escreve de maneira convincente sobre o problema do ensino calcado no isolamento e na falta de integração entre as disciplinas na escola norte-americana: "Genética se ensina em biologia, ao passo que probabilidade se ensina em matemática, embora uma seja a aplicação da outra. Física é uma matéria separada das aulas de álgebra e cálculo, apesar de ser uma aplicação direta das duas [...]. No nosso equivocado afã por categorias devidamente arrumadas e módulos que se encaixem com perfeição numa determinada duração de aula, negamos aos estudantes o benefício – o benefício fisiológico – de identificar conexões".

11 Boser e Rosenthal, *Do Schools Challenge Our Students?*

12 Schmidt e McKnight, *Inequality for All*.

13 Johnson, Rochkind e Ott, "Are We Beginning to See the Light?".

1 Quando visitei Kim na Finlândia, eu me perguntei se as impressões dela sobre seus colegas estudantes estavam sendo enviesadas pelo fato de ter ido estudar numa escola de ensino médio regular em Pietarsaari – e não numa escola técnica/profissionalizante, que poderia acabar sendo o destino dos alunos menos motivados e empenhados. Kim discordou, apontando para o fato de que estava comparando o ímpeto dos alunos de suas turmas de *honor classes* (classes especiais avançadas para alunos acima do padrão) e cursos de Colocação Avançada nos Estados Unidos à iniciativa dos alunos de sua escola regular finlandesa – e ainda assim notava disparidades no empenho dos estudantes.

Em todo caso, os índices de evasão das escolas técnicas/profissionalizantes finlandesas (cerca de 8%) ainda era muito menor do que o da vasta maioria das escolas de ensino médio dos Estados Unidos. Em parte devido a uma injeção de investimentos do governo, as escolas técnicas/profissionalizantes da Finlândia eram geralmente mais populares que suas congêneres norte-americanas. Por isso, era mais provável que o nível de empenho dos estudantes fosse mais alto na grande maioria das escolas da Finlândia, e não apenas na de Kim.

2 OCDE, *Strong Performers and Successful Reformers in Education*, p. 238. Muitos reformistas educacionais insistem que os sindicatos são a razão dos medíocres resultados da educação dos Estados Unidos. Afinal, os sindicatos dos professores têm um histórico de relações conflituosas com o governo, e no decorrer do tempo líderes sindicais específicos obstruíram mudanças básicas e norteadas pelo bom senso, em detrimento de milhões de estudantes.

Posto isso, nos países de melhor desempenho nos rankings educacionais do mundo também existem sindicatos. Esses países oferecem evidências irrefutáveis de que é possível (e preferível) aperfeiçoar drasticamente sistemas inteiros *com* os sindicatos de professores, e não contra eles. É muito mais provável que essa cooperação dê certo se a carreira de professor já tiver evoluído para uma categoria profissional de trabalhador do conhecimento, com alto nível de exigência na admissão e rigoroso treinamento (avanço que ainda não se deu nos Estados Unidos e na maioria dos outros países). Vejamos o seguinte trecho do relatório *Strong Performers*, da OCDE: "Muitos dos países com os estudantes de mais sólido desempenho acadêmico têm também os mais poderosos sindicatos de professores, a começar por Japão e Finlândia. Parece não haver relação entre a presença de sindicatos, incluindo e especialmente os de professores, e o desempenho acadêmico dos estudantes, mas parece haver uma relação entre o nível de profissionalização do trabalho docente e o desempenho acadêmico dos estudantes".

3 Entrevistas da autora com Tiina Stara, pessoalmente, por e-mail e via Skype, em 2011 e 2012.

4 A informação sobre o índice de admissão da Universidade de Jyväskylä em meados da década de 1980 foi fornecida por Ossi Päärnilä, que trabalha no Departamento de Literatura Finlandesa e, a meu pedido, gentilmente pesquisou os números. Hoje em dia os índices de admissão variam dependendo do departamento e da universidade a que os estudantes aspiram, mas geralmente os programas de formação de professores aceitam de 5% a 20% dos candidatos.

5 *U. S. News and World Report*, "College Ranking Lists".

6 Walsh, Glaser e Wilcox, *What Education Schools Aren't Teaching about Reading and What Elementary Teachers Aren't Learning*.

7 Jauhiainen, Kivirauma e Rinne, "Status and Prestige through Faith in Education", p. 269.

8 OCDE, *Improving Lower Secondary Schools in Norway 2011*.

9 Afdal, "Constructing Knowledge for the Teaching Profession".

10 Departamento de Educação dos Estados Unidos, Tabela B.1.70. Os adolescentes mais ricos da Noruega figuram na vigésima posição no ranking de desempenho em matemática, na comparação com os estudantes do primeiro quartil de outros países.

11 Entrevistas da autora com Scott Bethel via telefone e e-mail em 2012.

12 Comissão de Preparação de Professores de Oklahoma, *Teacher Preparation Inventory 2012*.

13 Koedel, "Grading Standards in Education Departments at Universities".

14 Universidade Estadual Northeastern, *Fact Book, Academic Year 2010-2011*. A universidade não respondeu às minhas solicitações de informações acerca dos índices de admissão da época em que Bethel foi aceito.

15 Universidade Estadual Northeastern, *Fact Book, Academic Year 2010-2011*, e ACT, *2010 ACT National and State Scores*. Em 2010, a nota média dos calouros ingressantes da universidade no ACT foi 20,1, ao passo que a média geral nacional foi 21 (a média de Oklahoma em 2010 foi 20,7).

16 Para um resumo dessa pesquisa e outras reflexões sobre o que aparentemente torna (e não torna) os professores melhores, ver Walsh e Tracy, *Increasing the Odds*.

17 Greenberg, Pomerance e Walsh, *Student Teaching the United States*. Todo ano formam-se cerca de 186 mil novos professores nos Estados Unidos. Por volta de 77 mil acabam assumindo de fato um emprego para exercer o magistério.

18 Simola e Rinne, "Pisa under Examination", e Landers, "Finland's Educational System a Model for Dallas".

19 Aho, Pitkänen e Sahlberg, *Policy Development and Reform Principles of Basic and Secondary Education in Finland Since 1968*.

20 Jauhiainen, Kivirauma e Rinne, "Status and Prestige through Faith in Education", pp. 266-7.

21 OCDE, *Strong Performers and Successful Reformers in Education*, pp. 117-35: "De início as autoridades universitárias resistiram à ideia de que a carreira docente era algo mais do que uma "semiprofissão", temerosas de que os defensores de outras "semiprofissões" como enfermagem e serviço social agora exigiriam que fosse conferido a seus programas de formação status universitário. Sua verdadeira preocupação era que a admissão de candidatos a professor levaria à diluição dos padrões acadêmicos e a uma consequente perda de status. Com o tempo, entretanto, à medida que os novos programas de formação de educadores, baseados em parâmetros universitários, foram sendo concebidos e implementados, esses temores não se sustentaram".

22 Justiça seja feita, outros escritores, alguns deles finlandeses, depreciaram a fase de centralização e de medidas impostas de cima para baixo pela qual passou o país, considerando-a um completo erro. E citaram a fase posterior – em que as escolas receberam mais autonomia – como o principal fator responsável pelo sucesso educacional da Finlândia. E também recomendaram que outros países pulassem imediatamente para essa fase.

Todavia, professores e reformistas veteranos na Finlândia disseram-me que o país precisou passar por ambas as fases, nessa ordem. A fase centralizadora, das medidas impostas de cima para baixo, que incluiu a criação de programas mais rigorosos de formação de professores, criou as condições que possibilitaram o subsequente período de descentralização nas décadas de 1980 e 1990. Sem elevar todos os parâmetros de exigência a um nível mínimo respeitável, jamais poderia haver confiança.

Irmeli Halinen, ex-professora, ex-reformista e membro do Conselho Finlandês de Avaliação da Educação, definiu assim a questão em nossa entrevista em 2011: "É difícl especular, mas creio que teria sido muito difícil ser mais colaborativo na primeira fase. As pessoas têm de aprender a trabalhar juntas. As autoridades nacionais têm de aprender a confiar nos professores, e os professores têm de aprender a confiar nas autoridades nacionais. E esse é um processo lento – aprender a confiar. Não creio que estávamos prontos para isso no início da década de 1970".

23 Jordan, "A Higher Standard".

24 Idem, ibidem.

25 Em 2012, com os padrões de exigência mais altos em vigor, as minorias representavam 9,24% dos estudantes matriculados na escola de formação de professores do Rhode Island College – número ligeiramente maior do que a média de 8,8% dos quatro anos anteriores. Esse índice poderia mudar, mas era um auspicioso sinal inicial de que elevar os padrões não necessariamente resultaria em um contingente mais branco de professores. Os números relativos ao período de 2008 a 2012 foram fornecidos via e-mail por Alexander Sidorkin, reitor da Escola Feinstein de Educação e Desenvolvimento Humano do Rhode Island College.

26 August, Kihn e Miller, *Closing the Talent Gap*. Na turma de 1999, cerca de 23% dos novos professores americanos tinham notas no SAT e no ACT que estavam entre as 30% melhores na distribuição para todos os formandos universitários do país. Somente 14% dos professores de escolas com alto índice de pobreza tinham notas que figuravam entre as 30% melhores.

27 Conselho Nacional de Qualidade dos Professores, "It's Easier to Get into an Education School than to Become a College Football Player".

28 Os detalhes sobre as notas exigidas para admissão, no passado e no presente, na Universidade Estadual Northeastern foram obtidos por meio de um exame das diretrizes em vigor e de uma lista dos requisitos para admissão no programa de Formação de Professores a partir de 1990, bem como via correspondência por e-mail com o ex-reitor Kay Gant, que passou a integrar o corpo docente da Northeastern em 1985.

29 Departamento de Educação dos Estados Unidos, *Tabela 135*.

30 Schmidt e McKnight, *Inequality for All*.

31 Johnson, *Oklahoma Teacher Education Programs under the Microscope*.

32 Education Trust (Fundo de Educação), "Not Good Enough".

33 Centro de Pesquisa em Educação Matemática e Científica, *Breaking the Cycle*. Uma frase do sumário executivo merece ser reproduzida: "Os futuros professores de matemática dos Estados Unidos estão recebendo uma formação matemática fraca, e simplesmente não estão preparados para en-

sinar o conteúdo do exigente currículo de matemática de que precisamos, especialmente nas *middle schools*, se temos esperança de competir em âmbito internacional".

34 Wang et al., *Preparing Teachers Around the World*, pp. 21-3. Para uma descrição mais detalhada e completa da formação dos professores nos Estados Unidos, ver Greenberg, Pomerance e Walsh, *Student Teaching in United States*.

35 Comparados aos professores com diplomas universitários, em 2010 os professores espanhóis ganhavam mais do que os docentes de todos os outros países desenvolvidos pesquisados, incluindo Alemanha, Finlândia, França, Coreia do Sul, Polônia e Estados Unidos. OCDE, *Building a High-Quality Teaching Profession*, p. 13.

36 Poehlman, *2011-2012 International Youth Exchange Statistics*.

37 Li sobre Elina numa matéria de jornal (ver Gamerman, "What Makes Finnish Kids so Smart?"). Para saber mais, entrei em contato com Elina e a entrevistei em 2010, e novamente em 2012.

38 Boser e Rosenthal, *Do Schools Challenge our Students?*

39 Detalhes sobre esse estudo e meu questionário de pesquisa estão contidos no Apêndice. Alguns dos resultados estavam refletidos em um estudo realizado uma década antes pelo Centro Brown de Políticas Educacionais, que incluía uma amostragem maior, de modo que os resultados podem ser mais robustos. No total, Loveless pesquisou 368 estudantes de intercâmbio estrangeiros e 328 intercambistas norte-americanos estudando no exterior. Em ambos os grupos, a maioria dos estudantes pesquisados concordou que as aulas nos Estados Unidos eram mais fáceis. Ver Loveless, *How Well Are American Students Learning? With Special Sections on High School Culture and Urban School Achievement*, e Loveless, *How Well Are American Students Learning? With Sections on Arithmetic, High School Culture, and Charter Schools*.

ÍMPETO

1 Borgonovi e Montt, "Parental Involvement in Selected Pisa Countries and Economies". Os países e regiões que participaram do questionário de pesquisa dos pais foram: Croácia, Dinamarca, Alemanha, Hong Kong, Hungria, Itália, Coreia do Sul, Lituânia, Macau (China), Nova Zelândia, Panamá, Portugal e Qatar. Uma vez que os Estados Unidos e outros países preferiram não participar da pesquisa, não sabemos ao certo se a dinâmica seria comparável nesses lugares. Mas foi interessante ver que padrões claros vieram à tona mesmo entre esses treze lugares muito vastos e diferentes entre si.

Para um relatório menos acadêmico, mais acessível e de fácil leitura sobre o mesmo estudo, ver OCDE, *Let's Read Them a Story!*

2 Borgonovi e Montt, "Parental Involvement in Selected Pisa Countries and Economies", Tabela 3.1.b. O questionário de pesquisa perguntava especificamente se os pais se ofereciam para participar como voluntários de atividades extracurriculares – como clubes do livro, peças de teatro ou excursões de estudo do meio – ao longo do último ano letivo.

3 Idem, ibidem, p. 18.

4 Henderson e Mapp, *A New Wave of Evidence*, e Dervarics e O'Brien, *Back to School*.

5 Para ler mais sobre os perigos dos elogios e do movimento da autoestima (e ideias específicas sobre o que os pais podem fazer de maneira diferente), ver Bronson e Merryman, *Nurture Shock*, e Seligman et al., *The Optimistic Child*.

Para saber mais sobre as diferenças nos estilos asiático e caucasiano de criação dos filhos nos Estados Unidos, ver Chao, "Chinese and European American Mothers' Beliefs about the Role of Parenting in Children's School Success".

Ver também Parmar, "Teacher or Playmate", um estudo de 2008 com pais ásio-americanos e europeu-americanos de alto nível de instrução com filhos matriculados nas mesmas pré-escolas. O estudo revelou que, embora os pais asiáticos e europeus passassem a mesma quantidade de tempo com os filhos – e permitissem que estes passassem a mesma quantidade de tempo vendo televisão –, faziam coisas diferentes com eles. Os pais asiáticos dedicavam mais de três horas por semana a atividades pré-acadêmicas com os filhos pequenos – aprendendo letras e números, brincando de alfabeto e jogos de números e visitando a biblioteca. Os pais europeus passavam apenas vinte minutos por semana ocupados com essas atividades.

6 Borgonovi e Montt, "Parental Involvement in Selected Pisa Countries and Economies", Tabela 3.1b. A pesquisa perguntou a pais de treze países e regiões se no último ano letivo haviam participado de alguma forma da administração escolar local, como o conselho escolar ou o corpo de diretores. Em todos os casos, menos de um terço dos pais afirmou ter participado. Os pais que haviam participado tendiam a ter filhos com notas significativamente mais baixas em leitura do que os pais que não tomaram parte.

7 Para uma análise intrigante dos pais como treinadores, ver Chao, "Beyond Parental Control and Authoritarian Parenting Style".

8 Carol Huntsinger e seus colegas realizaram uma fascinante pesquisa sobre os estilos de criação dos filhos e os resultados na aprendizagem de crianças sino-americanas. Ver Huntsinger e Jose, "Parental Involvement in Children's Schooling".

9 Uma questão óbvia é se os pais finlandeses eram mais parecidos com os pais norte-americanos ou sul-coreanos. É difícil obter dados comparativos a esse respeito, e muitos finlandeses relatam – com base mais em observações casuais do que em análise científica rigorosa – que a brincadeira é o objetivo primordial da educação infantil em seu país. Entretanto, *brincadeira* pode significar muitas coisas; algumas formas de brincadeira parecem resultar em uma boa dose de aprendizagem e crescimento, e outras formas não. Há evidências de que o papel das brincadeiras totalmente livres e desestruturadas não é tão central para a educação infantil na Finlândia como é nos Estados Unidos (Hakkarainen, "Learning and Development in Play").

Minha sensação é que, de modo geral, os finlandeses não são tão sistemáticos ou competitivos como os pais sul-coreanos, e têm uma visão mais holística acerca da educação em casa e na escola. Posto isso, ambas as culturas valorizam a autoconfiança, a humildade e a comunicação direta, de maneiras que talvez fizessem muitos pais norte-americanos se sentirem desconfortáveis. Desconfio que as sutis sugestões e indiretas que os pais sul--coreanos e finlandeses fazem para os filhos sobre sua capacidade e sobre como as crianças podem fazer melhor talvez sejam semelhantes e dignas de um estudo mais aprofundado.

10 Huntsinger et al., "Mathematics, Vocabulary, and Reading Development in Chinese American and European American Children over the Primary School Years", p. 758.

11 OCDE, *Pisa in Focus n. 10*.

12 Idem, *Let's Read Them a Story!*, cap. 5.

13 Dweck, "Caution – Praise Can Be Dangerous".

14 Andreas Schleicher fez essa afirmação em Friedman, "How about Better Parents?".

15 Lemov, *Teach Like a Champion*.

16 Mandara, "An Empirically Derived Parenting Typology".

17 Entrevista da autora com Ruth Chao em 7/9/2011.

18 Essa diferença está evidente nos dados, mas também pessoalmente. Quando visitei a Finlândia e a Coreia do Sul, ficou óbvio que ambos os paí-

ses tinham seus problemas. Mas ir até lá foi como assistir a uma partida de futebol profissional depois de ter passado a vida inteira jogando futebol no campeonato da faculdade. Era o mesmo jogo, mas tudo parecia mais fluido, menos aleatório. O rigor disseminado e onipresente tinha elevado a outra categoria o nível desses sistemas educacionais.

19 O relatório da OCDE *Strong Performers and Successful Reformers in Education* descreve essa diferença na p. 231: "Muitas nações declaram que estão comprometidas com as crianças e que a educação é importante. O verdadeiro teste vem quando esse comprometimento é comparado a outros [...]. No fim das contas, o que importa mais, a classificação de uma comunidade na tabela de um campeonato esportivo ou sua posição nos rankings de desempenho acadêmico? Os pais estão mais inclinados a estimular seus filhos a estudar com mais afinco e durante mais tempo ou querem que seus filhos passem mais tempo com os amigos e praticando esportes?".

20 O papel central dos esportes nas escolas dos Estados Unidos é fascinante e merece pesquisas mais aprofundadas. Sabemos pelo conjunto de dados do Pisa 2009 que 98% das escolas norte-americanas de ensino médio ofereciam esportes como atividade extracurricular, em comparação com a Finlândia, em que esse número caía para 71%. Entretanto, não compreendemos as muitas maneiras como essa diferença afeta a vida dos alunos.

Um levantamento junto a estudantes de intercâmbio realizado uma década antes deste constatou um consenso semelhante acerca dos esportes. Oito em cada dez intercambistas disseram que para seus amigos norte--americanos – mais do que para os estudantes de outros países – era mais importante ter um bom desempenho nos esportes (ver Loveless, *How Well Are American Students Learning? With Special Sections on High School Culture and Urban School Achievement*, e Loveless, *How Well Are American Students Learning? With Sections on Arithmetic, High School Culture, and Charter Schools*).

Esses relatórios apontaram também que as escolas e os estudantes podem ser excelentes em ambos, esportes e estudos. Não são coisas mutuamente excludentes, e os atletas podem, é claro, ser estudiosos. Ainda assim, é difícil medir de que maneira a glorificação dos esportes solapa o desempenho escolar na mente de todos os outros estudantes norte-americanos (que em sua maioria não são e nunca serão atletas importantes com carreiras sólidas).

Para ler mais sobre as (raramente reconhecidas) relações entre esportes e estudos, ver Conn, "In College Classrooms, the Problem is High School Athletics".

21 Won e Han, "Out-of-School Activities and Achievement among Middle School Students in the United States and South Korea".

22 Correspondência via e-mail entre a autora e a professora Tiina Stara em 27/5/2012.

23 O estudo sobre como a personalidade exerce impacto nos salários começou com sociólogos e economistas marxistas como Samuel Bowles e Herbert Gintis, que escreveram um livro intitulado *Schooling in Capitalist America*. As pesquisas sobre todos os tipos de habilidades não cognitivas ganharam fôlego nas décadas de 1980, 1990 e 2000, encabeçadas por acadêmicos como James Heckman, da Universidade de Chicago, e Angela Lee Duckworth, da Universidade da Pensilvânia, entre outros.

24 Duckworth e Seligman, "Self-Discipline Outdoes IQ in Predicting Academic Performance of Adolescents".

25 Almlund et al., "Personality Psychology and Economics".

26 Boe, May e Boruch, *Student Task Persistence in the Third International Mathematics and Science Study*.

27 May, Duckworth e Boe, *Knowledge vs. Motivation*.

28 Almlund et al., op. cit.

A METAMORFOSE

1 Para um relato detalhado e comovente do cerco a Breslávia – e a história da cidade antes e depois –, ver Davies e Moorhouse, *Microcosm*.

2 Davies e Moorhouse, ibidem, p. 432.

3 Kamm, "The Past Submerged".

4 Sachs, entrevistado num programa da PBS, *Commanding Heights*.

5 Medir a pobreza infantil é uma tarefa complicada. Há diferentes maneiras de fazê-lo, e nenhuma delas é muito boa. Para este livro, escolhi usar o Estudo de Renda Luxemburgo (Luxembourg Income Study, LIS). Por essa ferramenta de medição da pobreza no mundo, uma criança é considerada pobre se vive numa família cuja renda é inferior a 50% da renda familiar média de seu país.

Os dados mais recentes para a Polônia são referentes a 2004, o que significa que não refletem a recessão global que teve início no final de 2007. Contudo, o conjunto de dados do Estudo de Renda Luxemburgo foi o único que encontrei que permitia comparações entre a pobreza infantil de Finlândia,

Estados Unidos, Coreia do Sul e Polônia. Sob essa definição, em 2004 cerca de 16% das crianças polonesas viviam na pobreza. No mesmo ano, aproximadamente 21% das crianças viviam na pobreza nos Estados Unidos. Vale notar que a análise da OCDE acerca do status socieconômico dos estudantes ao redor do mundo (conhecido como Índice de Status Econômico, Social e Cultural) chegou a uma conclusão diferente das medições baseadas em renda. Por essa medição mais holística, que leva em conta os níveis de instrução dos pais, sua profissão e o número de livros e computadores que as famílias possuem em casa, entre outros fatores, 21% dos poloneses de quinze anos de idade viviam na categoria menos favorecida em 2009, em comparação com 10% dos adolescentes norte-americanos. Ver OCDE, *Pisa 2009 Results (v. 1)*, Tabela 1.2.20.

6 Unicef, *Child Poverty in Perspective*, pp. 2-4.

7 Pisa International Data Explorer, acessado em dezembro de 2012.

8 OCDE, *The High Cost of Low Educational Performance*, p. 3.

9 Czajkowska, "Kids Revolt".

10 Entrevista da autora com Mirosław Handke em 16/4/2012. Tradução de Justine Jablonska.

11 Mourshed, Chijioke e Barber, *How the World's Most Improved School Systems Keep Getting Better*.

12 OCDE, *Pisa 2009 Results (v. IV)*.

13 Mourshed, Chijioke e Barber, *How the World's Most Improved School Systems Keep Getting Better*.

14 Entrevista da autora com Handke.

15 Kruczkowska, "Reform without Miracles".

16 Kalbarczyk, "Against Gymnasium".

17 Entrevista da autora com Jerzy Wiśniewski em 18/5/2011.

18 Entrevista da autora com Handke e *Catholic Information Agency*, "Gniezno".

19 Kaczorowska, "The New Need to Improve".

20 Rich, "Minister who Got His Sums Wrong Is Forced to Quit".

21 Entrevista da autora com Wiśniewski.

22 OCDE, *Strong Performers and Successful Reformers in Education*, p. 225.

23 Idem, *Learning for Tomorrow's World*, pp. 81, 281.

24 Idem, *Pisa 2009 Results (v. IV), Tabela IV.3.21b*. Em 2007, a Polônia estava gastando cerca de 39.964 dólares para educar cada estudante dos seis aos quinze anos, idade em que o jovem fazia o teste Pisa. Por sua vez, os Estados Unidos gastavam cerca de 105.752 dólares para fazer a mesma coisa. Os valores equivalem a dólares norte-americanos, convertidos usando a paridade do poder de compra.

25 Para os resultados na prova de leitura, ver OCDE, *Pisa 2009 Results (v. II)*, 152; para os resultados de matemática, ver Departamento de Educação dos Estados Unidos, *Tabela B.1.70*.

26 OCDE, *Education at a Glance 2012*, Tabela A2.1.

27 O desempenho dos estudantes americanos em matemática e leitura permaneceu praticamente o mesmo entre 2000 e 2009; as notas em ciências aumentaram um pouco em 2009 comparadas às de 2006, e no pico aproximaram-se da metade da nota dos estudantes do mundo desenvolvido. OCDE, *Strong Performers and Successful Reformers in Education*, p. 26.

28 Idem, ibidem.

29 Idem, "The Impact of the 1999 Education Reform in Poland".

30 Idem, ibidem.

31 Idem, ibidem.

32 Hanushek e Woessmann, *Does Educational Tracking Affect Performance and Inequality?*

33 Entrevista da autora com o diretor Mark Blanchard e professores da Gettysburg High School.

34 Schmidt e McKnight, *Inequality for All*. "Professores, diretores, superintendentes de diretorias de ensino e membros de conselhos escolares talvez vejam suas diretrizes acerca do *tracking* (categorização) em termos práticos e inofensivos [...]. Na verdade, o que estamos testemunhando é a destruição das esperanças de milhões de crianças."

35 Hancock, "Why Are Finland's Schools so Successful?".

36 *Pisa in Focus n. 6* e dados do Pisa 2009.

37 Departamento de Educação dos Estados Unidos, Painel de Educação.

38 Tucker, *Surpassing Shanghai*.

39 OCDE, *Strong Performers and Successful Reformers in Education*, p. 32. As proporções estudante/professor não necessariamente refletiam qualidade,

mas de fato essa proporção reflete poder de gastos e valores da sociedade mais ampla.

40 Entrevistas da autora com Blanchard pessoalmente e via e-mail na primavera e no verão de 2011.

41 Boser, *Return on Education Investment*.

42 Entrevistas da autora com Blanchard.

43 Para um brilhante estudo sobre as mudanças nos empregos referentes a operários e trabalhos braçais, ver Davidson, *Making it in America*.

44 A falta de rigor no teste estadual da Pensilvânia é evidenciada pelo fato de que nele 78% dos estudantes do oitavo ano do ensino fundamental alcançaram nível de proficiência em matemática – mas somente 39% alcançaram proficiência na Avaliação Nacional de Progresso Educacional.

45 Departamento de Educação do Estado da Pensilvânia, "SAT and ACT Scores".

46 OCDE, "Country Statistical Profile: Poland", Education Expenditure per Student: Non-tertiary.

47 Idem, ibidem. Na estimativa do diretor Blanchard, Gettysburg gastava 11 mil dólares por aluno em 2012.

48 Entrevista da autora com Urszula Spałka em 20/5/2011. Tradução de Mateusz Kornacki.

49 Para uma formidável e aprofundada análise das fases de reformas pelas quais passam os países em sua transformação de pobres a satisfatórios, de satisfatórios a bons, de bons a ótimos e, por fim, de ótimos a excelentes, ver Mourshed, Chijioke e Barber, *How the World's Most Improved School Systems Keep Getting Better*. O relatório inclui uma detalhada avaliação da trajetória da Polônia e dezenove outros países, ilustrando a importância de reformas – baseadas em sistemas – que ocorrem em sequência.

DIFERENÇA

1 A descrição da depressão de Kim é baseada em parte em um post de seu blog: "Eu juro que um lado da minha cabeça estava metaforicamente enrodilhado em sorvete e assistindo a uma comédia romântica e acariciando uma caixa de lenços de papel, e o outro lado estava amarrando os cadarços de suas botas de combate, desenhando aquela listra de graxa preta sob os olhos e encontrando a mais recente edição de *Eu juro que sou mentalmente estável*. Permita que eu, racionalmente, convença você disso".

2 *Time*, "Northern Theatre: Sisu".

3 Os detalhes sobre o exame de conclusão do ensino médio na Finlândia vêm de Sahlberg, *Finnish Lessons*, e de entrevistas da autora com educadores finlandeses.

4 OCDE, *Strong Performers and Successful Reformers in Education*, p. 256.

5 Kupiainen, Hautamäki e Karjalainen, *The Finnish Education System and Pisa*, p. 22.

6 Centro de Políticas Educacionais, *State High School Exams*. Em 2012, 25 estados tinham exames de conclusão, diretriz que afetava sete em cada dez estudantes das escolas públicas nos Estados Unidos.

7 Idem, ibidem. Na maior parte dos estados que realizavam exames de conclusão de ensino médio, os testes não tinham o intuito de medir a preparação dos estudantes para uma carreira ou a aptidão para a faculdade, e as faculdades não levavam em consideração os resultados em suas decisões de admissão. Na maior parte dos estados, os estudantes que fossem reprovados poderiam refazer a prova de quatro a seis outras vezes no decorrer de seu último ano do ensino médio. Em 22 estados era permitido que os estudantes se esquivassem do teste fazendo outro tipo de exame completamente diferente, elaborando um portfólio ou solicitando dispensa da prova.

A oposição aos testes foi feroz em alguns estados. Entre os críticos incluíam-se invariavelmente sindicatos dos professores e defensores de estudantes com necessidades especiais.

8 "Despite Focus on Data, Standards for Diploma May Still Lack Rigor".

9 Para se formarem, os estudantes de Nova York tinham de fazer cinco exames Regent, cada um com três horas de duração, num total de quinze horas de prova (na Finlândia, em comparação, eram cinquenta horas).

10 OCDE, *Learning for Tomorrow's World*, Figura 3.2.

11 Idem, ibidem, Figura 3.6.

12 Idem, *Education at a Glance 2011*, Tabela A5.2.

13 Fleischman et al., *Highlights from Pisa 2009*, p. 14.

14 OCDE, *Let's Read Them a Story!*, p. 31. Em geral, a marca de 39 pontos no Pisa é considerada o equivalente a um ano de instrução formal.

15 Magnuson e Waldfogel (Org.), *Steady Gains and Stalled Progress*.

16 Homel et al., "School Completion".

17 *Globally Challenged*.

18 Hanushek, Peterson e Woessmann, *U. S. Math Performance in Global Perspective*, p. 17.

19 *Highlights from Pisa 2009*, p. 14.

20 OCDE, *Education at a Glance 2011*, Tabela A5.2.

21 Rothwell, *Housing Costs, Zoning, and Access to High Scoring Schools.*

22 Aud, Fox e KewalRamani, *Status and Trends in the Education of Racial and Ethnic Groups.*

23 Orfield e Lee, *Historic Reversals, Accelerating Resegregation, and the Need for New Integration Strategies.*

24 OCDE, *Strong Performers and Successful Reformers in Education*, pp. 159-76.

25 Idem, *International Migration Outlook 2012*, Tabela A.1.

26 Tauber, *Classroom Management.*

27 No mundo todo as pesquisas sobre educação especial deixam a desejar. Diferentes lugares definem necessidades especiais de diferentes maneiras – às vezes dentro do mesmo país. Portanto, é extremamente difícil estabelecer comparações pertinentes.

Na maior parte dos países desenvolvidos os estudantes de educação especial participam do Pisa – mas em 2003 representavam somente 1,4% da amostragem mundial total. Mais uma vez por causa das diferentes definições, foi quase impossível fazer comparações. (Para saber mais sobre dados do Pisa acerca da educação especial, ver OCDE, *Students with Disabilities*.)

Sabemos que a maioria dos países parece estar evoluindo no sentido de deixar de lado a prática de segregar os alunos com necessidades especiais em escolas separadas a fim de adotar o modelo finlandês, ou seja, incluir os alunos especiais na salas de aula tradicionais e preparar professores para diferenciar adequadamente a instrução.

De fato, a Finlândia talvez seja o campeão mundial nessa área, mas é justo dizer que os Estados Unidos estão à frente de muitos países asiáticos de alto desempenho educacional. De todos os estudantes de educação especial nos Estados Unidos, cerca de 95% recebem atendimento em escolas regulares, de acordo com estatísticas do Departamento de Educação.

Na panela de pressão da Coreia do Sul, por outro lado, as crianças com necessidades especiais são invariavelmente ignoradas ou denegridas. Têm chances remotas de vencer a competição da Criança de Ferro, por isso habitam as margens. "Aos olhos das pessoas os estudantes com deficiência são sempre teimosos, irresponsáveis, antissociais e incapazes", de acordo com

Huynsoo Kwon, em um artigo publicado em 2005 no periódico *International Journal of Disability, Development & Education*. Em um texto escrito para o *Korea Times*, Kim Song-ha, aluno do ensino médio, apontou que, embora estudantes de educação especial frequentassem aulas regulares durante parte do dia, "ninguém, nem os colegas de classe nem os professores, dava a mínima para a presença deles [...]. Francamente, somos completamente indiferentes a eles". Segundo o Ministério da Educação, Ciência e Tecnologia, menos de 1% dos estudantes sul-coreanos se beneficiaram de algum serviço de educação especial em 2007. Mais de um terço deles estudavam em escolas separadas.

Ironicamente, quanto mais crianças um país categoriza como portadoras de necessidades especiais, em termos proporcionais, mais igualitário o sistema parece ser. Contudo, mesmo rotuladas como tais elas ainda devem permanecer em salas de aula mistas pelo maior tempo possível, com professores altamente treinados e preparados para atender às suas necessidades. Esse padrão corrobora um tema recorrente nas pesquisas internacionais: manter crianças de diferentes habilidades e origens sociais *juntas* na mesma sala de aula tende a melhorar o desempenho de todos, em qualquer parte do mundo.

28 Kivirauma e Ruoho, "Excellence through Special Education?".

29 Estatísticas Oficiais da Finlândia, *Special Education*.

30 Departamento de Educação dos Estados Unidos, *Digest of Education Statistics, 2010: Tabela 45*.

31 Ripley, "What Makes a Great Teacher?".

32 Lyytinen, "Helsinki Parents at Pains to Avoid Schools with High Proportion of Immigrants".

33 Departamento de Educação dos Estados Unidos, *Digest of Education Statistics, 2010: Tabela 3*.

34 OCDE, *Education at a Glance 2011*, Tabela C1.4.

35 Idem, *Strong Performers and Successful Reformers in Education*, p. 47.

36 Idem, ibidem, pp. 45-6.

O PROFESSOR DE 4 MILHÕES DE DÓLARES

1 Entrevista da autora com Andrew Kim em Seul em 7/6/2011. Não consegui confirmar por minha própria conta o salário de Kim, mas a cifra era condizente com os valores que, sabidamente, os mais competentes professores das *hagwons* recebiam.

2 Statistics Korea, *The 2012 Survey of Private Education Expenditure*.

3 Lee, "Private Education Costs Fall for 2nd Year".

4 Yoon, "Foreign Investors Eye Education Market".

5 Conselho Nacional de Qualidade dos Professores, *Teacher Quality Roadmap*, p. 12. Nesse levantamento junto a professores de Los Angeles, somente 13% dos educadores recém-contratados foram solicitados a dar uma aula-teste como parte de suas entrevistas de emprego.

6 Departamento de Educação dos Estados Unidos, *Tabela 8*.

7 Kim e Su-ryon, "Students Rely on Hagwon More than Public Schools".

8 Choi, Calero e Escardíbul, *Hell to Touch the Sky*.

9 OCDE, *Quality Time for Students*, p. 14. Os estudantes dos países de alto desempenho educacioal passam, em média, menos tempo em cursos e aulas de reforço e estudando por conta própria.

10 Kang, "67 Percent of Private Cram Schools Overcharge Parents".

11 Na, "Cram Schools Turning to NEAT to Boost Revenue".

12 Arenson, "South Korea".

13 Kang, "67 Percent of Private Cram Schools Overcharge Parents".

14 Chae, Hong e Lee, "Anatomy of the Rank Structure of Korean Universities".

15 OCDE, "Child well-being Module – C04.1".

16 Idem, "Suicides", 2010.

17 Entrevista da autora com Cha Byoung-chul em 8/6/2011, e Ripley, "Teacher, Leave Those Kids Alone".

18 Na, "Bounty Hunters".

VOLTANDO PARA CASA

1 Manyika et al., *An Economy that Works*, p. 2.

2 Neste livro não fui capaz de fazer justiça à fascinante história de Paula Marshall. Para saber mais sobre como ela se transformou de mãe adolescente em diretora-executiva da Bama, confira o livro de sua autoria *Sweet as Pie, Tough as Nails*.

3 Eger, "www.school.com".

4 Projeto de Lei 2.755, intitulado "Liberdade para substituir o decreto".

5 Greene, "Graduation Testing Bill Advances".

6 Rolland e Pemberton, "Raising Bar for Final Tests Leaves Some Feeling Worry".

7 Estimativa de funcionários do alto escalão do Departamento de Educação do Estado de Oklahoma em setembro de 2012.

8 Em inglês, mais informações sobre o exame de conclusão do ensino médio finlandês podem ser encontradas em http://www.ylioppilastutkinto.fi/en/index.html. A versão finlandesa do site incluía o índice de reprovações de 2010, os dados mais recentes disponíveis em agosto de 2012. Tradução de Tiina Stara.

9 Archer, "Owasso Board Joins High-Stakes Testing Project".

10 World Economic Forum, *The Global Competitiveness Report 2012-2013*.

11 Helliwell, Layard e Sachs (orgs.), *Relatório Mundial da Felicidade*.

12 Miliband, "On Social Mobility".

13 Rolland, "National Group's Plan to Be Used".

14 Ripley, "What Makes a Great Teacher?", e entrevistas com autora entre 2009 e 2012.

15 Entrevista da autora com Olga e Michael Block, cofundadores das escolas *charter* públicas BASIS, em Washington, em 9/4/2013.

16 America Achieves, *Middle Class or Middle of the Pack?*

APÊNDICE I: COMO IDENTIFICAR UMA EDUCAÇÃO DE QUALIDADE

1 Rotherham, "When it Comes to Class Size, Smaller Isnt' Always Better".

2 Fundação Bill & Melinda Gates, *Learning about Teaching*.

3 Collins, *Good to Great*.

4 Moskowitz e Lavinia, *Mission Possible*.

APÊNDICE II: QUESTIONÁRIO DE PESQUISA SOBRE A EXPERIÊNCIA DO ESTUDANTE INTERCAMBISTA DO AMERICAN FIELD SERVICE (AFS)

1 Poehlman, *2011-2012 International Youth Exchange Statistics*.

2 Fundação Bill & Melinda Gates, *Learning about Teaching*.

3 Loveless, *How Well Are American Students Learning? With Special Sections on*

High School Culture and Urban School Achievement, e Loveless, How Well Are American Students Learning? With Sections on Arithmetic, High School Culture, and Charter Schools.

4 Hanushek, Peterson e Woessmann, "Teaching Math to the Talented", p. 12.

5 Loveless, How Well Are American Students Learning? With Special Sections on High School Culture and Urban School Achievement, e Loveless, How Well Are American Students Learning? With Sections on Arithmetic, High School Culture, and Charter Schools.

6 Hofferth, "Changes in American Children's Time, 1997-2003".

7 Henderlong e Lepper, "The Effects of Praise on Children's Intrinsic Motivation".

8 Essa pergunta foi em parte inspirada em uma questão usada na Pesquisa Tripod – instrumento criado por Ronald Ferguson, da Universidade Harvard, e analisada pela Fundação Gates no mencionado estudo MET (ver Fundação Bill & Melinda Gates, Learning about Teaching). É claro que não estamos tentando copiar aquele estudo. Contudo, essa questão específica parecia uma boa maneira de ajudar os estudantes respondentes do questionário de pesquisa a avaliar o rigor relativo de suas aulas de matemática.

9 Idem.

Bibliografia

ACT. *Crisis at the Core: Preparing All Students for College and Work.* 2005.

_____. *2010 ACT National and State Scores: Average Scores by State.* Disponível em: http://www.act.org/newsroom/data.2010/states.html.

_____. *The Condition of College & Career Readiness 2011.* Agosto 2011.

ADCOCK, Clinton. "Sallisaw: A Blue Town". *Tulsa World*, 21/6/2010.

AFDAL, Hilde Wågsås. *Constructing Knowledge for the Teaching Profession: A Comparative Analysis of Policy Making, Curricula Content, and Novice Teachers' Knowledge Relations in the Cases of Finland and Norway.* 2012. Tese de Doutorado – Universidade de Oslo.

AHO, Erkki; PITKÄNEN, Kari; SAHLBERG, Pasi. *Policy Development and Reform Principles of Basic and Secondary Education in Finland Since 1968.* Washington, D.C.: The World Bank, 2006.

ALMLUND, Mathilde et al. "Personality Psychology and Economics". In: HANUSHEK, Eric A.; MACHIN, Stephen; WOESSMANN, Ludger (orgs.). *Handbook of the Economics of Education.* v. 4. Amsterdã: North-Holland, 2011, pp. 1-182.

AMERICA ACHIEVES. *Middle Class or Middle of the Pack?.* Abril 2013.

ARCHER, Kim. "Bill Would Lift Required Graduation Testing". *Tulsa World*, 28/12/2011.

_____. "Owasso Board Joins High-Stakes Testing Project". *Tulsa World*, 14/8/2012.

ARENSON, Karen W. "South Korea: 900 SAT Scores Canceled". *The New York Times*, 13/3/2007.

ARUM, Richard; ROSKA, Josipa. *Academically Adrift: Limited Learning on College Campuses.* Chicago: The University of Chicago Press, 2011.

ASSOCIAÇÃO NACIONAL DOS GOVERNADORES. *Benchmarking for Success: Ensuring U. S. Students Receive a World-Class Education.* Washington, D.C.: Associação Nacional dos Governadores, Conselho de Dirigentes Estaduais da Educação/Achieve, 2008.

AUD, Susan; FOX, Mary Ann; KEWALRAMANI, Angelina. *Status and Trends in the Education of Racial and Ethnic Groups*. Washington, D.C.: Centro Nacional de Estatísticas Educacionais, 2010.

AUD, Susan et al. *The Condition of Education 2011 (NCES 2011-033)*. Departamento de Educação dos Estados Unidos, Centro Nacional de Estatísticas Educacionais, 2010. Washington, D.C.: U.S. Government Printing Office, 2011.

AUGUSTE, Byron; KIHN, Paul; MILLER, Matt. *Closing the Talent Gap. Attracting and Retaining Top-Third Graduates to Careers in Teaching*. McKinsey & Company, setembro 2010.

BARBER, Michel; MOURSHED, Mona. *How the Wold's Best-Performing School Systems Come Out on Top*. McKinsey & Company, setembro 2007.

BERNANKE, Ben. "The Level and Distribution of Economic Well-Being", discurso perante a Câmara de Comércio da Grande Omaha, Omaha, NE, 6/2/2007.

"Bildungsstudie – Durchweg schlechte Noten". *Focus*, 3/12/2001. Tradução de Theresa Buchstätter.

BOE, Erling; MAY, Henry; BORUCH, Robert. *Student Task Persistence in the Third International Mathematics and Science Study: A Major Source of Achievement Differences at the National, Classroom, and Student Levels*. Filadélfia, Centro de Pesquisa e Avaliação em Política Social, 2002.

BOE, Erling; SHIN, Sujie. "Is the United States Really Losing the International Horse Race in Academic Achievement?". *Phi Delta Kappan*, v. 86, n. 9, pp. 688-95, 2005.

BORGONOVI, Francesca; MONTT, Guillermo. "Parental Involvement in Selected Pisa Countries and Economies". Versão preparatória de artigo da OCDE n. 73. Editora da OCDE, Paris, 2012.

BOSER, Ulrich. *Return on Educational Investment: A District-by-District Evalution of U.S. Educational Productivity*. Washington: Centro para o Progresso Norte-Americano, janeiro 2011.

BOSER, Ulrich; ROSENTHAL, Lindsay. *Do Schools Challenge Our Students? What Student Surveys Tells Us about the State of Education in the United States*. Washington: Centro para o Progresso Norte-Americano, 10/7/2012.

BOWLES, Samuel; GINTIS, Herbert. *Schooling in Capitalist America: Reform and the Contradictions of Economic Life*. Nova York: Basic Books, 1976.

BRACEY, Gerald W. "Another Nation at Risk: German Students Scores in Academic Tests". *Phi Delta Kappan*, v. 84, n. 3, 1/11/2002.

BRONSON, Po; MERRYMAN, Ashley. *NurtureShock: New Thinking about Children*. Nova York: Hachette Book Group, 2009.

Catholic Information Agency. "Gniezno: Nationwide Launch of the School Year". 1/9/1999. Tradução de Justine Jablonska.

CAVANAGH, Sean. "Out-of-School Classes Provide Edge". *Education Week*, 22/4/2009.

CENTRO DE PESQUISA EM EDUCAÇÃO MATEMÁTICA E CIENTÍFICA. *Breaking the Cycle: An International Comparison of U.S. Mathematics Teacher Preparation*. East Lansing: Universidade Estadual de Michigan, 2010.

CENTRO DE POLÍTICA EDUCACIONAL, UNIVERSIDADE GEORGE WASHINGTON. *State High School Exit Exams: A Policy in Transition*. Washington, D.C.: Centro de Política Educacional, 2012.

CHAE, S., HONG, J.-H.; LEE, T. J. "Anatomy of the Rank Structure of Korean Universities: Toward of Design of Integrated Policies for Education Reform in Korea". *AP-EPRI/KEDI Publications*, 2005.

CHAO, Ruth. "Beyond Parental Control and Authoritarian Parenting Style: Understanding Chinese Parenting through the Cultural Notion of Training". *Child Development*, v. 65, pp. 1.111-9, 1994.

_____. "Chinese and European American Mother's Beliefs about the Role of Parenting in Children's School Success". *Journal of Cross-Cultural Psychology*, v. 27, n. 4, pp. 403-23, julho 1996.

CHOI, Álvaro; CALERO, Jorge; ESCARDÍBUL, Josep-Oriol. *Hell to Touch the Sky: Private Tutoring and Academic Achievement in Korea*. Barcelona: Instituto de Economia de Barcelona, 2011.

COLLEGE BOARD. *2011 College-Bound Seniors: Total Group Profile Report*, 2011.

COLLINS, Jim. *Good to Great: Why Some Companies Make the Leap... and Others Don't*. Nova York: HarperCollins, 2001 [ed. bras.: *Empresas feitas para vencer: Por que algumas empresas alcançam a excelência... e outras não*. Barueri: HSM Editora, 2013].

COMISSÃO DE PREPARAÇÃO DE PROFESSORES DE OKLAHOMA. *Teacher Preparation Inventory* 2012. Cidade de Oklahoma: OCTP, 2012.

CONN, Steve. "In College Classrooms, the Problem is High School Athletics". *The Chronicle of Higher Education*, 15/4/2012.

CONSELHO NACIONAL DE CIÊNCIA. *Science and Engineering Indicators 2010*. Arlington: Fundação Nacional de Ciência, 2010, cap. 4.

CONSELHO NACIONAL DE EDUCAÇÃO DA FINLÂNDIA. *Performance Indicator for Initial Vocational Training in Finland 2011*. Helsinque: Conselho Nacional de Educação da Finlândia, 2011.

CONSELHO NACIONAL DE QUALIDADE DOS PROFESSORES. *It's Easier to Get into an Education School than to Become a College Football Player*. Washington, D.C.: Conselho Nacional de Qualidade dos Professores, 2011.

_____. *Teacher Quality Roadmap: Improving Policies and Practices in* LAUSD. Washington, D.C.: Conselho Nacional de Qualidade dos Professores, 2011.

COOLAHAN, John et al. *Attracting, Developing and Retaining Effective Teachers: Country Note – Korea*. Paris: Editora da OCDE, 2004.

"Current Expenditure per Pupil in Average Daily Attendance in Public Elementary and Secondary Schools, by State or Jurisdiction, Selected Years, 1959-60 through 2007-08". Centro Nacional de Estatísticas Educacionais, 2010. Acessado em 2012.

CZAJKOWSKA, Agnieszka. "Kids Revolt". *Gazeta Wyborcza*, 19/9/2007. Tradução de Mateusz Kornacki.

Daily Oklahoman. "Past Out: School Officials Should Keep Moving Forward". 8/7/2012.

DARLING-HAMMOND, Linda. *The Flat World and Education*. Nova York: Teachers College Press, 2010.

DAVIDSON, Adam. "Making It in America". *The Atlantic*, janeiro-fevereiro 2012.

DAVIES, Norman; MOORHOUSE, Roger. *Microcosm: Portrait of a Central European City*. Londres: Jonathan Cape, 2011.

DENHART, Matthew; MATGOURANIS, Christopher. *Oklahoma Higher Education: Challenging the Conventional Wisdom*. Cidade de Oklahoma: Conselho de Assuntos Públicos de Oklahoma, 2011.

DEPARTAMENTO DE CENSO. *State & County Quick Facts, Sallisaw, Oklahoma*. Washington, D.C.: Departamento de Censo. Disponível em: http:// quickfacts.census.gov/qfd/states/40/4065000.html. Acesso em 2002.

DEPARTAMENTO DE EDUCAÇÃO DO ESTADO DE OKLAHOMA. *Sallisaw Public School No Child Left Behind Act Annual Report Card 2008-2009*. Cidade de Oklahoma, 2009.

_____. *Sallisaw Public School No Child Left Behind Act Annual Report Card 2009-2010*. Cidade de Oklahoma, 2010.

_____. *Sallisaw Public School No Child Left Behind Act Annual Report Card 2010-2011*. Cidade de Oklahoma, 2011.

_____. *Superintendent's Salary Listing*. Cidade de Oklahoma, 2011.

DEPARTAMENTO DE EDUCAÇÃO DO ESTADO DA PENSILVÂNIA. "SAT and ACT Scores". Disponível em: http://www.portal.state.pa.us/portal/ server.pt/community/data_and_statistics/7202/sat_and_act_scores/674663. Acesso em 2012.

DEPARTAMENTO DE EDUCAÇÃO DOS ESTADOS UNIDOS. Painel de Educação. Disponível em: http://dashboard.ed.gov. Acesso em 2012.

DEPARTAMENTO DE EDUCAÇÃO DOS ESTADOS UNIDOS, CENTRO NACIONAL DE ESTATÍSTICAS EDUCACIONAIS. *Table 8: Average number of public school teachers and average number of public school teachers who were dismissed in the previous year or did not have their contract renewed based on poor performance, by tenure status of teachers and state: 2007-08*. Schools and Staffing Survey (Levantamento sobre Escolas e Pessoal, SASS), Public School District Data File, 2007-08.

_____. *Digest of Education Statistics, 2010: Table 3: Enrollment in educational institutions, by level and control of institution: Selected years, 1869-70 through fall 2010*.

_____. *Digest of Education Statistics, 2010: Table 45: Children 3 to 21 years old served under Individuals with Disabiliies Education Act, Part B, by type of disability: Selected years, 1976-77 through 2008-09*.

_____. *National Assessment of Educational Progress (Naep)*. Vários anos, 1990-2011, Avaliações em matemática.

_____. *Table B.1.70: Average combined mathematics literacy scores of 15-year--old students, by national quartiles of the Pisa index of economic, social and cultural status (ESCS) and jurisdiction: 2003*. International Data Table

Library, 2012. Disponível em: http://nces.ed.gov/surveys/international/tables/B_1_70.asp. Acesso em 2012.

DEPARTAMENTO DE EDUCAÇÃO DOS ESTADOS UNIDOS, INSTITUTO DE CIÊNCIAS EDUCACIONAIS, CENTRO NACIONAL DE ESTATÍSTICAS EDUCACIONAIS. *Table B.1.71: Average combined mathematics literacy scores of 15-year-old students, by national quartiles of the Pisa index of economic, social and cultural status (ESCS) and jurisdiction: 2009.* International Data Table Library, 2012. Disponível em: http://nces.ed.gov/surveys/international/tables/B_1_71.asp. Acesso em 2012.

_____. *Table 135: American College Testing (ACT) Score Averages, by Sex: 1970-1997.*

_____. *Table 194: Current expenditure per pupil in average daily attendance in public elementary and secondary schools, by state or jurisdiction.* Vários anos, de 1959-60 a 2007-08.

DERVARICS, Chuck, O'BRIEN, Eileen. *Back to School: How Parent Involvement Affects Student Achievement.* Alexandria: Centro para Educação Pública, 2011.

DISTRITO DE COLÚMBIA, DEPARTAMENTO DE SERVIÇOS DE EMPREGO. "Plano de Investimento da Força-Tarefa Estratégica do Distrito de Colúmbia: Para o Período de 1/7/2009-30/6/2010". 10/7/2009.

DUCKWORTH, Angela L.; SELIGMAN, Martin E. P. "Self-Discipline Outdoes IQ in Predicting Academic Performance of Adolescents". *Psychological Science*, v. 16, n. 12, pp. 939-44, 2005.

DWECK, Carol S. "Caution – Praise Can Be Dangerous". *American Educator*, primavera/1999.

Economist, The. "How to Be Top". 18/10/2007.

EDUCATION TRUST [FUNDO DE EDUCAÇÃO]. "Not Good Enough: A Content Analysis of Teacher Licensing Examinations". *Thinking K-16*, v. 3, n. 1, primavera 1999.

EGER, Andrea. "www.school.com". *Tulsa World*, 15/8/2011.

ESCRITÓRIO DE ESTATÍSTICAS TRABALHISTAS. "The Employment Situation". Comunicado de imprensa do Escritório de Estatísticas Trabalhistas, 6/1/2012.

ESTATÍSTICAS DA COREIA DO SUL. *The 2010 Survey of Private Education Expenditure.* 2011.

ESTATÍSTICAS OFICIAIS DA FINLÂNDIA. *Special Education.* Helsinque: Estatíticas Finlândia, 2012.

Estudo de Renda Luxemburgo (Luxembourg Income Study, LIS), Números-chave sobre a Desigualdade e Pobreza. Luxemburgo: LIS, 2012. Disponível em: http://www.lisdatacenter.org. Acesso em 2012.

FENTY, Adrian; WALSH, Joseph; DEAN, Bill. "Plano de Investimento da Força-Tarefa Estratégica do Distrito de Columbia". 2010.

FLEISCHMANN, Howard L. et al. *Highlights from Pisa 2009, Performance of U.S. 15-Year Students in Reading, Mathematics, and Science Literacy in an International Context* (NCES 2011-004). Departamento de Educação dos Estados Unidos, Centro Nacional de Estatísticas Educacionais, 2010. Washington, D.C.: U.S. Government Printing Office, 2011.

FÓRUM ECONÔMICO MUNDIAL. *The Global Competitiveness Report 2012-2013: Full Data Edition.* Genebra: Fórum Econômico Mundial, 2012.

FRIEDMAN, Thomas L. "How About Better Parents?". *The New York Times,* 19/11/2011.

FUNDAÇÃO BILL & MELINDA GATES. *Learning about Teaching: Initial Findings from the Measures Effective Teaching Project.* Measures of Effective Teaching Project [Projeto Medidas de Ensino Eficaz], dezembro 2010.

GAMERMAN, Ellen. "What Makes Finnish Kids so Smart?". *The Wall Street Journal,* 29/2/2008.

GLENN, David. "Writing Assignments Are Scarce for Students in Two Majors at Texas Colleges". *The Chronicle of Higher Education,* 18/1/2011.

GOVE, Michael. "The Benchmark for Excellence". *The Independent,* 6/1/2011.

GREENBERG, Julie; POMERANCE, Laura; WALSH, Kate. *Student Teaching in the United States.* Washington, D.C.: Conselho Nacional de Qualidade dos Professores, 2011.

GREENE, Jay P.; MCGEE, Josh B. "When the Best is Mediocre". *Education Next,* v. 12, n. 1, pp. 35-40, 2012.

GREENE, Wayne. "Graduation Testing Bill Advances". *Tulsa World,* 18/5/2012.

HAKKARAINEN, Pentti. "Learning and Development in Play". In: EINARSDOTTIR, Johanna; WAGNER, Judith T. (orgs.). *Nordic Childhood and Early Education: Philosophy, Research, Policy, and Practice in Denmark, Finland, Iceland, Norway, and Sweden*. Greenwich, CT: Information Age Publishing, 2006.

HANCOCK, LynNell. "Why Are Finland's Schools so Successful?". *Smithsonian*, setembro 2011.

HANUSHEK, Eric A.; WOESSMANN, Ludger. *Does Educational Tracking Affect Performance and Inequality? Difference-in-Difference Evidence across Countries*. Stanford: Universidade Stanford, 2005.

_____. "Do Better Schools Lead to More Growth? Cognitive Skills, Economic Outcomes and Causation". Versão preparatória de artigo NBER n. 14633. Birô Nacional de Pesquisa Econômica, Cambridge, janeiro 2009.

_____. *The Knowledge Capital of Nations*. Livro a publicar.

HANUSHEK, Eric A.; PETERSON, Paul E.; WOESSMANN, Ludger. *U.S. Math Performance in Global Perspective: How Does Each State Do at Producing High-Achieving Students?* Relatório PEPG n. 10-19. Programa em Política e Governança Educacional da Universidade Harvard e *Education Next*, Cambridge, novembro 2010.

_____. "Teaching Math to the Talented: Which Countries and States Are Producing High-Achievement Students?". *Education Next*, v. 11, n. 1, pp. 11-8, inverno 2011.

HECKMANN, Carsten. "Schlechte Schüler wegen schlecht gebildeter Lehrer?". *Der Speigel*, 4/12/2001. Tradução de Theresa Buchstätter.

HELLIWELL, John; LAYARD, Richard; SACHS, Jeffrey (orgs.). *Relatório Mundial da Felicidade*. Nova York: Instituto da Terra, 2012.

HENDERLONG, Jennifer; LEPPER, Mark R. "The Effects of Praise on Children's Intrinsic Motivation: A Review and Synthesis". *Psychological Bulletin*, v. 128, n. 5, pp. 774-95, 2002.

HENDERSON, Anne; MAPP, Karen. *A New Wave of Evidence: The Impact of School, Family and Communitiy Cnnections on Sudent Achievement*. Austin: Centro Nacional para Conexões da Comunidade com as Escolas, 2002.

HENRY, Brad. *FY-2011 Executive Budget*. Cidade de Oklahoma. Departamento de Finanças do Estado de Oklahoma, 2010.

HERROLD, Kathleen; O'DONNELL, Kevin. *Parent and Family Involvement in Education, 2006-07 School Year, From the National Household Education Surveys Program of 2007*. Washington, D.C.: Centro Nacional de Estatísticas Educacionais, Departamento de Educação dos Estados Unidos, 2008.

HINTON, Mick. "Legislature Junks High School Grad Test Requirement". *Daily Oklahoman*, 21/5/1992.

_____. "Governor to Require Literacy Passports". *Daily Oklahoman*, 29/3/1995.

HOFFERTH, Sandra L. "Changes in American Children's Time, 1997-2003". *International Journal of Time Use Research*, v. 6, n. 1, pp. 26-47, 2009.

HOMEL, Jacqueline et al. "School Completion: What We Learn from Different Measures of Family Background". *Longitudinal Surveys of Australian Youth*, Relatório de Pesquisa 59, 5/7/2012.

HUNTSINGER, Carol; JOSE, Paul. "Parental Involvement in Children's Schooling: Different Meanings in Different Cultures". *Early Childhood Research Quarterly*, v. 24, n. 4, pp. 398-410, 2009.

HUNTSINGER, Carol et al. "Mathematics, Vocabulary and Reading Development in Chinese American and European American Children over the Primary School Years". *Journal of Educational Psychology*, v. 92, n. 4, pp. 745-60, 2000.

INGRAM, Dale. "Family Plot". *Tulsa World*, 18/10/2009.

JAE-YUN, Shim. "Shadow of Higher Education". *The Korea Times*, 30/11/2011.

JAUHIAINEN, Arto; KIVIRAUMA, Joel; RINNE, Risto. "Status and Prestige through Faith in Education: The Successful Struggle of Finnish Primary School Teachers for Universal University Training". *Journal of Education for Teaching: International Research and Pedagogy*, v. 24, n. 3, p. 269, novembro 1998.

JOHNSON, Jean; ROCHKIND, Jon; OTT, Amberr. "Are We Beginning to See the Light?". *Public Agenda*, junho 2010.

JOHNSON, Sandy Scaffetta. *Oklahoma Teacher Education Programs under the Microscope: A Study of Oklahoma Elementary Education Mathematics Content Preparation*. Cidade de Oklahoma: Coalizão de Negócios e Educação de Oklahoma, 2005.

JOERRES, Jeff. "CEO Working Summit Synopsis". Painel na Conferência *Atlantic* sobre a Era do Novo Trabalho, 19/7/2011, Washington, D.C.

JORDAN, Jennifer. "A Higher Standard". *The Providence Journal*, 11/10/2009.

KACZOROWSKA, Teresa. "The New Need to Improve". *Gazeta Wyborcza*, 2/9/1999. Tradução de Sarah Zarrow.

KALBARCZYK, Adam. "Against Gymnasium". *Gazeta Wyborcza*, 1/10/1998. Tradução de Sarah Zarrow.

KAMM, Henry. "The Past Submerged: Wroclaw, Once German Breslau, Is Now a Vigorosuly Polish City". *The New York Times*, 19/2/1996.

KANERVIO, Pekka. "Challenges in Educational Leadership in Finnish Municipalities". Artigo apresentado no 6º Simpósio Internacional sobre Pesquisa Educacional, Kempton Park, África do Sul, 19-23/7/2010.

KANG, Shin-who. "67 Percent of Private Cram Schools Overcharge Parents". *The Korea Times*, 14/4/2009.

_____. "Private Education Spending to Be Halved". *The Korea Times*, 27/1/2010.

KHAN, Salman, *The One World Schoolhouse: Education Reimagined*. Nova York: Hachette Book Group, 2012 [Ed. bras.: *Um mundo, uma escola*. Trad. de George Schlesinger. Rio de Janeiro: Intrínseca, 2013].

KILLACKEY, Jim. "State Education Secretary Urges High School Graduation Test". *Daily Oklahoman*, 30/7/1997.

KILLACKEY, Jim; HINTON, Mick. "Outlook Uncertain for Literacy Passport". *Daily Oklahoman*, 26/3/1995.

KIM. Kim's AFS Journey (blog). http://kimsafsjourney.blogspot.com/.

KIM, Hee-jin. "BAI Finds Several Big Loopholes in Admission System". *Korea JoongAng Daily*, 25/1/2012.

KIM, Mi-ju; PARK, Su-ryon. "Students Rely on Hagwon More than Public Schools". *Korea JoongAng Daily*, 19/2/2010.

KIM, Song-ah. "Living in Harmony with Disabled". *The Korea Times*, 25/11/2009.

KIM, Young-hwa. "Consequences of Higher Educational Expansion in Korea: Trends in Family Background and Regional Effects on Higher Educational Attainment, 1967-1984". *Korean Social Science Journal*, v. 18, pp. 139-53, 1992.

KIVIRAUMA, Joel; RUOHO, Kari. "Excellence through Special Education? Lessons from the Finnish School Reform". *International Review of Education/Internationale Zeitschrift für Erziehungswissenschaft*, v. 53, n. 3, pp. 283-302, 2007.

KOEDEL, Cory. "Grading Standards in Education Department at Universities". *Education Policy Analysis Archives*, v. 19, pp. 1-23, 2011.

Korea Times, The. "Education Warning". 25/11/2011.

KRUCZKOWSKA, Maria. "Reform without Miracles". *Gazeta Wyborcza*, 27/5/1998. Tradução de Sarah Zarrow.

KUPIAINEN, Sirkku; HAUTAMÄKI, Jarkko; KARJALAINEN, Tommy. *The Finnish Education System and Pisa*. Helsinque: Publicações do Ministério da Educação, 2009.

KWON, Hyunsoo. "Inclusion in South Korea: The Current Situation and Future Directions". *International Journal of Disability, Development & Education*, v. 52.1, p. 62, 2005.

LANDERS, Jim. "Finland's Education System a Model for Dallas". *The Dallas Morning News*, 8/2/2009.

LANGWORTH, Richard (org.). *Churchill by Himself: The Definitive Collection of Quotations*. Nova York: Public Affairs, 2011.

LEE, Hyo-sik. "Private Education Costs Fall for Second Year". *The Korea Times*, 17/2/2012.

LEE, Ki-Bong. *The Best of Intentions: Meritocratic Selection to Higher Education and Development of Shadow Education in Korea*. 2003. Tese de Doutorado – Universidade Estadual da Pensilvânia.

LEE, Robert. "18-year-old Murders Mom, Hides Body in Apartment". *The Korea Herald*, 24/11/2011.

LEINWAND, Steven; GINSBURG, Alan. *Measuring Up: How the Highest Performing State (Massachusetts) Compares to the Highest Performing Country (Hong Kong) in Grade 3 Mathematics*. Washington, D.C.: Departamento de Educação dos Estados Unidos e Instituto Urbano, 2009.

LEMOV, Doug. *Teach Like a Champion*. San Francisco: Jossey-Bass, 2010.

LERNER, Lawrence et al. *The State of State Science Standards: Oklahoma*. Washington, D.C.: Instituto Thomas B. Fordham, 2012.

LOVELESS, Tom. *How Well Are American Students Learning? With Special Sections on High School Culture and Urban School Achievement.* Washington, D.C.: Instituto Brookings, 2001.

_____. *How Well Are American Students Learning? With Sections on Arithmetic, High School Culture, and Charter Schools.* Washington, D.C.: Instituto Brookings, 2002.

LYYTINEN, Jaakko. "Helsinki Parents at Pains to Avoid Schools with High Proportion of Immigrants". *Helsingin Sanomat,* 1/1/2011.

MAGNUSON, Katherine; WALDFOGEL, Jane (orgs.). *Steady Gains and Stalled Progress: Inequality and the Black-White Test Score Gap.* Nova York: Fundação Russell Sage, 2008.

MANDARA, Jelani. "An Empirically Derived Parenting Typology". Artigo apresentado na Conferência Iniciativa sobre a Lacuna na Aprendizagem, Universidade Harvard, Cambridge, 29/6/2011.

MANYIKA, James et al. *An Economy that Works: Job Creation and America's Future.* McKinsey & Company, junho 2011.

MARSHALL, Paula A. *Sweet as Pie, Tough as Nails.* Tulsa: Expert Message Group, 2011.

MAY, Henry; DUCKWORTH, Angela; BOE, Erling. *Knowledge vs. Motivation: What Do International Comparisons Test Scores Really Tell Us?* Manuscrito inédito, 2012.

MCKINSEY & COMPANY. *The Economic Impact of the Achievement Gap in America's Schools.* Abril 2009.

METLIFE, INC. *The MetLife Survey of the American Teacher: Teachers, Parents and The Economy.* Nova York: MetLife, 2012.

MILIBAND, Ed. "On Social Mobility". Discurso proferido na Conferência Sutton Trust-Carnegie Corporation sobre Mobilidade Social. Londres, 22/5/2012.

MOSKOWITZ, Eva; LAVINIA, Arin. *Mission Possible: How the Secrets of the Success Academies Can Work in Any School.* San Francisco: Jossey-Bass, 2012.

MOURSHED, Mona; CHIJIOKE, Chinezi; BARBER, Michael. *How the World's Most Improved School Systems Keep Getting Better.* Londres: McKinsey & Company, 2010.

Michigan State University News. "MSU Scholars Help Minnesota Become Global Leader in Math". 9/12/2008.

NA, Jeong-ju. "Cram Schools Turning to NEAT to Boost Revenue". *The Korea Times,* 8/2/2012.

_____. "Bounty Hunters Targeting 'Hagwon'". *The Korea Times,* 18/9/2012.

NIXON, Ron. "Congress Blocks New Rules on School Lunch". *The New York Times,* 15/11/2010.

OBAMA, Barack. "Remarks by the President on the 'Education to Innovate' Campaign". Washington, D.C., 23/11/2009.

_____. "Discurso do Estado da União", 25/1/2011.

OECD. *Measuring Student Knowledge and Skills: A New Framework for Assessment.* Paris: Editora da OCDE, 2000.

_____. *Knowledge and Skills for Life: First Results from the OECD Program for International Estudent Assessment (Pisa) 2000.* Paris: Editora da OCDE, 2001.

_____. *Learning for Tomorrow's World: First Results from Pisa 2003.* Paris: Editora da OCDE, 2004.

_____. *Messages from Pisa 2000.* Paris: Editora da OCDE, 2004.

_____. *Student Learning: Attitudes, Engagement, and Strategies.* Paris: Editora da OCDE, 2004.

_____. *Pisa Released Items: Mathematics.* Paris: Editora da OCDE, 2006.

_____. *Students with Disabilities, Learning Difficulties, and Disadvantages: Politics, Statistics, and Indicators.* Paris: Editora da OCDE, 2007.

_____. *Take the Test: Sample Questions from OECD's Pisa Assessments.* Paris: Editora da OCDE, 2009.

_____. *The High Cost of Low Educational Performance: The Long-Run Economic Impact of Improving Pisa Outcomes.* Paris: Editora da OCDE, 2010.

_____. *Mathematics Teaching and Learning Strategies in Pisa.* Paris: Editora da OCDE, 2010.

_____. *Pathways to Success: How Knowledge and Skills at Age 15 Shape Future Lives in Canada.* Paris: Editora da OCDE, 2010.

_____. *Pisa 2009 Results: What Students Know and Can Do (v. 1).* Paris: Editora da OCDE, 2010.

OECD. *Pisa 2009 Results: Overcoming Social Backgrounds (v. 11)*. Paris: Editora da OCDE, 2010.

_____. *Pisa 2009 Results: What Makes a School Successful? Resources, Policies and Practices (v. IV)*. Paris: Editora da OCDE, 2010.

_____. *Building a High-Quality Teaching Profession: Lessons from around the World*. Paris: Editora da OCDE, 2011.

_____. "Child Well-being Module – CO4.1: Teenage (15-19 years old)". Divisão de Políticas Sociais, Diretório de Emprego, Trabalho e Assuntos Sociais. Atualizado em outubro 2011.

_____. "Country Statistical Profile: Poland". *Country Statistical Profiles: Key Tables from the OECD*. 2011.

_____. "Country Statistical Profile: United States". *Country Statistical Profiles: Key Tables from the OECD*. 2011.

_____. *Education at a Glance 2011: OECD Indicators*. Paris: Editora da OCDE, 2011.

_____. "The Impact of the 1999 Education Reform in Poland". Versão preparatória de artigo da OCDE n. 49. Editora da OCDE, Paris, 2011.

_____. *Improving Lower Secondary Schools in Norway 2011*. Paris: Editora da OCDE, 2011.

_____. *Pisa in Focus n. 6: When Students Repeat Grades or Are Transferred Out of School: What Does it Mean for Education Systems?* Paris: Editora da OCDE, 2011.

_____. *Pisa in Focus n. 10: What Can Parents Do to Help Their Children Succeed in School?* Paris: Editora da OCDE, 2011.

_____. *Quality Time for Students: Learning In and Out of School*. Paris: Editora da OCDE, 2011.

_____. *Strong Performers and Successful Reformers in Education: Lessons from Pisa for the United States*. Paris: Editora da OCDE, 2011.

_____. *International Migration Outlook 2012*. Paris: Editora da OCDE, 2012.

_____. *Let's Read Them a Story! The Parent Factor in Education*. Paris: Editora da OCDE, 2012.

_____. *Education at a Glance 2012: OECD Indicators*. Paris: Editora da OCDE, 2012.

OECD. "Suicides". *Health: Key Tables from* OECD, n. 17, 30/10/2012.

ORFIELD, Gary; LEE, Chungmei. *Historic Reversals, Accelerating Resegregation, and the Need for New Integration Strategies.* Los Angeles: The Civil Rights Project/Proyecto Derechos Civis, 2007.

PAIGE, Rod. "U.S. Students Average Among International Peers". Comunicado de imprensa do Departamento de Educação dos Estados Unidos. Washington, D.C., 4/12/2001.

PARMAR, Parminder; HARKNESS, Sara; SUPER, Charles M. "Teacher or Playmate? Asian Immigrant and Euro-American Parent's Participation in Their Young Children's Daily Activities". *Social Behavior and Personality: An International Journal,* v. 36, pp. 163-74, 2008.

PETERSON, Paul E.; LASTRA-ANADÓN, Carlos Xabel. "State Standards Rise in Reading, Fall in Math". *Education Next,* v. 58, n. 4, pp. 12-6, 2010.

PETERSON, Paul E. et al. *Globally Challenged: Are U. S. Students Ready to Compete? The Latest on Each State's International Standing in Math and Reading.* Relatório PEPG n. 11-03, agosto 2011.

POEHLMAN, Lindsay. *2011-2012 International Youth Exchange Statistics.* Alexandria, VA: The Council on Standards for International Educational Travel, 2012.

PRICE, Marie; HOBEROCK, Barbara. "Legislative Roundup: Education Committe Backs 'High-Stakes' Student Testing". *Tulsa World,* 8/3/2005.

PROJETO INDICADORES DO ENSINO MÉDIO EM OKLAHOMA. *Remediation Report, Fall 2010.* Cidade de Oklahoma: Oklahoma State Regents for Higher Education, 2010.

RAHN, Kim. "Student Kills Mother, Keeps Body at Home for 8 Months". *The Korea Times,* 24/11/2011.

RAVITCH, Diane. Discurso no comício "Save our Schools" no National Mall. Washington, D.C., 30/7/2011.

_____. "What We Can Learn from Finland?". *Bridging Differences* (blog), *Education Week,* 11/10/2011.

RICH, Vera. "Minister Who Got His Sums Wrong Is Forced to Quit", THE 4/8/2000.

RICHTEL, Matt. "In Classroom of Future, Stagnant Scores". *The New York Times,* 3/9/2011.

RIPLEY, Amanda. "Rhee Tackles Classroom Challenge". *Time*, 26/11/2008.

_____. "What Makes a Great Teacher?". *The Atlantic*, janeiro-fevereiro 2010.

_____. "Brilliance in a Box: What Do the Best Classrooms in the World Look Like?". *Slate*, 20/10/2010.

_____. "The World's Schoolmaster". *The Atlantic*, julho-agosto 2011.

_____. "Teachers, Leave Those Kids Alone". *Time*, 3/10/2011.

ROBELEN, Erik W. "Study Links Rise in Test Scores to Nation's Output". *Education Week*, 25/1/2010.

ROLLAND, Megan. "National Group's Plan to Be Used: Kern Decries School Standard". *The Oklahoman*, 7/10/2011.

ROLLAND, Megan; PEMBERTON, Tricia. "Raising Bar for Final Tests Leaves Some Feeling Worry". *The Oklahoman*, 3/4/2011.

ROTHERHAM, Andrew J. "When it Comes to Class Size, Smaller Isn't Always Better". *Time*, 3/3/2011.

ROTHWELL, Jonatahn. *Housing Costs, Zoning and Access to High Scoring Schools*. Washington, D.C.: Instituto Brookings, 2012.

SACHS, Jeffrey. Entrevistado em *Commanding Heights*. Public Broadcasting System (PBS), 15/6/2000.

SAHLBERG, Pasi. *Finnish Lessons: What Can the World Learn from Educational Change in Finland?* Nova York: Teachers College Press, 2011.

SCHMIDT, William; MCKNIGHT, Curtis. *Inequality for All: The Challenge of Unequal Opportunity in American Schools*. Nova York: Teachers College Press, 2011.

SCHMIDT, William et al. *The Preparation Gap: Teacher Education for Middle School Mathematics in Six Countries* (Relatório MT21). East Lansing: Universidade Estadual de Michigan, 2010.

SCHNEIDER, Mark. "The International Pisa Test". *Education Next*, v. 9, n. 4, outono 2009.

SCHOLASTIC E FUNDAÇÃO BILL & MELINDA GATES. *Primary Sources: 2012 – America's Teachers on the Teaching Profession*. Scholastic USA, 2012.

SCIMATHMN. *Minnesota TIMMS: The Rest of the Story: A Summary of Results as of October 2009*. SciMathMN, 2009.

SCOTT, Joan. "Depoimento da Professora Joan Wallach Scott à Comissão Parlamentar da Assembleia Legislativa do Estado da Pensilvânia sobre a Liberdade Acadêmica Estudantil". 9/11/2005.

SECRETARIA DE FINANÇAS DO ESTADO DE OKLAHOMA. *FY 2011 Executive Budget*. Acessado em 2012.

SELIGMAN, Martin E. P. et al. *The Optimistic Child: A Proven Program to Safeguard Children against Depression and Build Lifelong Resilience*. Nova York: Houghton Mifflin, 2007.

SERVIÇO SUL-COREANO DE CULTURA E INFORMAÇÃO. *Facts About Korea*. Seul: Ministério da Cultura, Esportes e Turismo, 2009.

SETH, Michael J. *Education Fever: Society, Politics, and the Pursuit of Schooling in South Korea*. Honolulu: University of Hawaii Press, 2002.

SHOCKLEY, Martin Staples. "The Reception of *The Grapes of Wrath* in Oklahoma". *American Literature*, v. 15, n. 4, pp. 351-61, 1944.

SIMOLA, Hannu; RINNE, Risto. "Pisa under Examination: Changing Knowledge, Changing Tests, and Changing Schools". *Comparative and International Education*, v. 11, parte v, pp. 225-44, 2011.

SORENSEN, Clark W. "Success and Education in South Korea". *Comparative Education Review*, v. 38, n. 1, 1994.

STEINBECK, John. *The Grapes of Wrath*. Nova York: Penguin Group, 1939 [ed. bras.: *As vinhas da ira*. Rio de Janeiro: Record, 2001].

TAUBER, Robert T. *Classroom Management: Sound Theory and Effective Practice*. Westport: Praeger Publishers, 2007.

TAYLOR, Leonore. "Finns Win, But Australian Students Are a Class Act". *Australian Financial Review*, 5/12/2001.

Time. "Northern Theatre: Sisu". 8/1/1940.

_____. "Time Poll Results: American's Views on Teacher Tenure, Merit Pay, and Other Education Reforms". 9/9/2010.

TOFFLER, Alvin. *Future Shock*. Nova York: Random House, 1970 [ed. bras.: *O choque do futuro*. Rio de Janeiro: Record, 1994].

TUCKER, Marc S. (org.). *Surpassing Shanghai: An Agenda for American Education Built on the World's Leading Systems*. Cambridge: Harvard University Press, 2011.

UNICEF. *Child Poverty in Perspective: An Overview of Child Well-Being in Rich Countries*. Florença: Centro de Pesquisa Innocenti da Unicef, 2007.

UNIVERSIDADE ESTADUAL NORTHEASTERN. *Fact Book: Academic Year 2010-2011*.

U.S. News and World Report. "College Ranking Lists: Top 100 Lowest Acceptance Rates, Fall 2011". Acessado em dezembro 2012.

WALSH, Kate; TRACY, Christopher O. *Increasing the Odds: How Good Policies Can Yield Better Teachers*. Washington, D.C.: Conselho Nacional de Qualidade dos Professores, 2004.

WALSH, Kate; GLASER, Deborah; WILCOX, Danielle Dunne. *What Education Schools Aren't Teaching about Reading and what Elementary Teachers Aren't Learning*. Washington, D.C.: Conselho Nacional de Qualidade dos Professores, 2006.

WANG, Aubrey et al. *Preparing Teachers around the World*. Princeton: Serviço de Testes Educacionais, 2003.

WHELAN, Fenton. *Lessons Learned: How Good Policies Produce Better Schools*. Londres: Fenton Whelan, 2009, p. 7.

Window & Door. "Therma-Tru to Close Oklahoma Manufacturing Facility". 26/1/2009.

WINERIP, Michael. "Despite Focus on Data, Standards for Diploma May Still Lack Rigor". *The New York Times*, 5/2/2012.

WON, Seoung Joun; HAN, Seunghee. "Out-of-School Activities and Achievement among Middle School Students in the U.S. and South Korea". *Journal of Advanced Academics*, v. 21, n. 4, pp. 628-61, agosto 2010.

YOON, Ja-young. "Foreign Investors Eye Education Market". *The Korea Times*, 12/9/2008.

YUN, Suh-young. "My Dream Is to Reshape Korea's Education". *The Korea Times*, 21/9/2011.

YUN, Suh-young; NA, Jeong-ju. "Nation Holds Breath for Most Crucial Test". *The Korea Times*, 10/11/2011.

Nota da autora

Escrever este livro foi uma flagrante tentativa de fuga. No início do século XXI, os debates em torno da educação nos Estados Unidos tornaram-se, na minha opinião, tão perversos, provincianos e redundantes que já não levavam a nenhum lugar para onde valia a pena ir. Eu quis escapar, evadir-me para o mais longe possível, a fim de ver se a conversa mudava de rumo.

Os dados propiciaram-me a desculpa perfeita: um pequeno número de países havia conseguido ensinar à maior parte de seus estudantes o pensamento de ordem superior. Como isso tinha acontecido? O que estava impedindo que isso acontecesse em outras plagas? Eu não me importava muito com escolas *charter*, *vouchers*, professores com estabilidade no emprego ou outros problemas nas políticas de educação. Os adultos estavam olhando para o próprio umbigo, trocando farpas em prefeituras e salões de baile de hotéis, enquanto ao redor do mundo bilhões de jovens estavam aprendendo – *ou não* – a raciocinar e resolver problemas. Então, pensei, simplesmente vou sair de fininho pela porta dos fundos e passar algum tempo investigando o mistério.

Demorei cerca de seis meses para me dar conta de que eu tinha perdido o juízo. Escrever sobre um país estrangeiro é difícil; escrever sobre três beira a fraude. Um forasteiro que cai de paraquedas num país distante acaba, como dizem os sul-coreanos, "lambendo a casca de uma melancia", incapaz de ir além da superfície e chegar ao cerne do que é realmente importante.

Eu precisava de um bocado de ajuda: de muitas pessoas, na frente da cena e nos bastidores, como num musical da Broadway.

Só que eu não dispunha de um orçamento da Broadway. E, embora eu tivesse pouco a oferecer, as pessoas fizeram coisas extraordinárias. Acho que o fizeram porque achavam que o mistério era da maior importância. Ou talvez tenha sido por pena de mim. Essas pessoas podiam ver que sem elas eu jamais daria conta de encontrar um caminho em meio ao labirinto de dados e burocracias dos países estrangeiros. No fim das contas, mais de cem pessoas – pesquisadores, professores, tradutores, facilitadores, políticos, gente do mundo dos negócios, diplomatas, estudantes e pais – ajudaram-me a driblar as dificuldades e manter a rota.

Do começo ao fim, contei principalmente com Kim, Eric, Tom e Jenny, os jovens em quem me fiei e que me levaram para dentro de suas escolas e lares em três continentes e que, com toda a paciência do mundo, me explicaram tudo que sabiam – vezes sem conta. Sem eles, eu jamais teria vislumbrado a vida comum de adolescentes e suas famílias, as cenas que me possibilitaram entender por que as políticas educacionais funcionam ou, quase sempre, erram por completo o alvo. Eles responderam a milhares de perguntas tediosas e às vezes tolas, feitas por Skype, telefone, e-mail, Facebook, mensagens de texto e pessoalmente. Com a maior resignação, aceitaram ficar sentados diante de templos budistas, em corredores de escolas e saguões de hotel, enquanto eu gravava seus depoimentos sobre suas experiências (em trechos em vídeo arquivados e disponíveis em www.AmandaRipley.com). Eles me deixaram falar com suas famílias, professores e amigos. Estou certa de que os constrangi de maneiras que jamais serei capaz de me dar conta. Muitas vezes esperei que revirassem os olhos de impaciência, me dessem as costas e saíssem andando, furiosos, mas nunca fizeram isso.

Visitei pessoalmente Kim, Tom, Eric e Jenny na Finlândia, na Polônia e na Coreia do Sul. Também visitei a cidade natal de

Kim e Tom nos Estados Unidos. Em todas as ocasiões em que não pude testemunhar *in loco* uma cena, recorri a entrevistas, recortes de jornal e outros documentos históricos, que me ajudaram a reconstruir as situações com a maior exatidão possível. Tenho uma particular dívida de gratidão com Kim e Tom por seus blogs ricos em detalhes e escritos com esmero, e que preencheram quaisquer lacunas eventualmente deixadas por nossas conversas (o blog de Kim aparece citado na bibliografia; o blog de Tom não é citado porque o endereço inclui seu sobrenome).

Uma lição que aprendi nessa experiência foi que escrever sobre jovens tornou-se alarmantemente fácil; muitos adolescentes (mas nem todos) deixam atrás de si um longo rastro de pegadas digitais, algo de que um dia talvez se arrependam. De minha parte, estou feliz de que a fita VHS que a minha amiga gravou de mim, aos doze anos de idade, fingindo ser apresentadora de telejornal, não esteja no YouTube.

Por essa razão, decidi não incluir os sobrenomes dos adolescentes que protagonizam este livro. Eles demonstraram níveis de autoconsciência, modéstia e simplicidade que não vejo na maior parte dos adultos que entrevisto. Contudo, apenas por precaução, eu quis dar a eles a chance de mudar de ideia, de reinventar a si mesmos e, um dia, contar sua própria história.

Ao permitir que eu falasse com seus filhos, os pais desses jovens informantes correram riscos. Sinto-me muito grata por sua confiança. Em alguns casos, eles passaram horas conversando comigo sobre os filhos e sobre suas próprias teorias acerca de como criá-los e sobre a educação nos Estados Unidos e no exterior. Meus sinceros agradecimentos, também, a todos do AFS, da Youth for Understanding, das filiais do Rotary Club e ao Council on Standards for International Educational Travel [Conselho de Padrões para Viagens Educacionais Internacionais] (CSIET), que generosamente me puseram em contato com estudantes de intercâmbio de todo o mundo.

Cuidar dos arranjos e providências para que jovens possam ir viver e estudar a milhares de quilômetros de casa é um negócio complicado e arriscado; as pessoas que fazem isso bem são devotadas à ideia simples de que o mundo é um lugar grande e maravilhoso, e quanto antes ensinarmos isso a nossos estudantes, melhores as coisas serão.

Por acreditar que era possível escrever um livro sobre educação que não fosse chato e por jamais abrir mão dessa ideia radical, quero agradecer à minha amiga e editora de longa data Priscilla Painton, juntamente com Jonathan Karp e o restante da sua equipe na Simon & Schuster. Obrigada por tornarem possível que eu partisse em extensas jornadas e buscas e compartilhasse os tesouros com o resto do mundo.

Meu agente de longa data Esmond Harmsworth sabiamente insistiu que, antes de qualquer outra coisa, eu encontrasse personagens. Obrigada, Esmond, por me poupar anos de sofrimento, e por apoiar essa ideia do começo ao fim. O sábio e talentosíssimo Dan Baum resgatou-me de um lodaçal criativo, lembrando-me de que o mais importante de tudo são as histórias.

Hoje em dia ninguém consegue ganhar a vida como escritor de textos longos sem uma multidão de patrocinadores. Sem o apoio da Bolsa Bernard L. Schwartz, da Laurence Powell Jobs, de Stacey Rubin e do Coletivo Emerson – organização que concede bolsas e investe em projetos de educação –, e sem o aconselhamento e o apoio de Steve Coll, Andrés Martinez, Faith Smith e Caroline Esser, da New America Foundation, este livro jamais teria se concretizado. Devo um agradecimento especial a Marie Lawrence, inteligente e meticulosa pesquisadora da New America, que propiciou condições para que a pesquisa junto ao AFS acontecesse e que deu enormes contribuições na forma de valiosas análises sobre a pobreza infantil e a primazia dos esportes nas escolas de ensino médio dos Estados Unidos. Meu agradecimento também a Rebecca Shafer, ex-professora e membro da equipe da New America, que me ajudou a compreender a pesquisa sobre educação especial ao redor do mundo.

As sementes de muitas dessas histórias vieram de artigos e matérias de revistas, do tipo que consome muito tempo para escrever, um tremendo empenho para editar e um considerável patrimônio quando é publicado. Muito obrigada a Michael Duffy, Nancy Gibbs e Rick Stengel, da revista *Time*, e a James Gibney, Scott Stossel, Corby Kummer e James Bennet, da *The Atlantic*, por me ajudarem a contar essas histórias de jovens, professores e pais de todo o mundo, antes e depois da publicação deste livro.

Os gurus dos dados da OCDE, incluindo Andreas Schleicher, fazem um trabalho de importância fundamental e que não é fácil de entender. Agradeço a eles por me ajudarem ao longo do caminho. Nos momentos de maior confusão, também recebi inestimável orientação de boas pessoas do Education Trust, dos American Institutes for Research (AIR), do Departamento de Educação dos Estados Unidos, das embaixadas e ministérios da Educação da Finlândia, da Polônia e da Coreia do Sul.

Os dirigentes educacionais em Seul e Busan, na Coreia do Sul; Wrocław e Varsóvia, na Polônia; Helsinque, Espoo e Pietarsaari, na Finlândia, bem como em Gettysburg, Pensilvânia, Washington, D.C. e Sallisaw, Oklahoma, generosamente me autorizaram a ver de perto suas escolas. Muitos professores em muitos países, incluindo Binh Thai, da cidade de Nova York, Lynn Hommeyer e Will

Taylor, de Washington, D.C., e Sung Soon Oh, de Busan, cederam seu precioso tempo para me explicar seu mundo, complicando de maneiras cruciais o cenário.

Para tradução e pesquisa na Polônia, contei com o intrépido e perspicaz Mateusz Kornacki. Na Coreia do Sul, Stephen Kim, extraordinário tradutor e ágil repórter, conduziu-me por escolas, *hagwons* e gabinetes governamentais em duas cidades, a qualquer hora do dia ou da noite. Também recebi assistência para tradução e pesquisa de Justine Jablonska e Theresa Buchstätter em Washington, Jenni Santaholma em Helsinque, e Sarah Zarrow em Varsóvia. Para a verificação de fatos num livro denso de fatos, agradeço à indomável Rachael Brown por seu trabalho cuidadoso e inteligente.

Pela segunda vez, Kaitlyn Andrews-Rice, uma mulher capaz de fazer praticamente qualquer coisa, ajudou-me a pesquisar, refletir sobre e refinar este livro. Obrigada, Kaitlyn, por me dizer sem rodeios e com toda a franqueza o que era entediante e o que não era.

Até onde sei, ninguém consegue terminar de escrever um livro sem ter colegas, amigos e familiares com quem falar sobre ele *ad nauseam*. Romesh Ratnesar, Lesley Chilcott, Michael Schaffer, Dave Ripley, Ben Ripley, Ta-Nehisi Coates, Robert Gordon, Lisa Green, Rachel Dolin, Steven Farr, Karen Marsh, Lennlee Keep e Courtney Rubin ajudaram-me a entender do que tratava este livro e por que ele era importante. Kate Walsh, do Conselho Nacional de Qualidade dos Professores, propiciou-me uma generosa e proveitosa orientação acerca da preparação dos professores norte-americanos. Timothy Daly, do The New Teacher Project (TNTP), ajudou-me a traduzir para o consumo dos Estados Unidos o que eu tinha visto. Minha querida amiga Catherine Brown passou anos a fio e muitos quilômetros de corrida trocando ideias comigo, compadecendo-se de mim e guiando-me até a linha de chegada. Obrigada, Catarina.

John, meu marido e melhor amigo, ajudou-me a conceber este livro, e fez dele uma obra melhor a cada etapa do caminho. Ouviu mais arengas sobre a disfunção da educação do que qualquer outro ser humano deveria suportar. E me fez o enorme favor do século XXI de me dizer que eu poderia trabalhar por conta própria, e me mostrou como fazer isso (com garra, determinação e o hábito de, literalmente, bater na madeira). Meu filho Max desenhou ideias de capas, rejeitou diversos títulos, fez pesquisas sobre os países em seu globo e entendeu o que eu estava tentando fazer com mais clareza do que muita gente com mais de seis anos de idade.

Minha mãe, Louise Ripley, morreu enquanto eu escrevia este livro. Muitos anos atrás ela dava aulas numa escola de ensino fundamental em Iowa – um trabalho que ela adorava. Minha mãe acreditava que a educação é uma ocupação séria, que jamais deveria ser deixada ao acaso. Acreditava nisso com veemência. Este livro é dedicado ao espírito dela – um terço simpatia, dois terços luta.

Índice remissivo

419

Sobre a autora

Amanda Ripley é jornalista norte-americana e escreve para *Time*, *The Atlantic* e outras revistas. É autora do livro *The Unthinkable: Who Survives When Disaster Strikes – and Why*. Seu trabalho como repórter ajudou a *Time* a ganhar dois prêmios National Magazine Awards.

Este livro foi composto na fonte Albertina
e impresso em setembro de 2014 pela Corprint,
sobre papel pólen soft 80 g/m².